活的法律

那些永恒的法史瞬间

Living Law

林海 著

法律出版社 LAW PRESS·CHINA

感受比历史还真实
代序

“不论是现在还是其他任何时候，法律发展的中心不在立法、法学，也不在司法裁决，而在社会本身。”一百多年前，奥地利法学家尤根·埃利希这样写道。在此基础上，他提出了“living law（活的法律）”的概念。这个概念和庞德“law in action（行动中的法）”的概念可谓异曲同工。几乎同一时代的大洋彼岸，霍姆斯大法官说了类似的话：“法律的生命不在于逻辑，而在于经验（The life of the law has not been logic：it has been experience.）。”这些话语各自语境不同，却代表了相似的时代精神。

那是怎样一个时代？是骑士精神进入博物馆、工业文明彻底占据主导的时代。是百事可乐与爵士乐全面兴起，人们终于开始放弃对科学的迷信的时代。现实主义法学和社会法学在完成了对历史法学、自然法学和实证法学的整体继承之后，建立起与司法实践紧密结合的法律观。埃利希关于“活的法律”的说法，就产生于那个时代。不再盲目相信法条的客观理性，而是更多地回归每个个案带来的直观感受。套用亚里士多德在两千年前的那句名言“美比历史还真实”，我们或许可以说，这个重视“在场”的时代里，感受比历史还真实。

可惜的是，在本书中提到的种种瞬间，都是无法再亲身感受的。这些瞬间都已经过去。留给世人无限的怀念与感慨。它们或是成为法律发展的转折，或是折射个体命运的悲欢离合，或是成为民族兴亡的一面镜子，或是在荒诞奇诡中似有冥冥真意。因为这些瞬间的经典、精彩与不可复制，更因为前述对于感受的至高敬意，本书试着将一个个瞬间及其那一个个“当下”的感受记录下来。

语言从来苍白，不可能百分百传递，“人类一思考，上帝就发笑”，估计人类思考之后还试着将感受传递出去，上帝会笑得更欢。然而，我仍然相信，尽管有着严重的效率损耗，但是某种感同身受、某种设身处地、某种身临其境，还是可能实现的。假如我们接受“活的法律”的说法，将法律看成某个生命体，我希望本书能扮演某种相册的功能，翻着相册的同时，能够感受到法律的生长与活力，及其周遭环境的繁复多样。如果书中每一个独立的个案，集合起来，能让人感受法律之河的湍急流淌和河中浪花扑面而来的真实，那就算是功不唐捐了。

是为序。

林　海

2013 年 3 月

目 录

第一章　历史转折的瞬间

法律史的发展,从来不是平坦的直线。许多著名的审判,成为其转折的动力与见证。然而,作为里程碑的这些案例,也并非仅仅是符号而已。故事中的人,亦有自己的悲欢离合和艰难选择。走进那些黑白的瞬间,会发现其实一切并非注定。或许,历史就是在无限的偶然中铺就的一条必然之路。

一、星条旗保护焚烧它的人

2006年6月27日，美国参议院以66票赞成34票反对、未能达到2/3多数的表决结果，宣布国旗保护修正案入宪的动议再度搁浅。继1990年以来，“护旗派”推动国旗保护入宪的努力第五次在参议院铩羽而返。在国旗问题上，33年前的得克萨斯诉约翰逊案中，肯尼迪大法官的名言仍然无法撼动：“一项痛苦而又基本的事实，是星条旗保护焚烧它的人。”

国旗代表美国

虽然人人都知道星条旗是美国的象征，然而鲜有人知的，是美国何时才开始有第一面正式的国旗。最初，美国国旗并没有绝对的权威，因为建国者们并不愿意建立一个过于集中的独裁机器，始终坚持着联邦与州之间的适当对峙。因此，很少有人能够说得上美国国旗最初的模样。不过有据可查的是，当初向英王造反时，义军的旗帜上只有一条盘着的响尾蛇，高高地抬头吐着舌头，底下是一行字：“不要踩着我！”建国很久了，没有人认真地去统一国旗的模样，更谈不上有人要烧国旗。

直至1777年7月14日，美国国会才通过一项决议，确定了美国国旗的构成：13条红白相间的横条以及13颗以蓝色衬底的白色五角星，象征着美国建国之初的13个州。第一面正式国旗是由来自巴尔的摩的母女俩缝制的，这面被称做“老光荣”的国旗已在两百余年的岁月中日渐衰老。2007年7月14日，是这面国旗诞辰230周年。这一天，联邦政府决定用现代科技拯救这面“老光荣”第一旗。拯救工作历时3年，花费1800万美元。今天，这面“老光荣”已经成了和《独立宣言》手稿、宪法及权利法案原本平起平坐的国宝。美国人对于国旗的感情,在“一战”和“二战”前后突然加强。各邦的美国人通过战争,开始意识到他们是一个息息相关的整体。对于联邦的认同和骤然高涨的爱国热情,增强了他们对星条旗的热爱。玷污国旗者成为全民公敌,亦在情理之中。1907 年,有人因为把国旗贴在啤酒瓶上作为广告的一部分而受到控告并定罪。不过,联邦最高法院在 1930 年也首次根据宪法第一修正案的言论自由条款,维护人们以“挥舞国旗”的方式进行抗议的权利。从那时开始,联邦最高法院在处理与国旗有关的抗议示威时,都需要考虑“象征性言论和行为”以及表达自由的保护问题。

20 世纪 60 年代,反对越战和黑人民权运动兴起。巨大的社会动荡和世界范围内的“反思资本主义思潮”,使美国人陷入巨大的困惑,传统价值观念的崩溃,终于促使示威者以烧国旗这样的异常举动来表达愤怒。1966 年 6 月,黑人民权领袖詹姆斯在密西西比遭到种族主义者枪击后,纽约市一个叫斯特利特的人怒不可遏,并迁怒于无所作为的联邦政府。作为一名得过勋章的“二战”退伍军人,斯特利特一直有着极高的爱国热情。他的家中总是整整齐齐地叠着一面国旗,每逢节日都在家门前悬挂。愤怒的他取出国旗走到门外,一把抖开点上火,扔在地上,并激动地向围观人群讲述自己的愤怒。很快,他被一名巡警逮捕,并被地方法庭判定有罪。然而,当此案上诉至联邦最高法院时,大法官们虽然没有宣布纽约的《反亵渎国旗法》违宪,却认为该法禁止“用言辞和动作”来损毁、诬蔑和践踏国旗,范围过于宽泛。地方法庭的判决仅仅因为一种“言辞性的冒犯”就对斯特利特定罪,构成了对表达自由的侵犯。于是,1969 年 4 月,联邦最高法院以 5∶4 推翻原判,宣布斯特利特无罪。

1967 年,纽约中央公园的一个大型反越战集会上,又发生了焚烧国旗的事件。各报刊登了现场新闻照片,使之成为历史上最轰动的一次焚烧国旗事件。在民众压力下,国会在 1968 年通过了第一部《联邦反亵渎国旗法》。这部法案传达了当时大多数民众强烈的爱国感情，却成为了诸多“表达自由”支持者的攻击目标。

1970 年，美国大学校园的反越战风潮如野火燎原，肯特大学的学生在示威中和维持秩序的国民兵发生冲突，混乱中有国民兵在紧张中开枪，导致 4 名学生丧生。消息传出，全国震惊。在西雅图一个叫斯宾赛的大学生心潮难平，决定有所表示。他在一面美国国旗上贴上多条黑胶带。据他所说，他贴的胶带形成的形状，是一种源于印地安人的象征和平的符号。然后，他把国旗倒挂着从自己窗口伸了出去，向窗外路过的人大声宣扬自己的反战主张。在法庭上，斯宾赛说道：“现在有太多的杀戮，这不能代表美国。我认为国旗是代表美国的，我想让人们知道，美国应该代表和平。”然而西雅图的法律禁止在国旗或州旗上面涂画和装饰任何词语、图案、符号。法庭根据这一法律，判处斯宾赛 10 天监禁（缓期执行）和 75 美元罚款。几经周折，1974 年 6 月，联邦最高法院以 7∶2 的多数裁决，判定斯宾赛有权进行“特殊形式的表达”——“我想让人们知道，美国应该代表和平”，驳回了地方法庭的有罪判决。这些焚烧或涂改国旗的案件，虽然影响不小，联邦最高法院的大法官们亦提及了“表达自由”。但是，这类案件的经典判决和成熟理论，却是直至 1989 年的“得克萨斯诉约翰逊案”才最终出现。

“红白蓝，抢劫犯，让我对你吐口痰！”

1984 年 8 月，共和党在美国西部得克萨斯州达拉斯市举行全国大会，再次推选现任总统里根作为总统候选人，代表共和党竞选连任。在其第一届任期内，里根对内实行“杀贫济富”的财政税收政策，对外扩军备战，与前苏联进行新的冷战。这些强硬的内外政策，遭到许多底层人士的猛烈批评。推选里根参选总统的消息甫一传出，反对派们就决定在达拉斯集会，表达不满和愤怒，并吸引民众和媒体的眼球。一个自称“革命共产主义青年旅”（Revolutionary Communist Youth Brigade）的团体参与了这项集会。他们的领导人之一，是一个叫做乔治·李·约翰逊的年轻人——这个年轻人的名字,从此和“国旗尊严”、“爱国主义”以及“言论自由”这些宏大字眼儿紧密地捆绑在了一起。

在约翰逊的率领下,“革命共产主义青年旅”百余名成员吵吵嚷嚷地穿过达拉斯市中心。他们一边抗议共和党偏袒大企业的政策,一边呼喊反对共和党、反对里根的口号。游行队伍用喷枪向沿路的政府机构大楼涂鸦,还不时地破坏草坪和绿树泄愤。在精心策划之下,游行者们在街道上横七竖八地“装死”——这是他们的“反对核战、模拟死亡”行动。他们向公众演示一旦核战爆发,人们会怎样地横尸遍野,从而反对里根的军备竞赛政策。当游行队伍行进到市政厅门前时,有人递给约翰逊一面国旗。约翰逊接过国旗,倒上一瓶煤油,他的伙伴们则用打火机将其点燃。约翰逊和示威者们一边焚烧,一边围着被焚的星条旗又唱又跳,并大声呼喊着口号:“红白蓝,抢劫犯,让我对你吐口痰!”

围观人群中不乏传统的爱国主义者。他们目瞪口呆,然而面对狂热亢奋的示威者,他们敢怒不敢言。直到示威者散去后,才有一位叫丹尼尔·沃克(Daniel Walker)的旁观者小心翼翼地收拾起被焚国旗的残片,伤心地把它埋葬在自家后院。一位便衣警察目睹了整个过程,并用对讲机向警察总部做了报告。警察随后逮捕了约翰逊,并指控他违反了得克萨斯州的《反亵渎庄严事物法》。这项法律禁止亵渎一切“庄严事物”(Venerated Object)——不仅包括美国国旗,而且也包括得州州旗、公共纪念物和阵亡将士墓地等。根据该法的规定:如果行为者明知其破坏行为会严重冒犯那些观看者的庄重感情,仍然一意孤行的话,将构成亵渎。检察官很快找到沃克等目击证人,由他们出庭证明,焚烧国旗构成了对他们情感的严重冒犯。以此为依据,约翰逊被判有罪,处以有期徒刑 1 年和罚款 2000 美元。

约翰逊自然不服,上诉到得州刑事上诉法院。在法庭上,约翰逊对自己的所作所为振振有词:“我烧国旗时正是里根被提名为总统候

1984 年 8 月的一天,乔治 · 李 · 约翰逊率领着伙伴们在市政厅前点燃国旗,围着被焚的星条旗又唱又跳:“红、白、蓝,抢劫犯,让我对你吐口痰!”

选人时。不管你是否同意，当时没有其他象征性的言论能比焚烧国旗更有力地表达(我们的看法)。这完全是一个姿态。我们有新的爱国主义，不是没有爱国主义。”上诉法院维持原判后，约翰逊继续上诉至得州最高法院。令舆论哗然的是，得州最高法院的法官接受了约翰逊的辩词，并在裁定中写道：“根据那次有组织的示威、口号、演讲和散发的资料，任何一个看到这一行动的人，都能明白他想传达的意见。所以，约翰逊先生的行为是在宪法所保护的‘言论’范围之内。”判词还引用了联邦最高法院在西弗吉尼亚教育委员会诉班尼特案中的名段：“政府承认，个人有权与众不同，这是宪法第一修正案自由的核心。政府不能用法令来维护公民的情感统一。所以，政府不能自己塑造一个统一的象征物，在这个象征物上附加一组它所主张的含义，再强制民众服从这一象征物的地位。”

得州最高法院推翻了得州刑事上诉法院的判决，将其发回重审。然而，得州刑事上诉法院无权宣布得州州法违宪，而且这一问题毕竟涉及无数美国民众对国旗神圣情感的问题，考虑到众怒难犯，地方法院决定将“烫手山芋”推给始作俑者——联邦最高法院。在他们的建议下，得州政府作为原告，将此案诉至联邦最高法院。然而，直到5年之后，这个被命名为得克萨斯诉约翰逊的案件，才在联邦最高法院开庭审理。1989年3月21日，控辩双方进行了一场激烈的辩论。代表控方的检察官主要强调两点：一是得州州法之所以要制裁焚烧国旗这类行为，是因为它们严重损害了无辜者的利益，从而破坏了社会的安定团结；二是“国旗作为民族和睦和国家团结的象征”，得州有着义不容辞的维护之责。而为约翰逊辩护的律师威廉·肯斯特勒(William Kunstler)则辩护说，约翰逊和他的伙伴所进行的示威完全是非暴力的，他们也没有向目睹焚烧国旗的路人挑衅，能说他们这一表达自己政治倾向的做法对这些人构成了损害？这完全是欲加之罪，何患无辞。联邦最高法院经过了长达3个月的休庭思考之后，方公布了判决——9位法官以5:4的微弱之差，判决得克萨斯州败诉，并且宣布全国48个州关于国旗保护的刑事法案因违宪而失效。从宪政发展史的角度看,这一判决固然成了言论自由领域的经典妙判;然而在判决公布的1989年6月21日,全民为之困惑震惊,议论质疑不断,可谓掀起了一场轩然大波。

艰难的5:4

联邦最高法院的9位大法官形成了两派。其中多数派判决意见认为,约翰逊焚烧国旗的行为固然可憎,但仍属于宪法第一修正案所保护的言论自由范围。州政府不能以刑事定罪的方式来惩罚政治异议者。惩罚"亵渎者"并不能使国旗变得神圣;相反,容忍焚烧国旗的行为,能够强化而不是削弱了国旗所代表的自由精神。而少数派意见认为,国旗在美国拥有不可替代的崇高地位,它作为国家象征的价值不容以焚烧加以亵渎。约翰逊的行为不是表达思想的必要方式,他不是在表达自由,而是在刻意触犯众怒,其行为既不传达任何思想,也不能给社会带来什么帮助。

布伦南大法官代表多数派撰写了判决书。他写道:"乔治·李·约翰逊当众焚烧了一面美国国旗,以作为政治抗议的手段……我们必须首先确定的是,约翰逊焚烧国旗的举动是否构成'表达',以致允许他援引第一修正案来反对有罪判决。如果他的行为是'表达',我们进而需要判定,州的法令是否构成了对表达自由的压制……长期以来我们一直承认,对言论自由的保护并不限于口头或者书面语言……迄今为止,我们已经承认下列行为具有表达思想的性质:学生佩戴黑色臂章抗议对越南的军事行动(辛克诉莫恩斯独立社区学校案)、黑人在'白人专用'区域就座抵制种族隔离的行为、穿着美军制服演出以批评美国对越南的入侵(斯卡特诉美国案)等……约翰逊焚烧了一面国旗,这是其行为的一部分,事实上是其行为的关键部分,他以此来抗议共和党全国集会和里根再次当选总统。行为的政治表达含义,有明确意图并且明白无误……如果我们的宪法第一修正案中有一个基础性原则的话,那就是政府不能够仅仅因为社会认为某种思想本身令人厌恶或者不能被认可而加以禁止。”另有3位大法官在这份判决词上签署了同意意见,扮演起言论自由保护者的角色。

肯尼迪大法官发表了附属赞同意见。他写道:“我写下这些文字,不是要对布伦南大法官如此深思熟虑的措辞再加修饰,他令人信服的陈述对于阐明我们的判决而言都是精到且必要的。我无可保留地赞同他的观点,但如同提交本院的许多案件一样,我也强烈感受到了本案的非同寻常之处。这促使我在此稍加评论……一个痛苦的事实是,有时我们必须作出不喜欢的判决……尽管象征经常是我们自己制造的,国旗却一直表达着美国人共享的信念:维持着人道精神的法律、和平与自由。今天的判决迫使我们承受这些信念的代价。一项痛苦而又基本的事实是,星条旗保护那些焚烧它的人。”“星条旗保护那些焚烧它的人”这句话,亦使本案成为美国宪政史上的标签。

反对意见和《护旗法案》

然而,另外4位大法官则投了反对票,其中有首席大法官伦奎斯特,也有多次来过中国的奥康纳大法官。伦奎斯特大法官抨击多数派法官道:“(你们)忽视了霍姆斯大法官脍炙人口的格言:‘一页纸历史抵得上一本书的逻辑。’两百多年来,作为我国的象征,美国国旗拥有独一无二的地位……美国革命时期,这面旗帜把13个殖民地团结在一起,为获得国家的独立而战……林肯总统拒绝了把代表南方州的星图案从国旗上去掉的提议,他说这场冲突并不是两个国家之间的战争,而是11个州对全国性政府的进攻……”作为一名参加过“二战”的退伍老兵,伦奎斯特大法官用诗一般的语言歌咏着国旗的伟大,和它对于国家和民族的意义。他写道:“假定本院判决是一次演讲,而听众是制定禁止焚烧国旗法律的国会两院和48个州的议会议员,以及那些反对焚烧国旗、在越南浴血奋战的军人,那么这次演讲注定是一次令人遗憾的公民教育课。”

尽管如此,5:4 的判决结果无法更改。这一判决不仅使约翰逊无罪获释,还使各州有关国旗保护的地方法律失效。视国旗为民族象征的美国人被激怒了,一份民意调查表明,60% 的美国人希望用法律来保护国旗。在这股护旗力量的推动下,当年 10 月美国国会就通过了《国旗保护法》。但是,这一法律立即受到了挑战。约翰逊试图重操旧业,却晚了一步。第一位当众焚旗、自请处罚的,是一名叫做艾奇兰的女子。她在《国旗保护法》生效的当日,就"以身试法",在国会山下当众焚烧国旗。果然,她在被联邦警察依法逮捕之后,将联邦和《国旗保护法》一齐诉上了联邦最高法院。1990 年 6 月,联邦最高法院再次以 5:4 的微弱优势判决,宣布《国旗保护法》违宪,重申"焚旗"这一表达行为受到第一宪法修正案保护的立场。

这一判决不但宣告着联邦和各州《国旗保护法》的失效,更是开启了"护旗修宪运动"的大幕。以退伍军人为主要构成人员的美国军团,十余年来不间断地推动修宪立法运动,希望国会能够修改宪法,对于国旗进行专门的保护。1994 年,以美国军团为首的 65 个民间社团在国会山下庄严宣誓,成立美国公民护旗同盟(the citizens flag alliance)。他们发誓要在全美范围内进行一场声势浩大的游说运动,促使国会通过这一修正案。在美国公民护旗同盟的推动下,48 个州的议会通过决议,表示赞同这项护旗修正案。他们的努力也得到了部分国会成员的支持,众议院先后 5 次通过了修宪决议。然而最终,护旗修宪的努力仍然无法通过参议院这一关,先后 5 次的动议都功亏一篑。尽管屡战屡败,但美国公民护旗同盟并不善罢甘休,声称"我们将战斗至地狱结冰,然后继续在冰上战斗"。

美国史专家任东来教授在评论该案时写道:"信不信由你,此案判决后,美国国内焚烧国旗的事件几乎绝迹了。如果连烧国旗都合法,那烧它还有啥意思呢?"护旗联盟没能做到的事,却由联邦最高法院以相反判决的形式予以实现。这使得"得克萨斯诉约翰逊案"变成了绝妙的宪政寓言,值得后人细细琢磨玩味。

二、我国台湾地区司法界的道德自新运动

以1989年“吴苏案”为起点，至2003年《检察官守则》的出台，我国台湾地区司法界开展了14年的道德自新运动，培育出较以往更清廉、独立和有骨气的司法官群体。自吴苏案至萧天赞案，再到上上级案等案件中，他们回击着“关说”的风气。“关说”一词，出自《史记·佞幸列传序》“此两人非有材能，徒以婉佞贵幸，与上卧起，公卿皆因关说”，指有影响力者用言辞打通“关节”、代他人说项之行为。在我国台湾地区，“关说”者往往用权势来威逼利诱司法官员，干预着审判的独立与公正。

“这世上哪有不收钱的司法官？”

每年1月11日是台湾地区的“司法节”。1943年1月11日，中国与美、英等国缔订平等新约，废除治外法权，意味着司法权自此获得独立。为纪念这个日子，我国台湾地区将这一天立为“司法节”。然而，能够影响司法独立的力量，未必总来自台湾地区之外，反而，总是大多来自司法系统内部的“关说”。

1989年1月11日，当年的“司法节”成为司法界的“地震日”。新竹地检署检察官高新武逮捕了“司法院”第四厅厅长吴天惠和他的妻子苏冈。这就是著名的吴苏案。据时任新竹地方法官的谢启大回忆，当时新就任的“司法院”院长林洋港并非司法界出身，不熟悉内情。任命司法界素有不良风评的法官吴天惠为主管司法风纪的“司法院”第四厅厅长。吴天惠和苏冈遂利用此身份，由苏冈出面接办案件，以能帮忙向司法官“关说”为由，收取委托人巨额费用。苏冈自己多次利用丈夫的特殊身份向法官、检察官施加影响。吴天惠自己也多次打电话给办案司法官员：“我是‘司法院‘第四厅厅长吴天惠，我

想替我的妻子苏冈告个假。”假称是替妻子请假，推迟出庭时间，实际是对司法官员进行“关说”。

1988年，新竹地区发生一件违法变更土地使用用途的渎职案件，苏冈接受涉案当事人委托后，多次利用吴天惠的厅长身份进行“关说”与行贿。据说，这已成为新竹司法官员间互相打趣的话题。有一天，承办此案的陈松栋检察官接到苏冈的电话。同为新竹检察官的邱太三取笑陈松栋道：“你可以改善生活了！”苏冈亲往陈松栋所在的检署宿舍，要求他不要上诉。但陈松栋毫不松动。苏冈行贿受拒后，她态度轻浮地拍拍皮包说道：“这世上哪有不收钱的司法官？”

这句话激怒了陈松栋，向高新武说起此事。高新武拍案而起说道：“这个案子办定了！”高新武先向检察长报告此事，但由“法务部”、“司法院”转下来的指示，却是“不要让这些基层检察官胡来”。这一指示使检察长非常为难，准备命令高新武交出此案，不再办理。然而高新武决心已下，在检察长的命令下达前，连夜带领调查局肃贪组组长黄宋呈、调查员林芳婷、李歙明采取行动。他们到吴天惠家门外等到天亮。“司法节”当天一早，吴天惠正准备步出家门，要去“司法院”开“司法节”庆祝大会时，高新武等人上前出示拘捕令，将吴天惠、苏冈夫妻带回新竹地区，也不回地检署，就近找到一个派出所，开设“临时侦查庭”进行审查。

值得一提的是，这并不是高新武第一次“先斩后奏”，当他还在桃园地检署时，就曾经在高官雏妓案中有过类似之举。当时桃园“雏妓”现象严重，一些原住民小女孩被卖做妓女，但是幕后却涉及警察和高官。一次高新武收到一个“雏妓”的求救信，动用外地警察连夜找到受困的小女孩，并将案犯拘押归案。不过，可悲的是他第二天再来上班时，小女孩还在，犯人却已经受人“关说”，不知所踪。

道德自新，自此案始

高新武的“先斩后奏”行动并未通知检察长，也未通知任何媒体。

然而当天,《自立报》记者王元培无意间撞见此事。他马上通知联合《联合晚报》记者林家琛和《中时晚报》记者何高禄。当天下午,三家媒体同步刊出这一新闻,司法界再也无法压下此案。

此时,司法高层的“关说”和干预势力再次呈现。据传,新竹法院院长黄金瑞尝试要介入此案,检察系统内部也有人阻挠高新武的调查。“法务部”下命令,要求高新武交出此案,不再办理。新竹地检署全体检察官(除检察长及一位主任检察官外)集体表态:“反对‘法务部’要高检察官交出此案的命令,支持高检察官继续侦办此案。”新竹地区法院的多位法官也站出来声援高新武。苏冈那句“这世上哪有不收钱的司法官?”一时传开,司法界倍感蒙羞,舆论压力加剧。“法务部”不得已勉强同意:组成含高新武在内的 3 人侦查小组,完成该案的侦查起诉工作。

该案起诉到新竹地区法院一审,陈松栋检察官和其他受到苏冈“关说”和行贿的检察官作为证人出庭。然而,“司法院”再次进行干预。据谢启大回忆,审理此案的肃贪庭由 3 位法官组成。其中有两位是“‘司法院’指定的、他们能够进行掌控的角色”。肃贪庭作出一审判决,苏冈被判处行贿罪,而吴天惠以对行贿不知情为由,无罪释放。谢启大后来说,这是明显不公不义的判决。因为行贿当天是吴天惠开车载苏冈到新竹司法宿舍来送行贿款,吴天惠不可能不知情。然而,判决甫定,控方还未来得及抗诉,“法务部”就马上调转矛头,准备以高新武违法越区拘提为由,展开对他的整肃。

消息一出,新竹地区法院和检察院的司法官员愤怒不已,以辞职行动表示对不公判决的抗议和对高新武的支持。法官袁崇桢、林敏泽、孙天麒和谢启大首先辞职,检察官邱太三随后辞职,3 位当夜随同高新武前往吴宅进行调查的调查员亦提出辞呈。根据谢启大的回忆,当时新竹地区检察院和法院的强烈抗议,令“法务部”、“司法院”整肃行动无法展开。“法务部”则转以抹黑、丑化等方式,扭曲高新武的办案动机。但是高新武等人在新竹地区任职已有六七年,风纪早有公评。当时有位新竹地区律师宣称:“只有新竹地区检察官、法官有资格做这件事:因为他们办案认真、行事清廉。”

最终,除了袁崇桢、谢启大法官及3位调查员接受慰留,高新武及其他辞职者均坚定离去。高新武在离职前,接受3所大学学生会的邀请,到校园向学生演讲。每场听讲学生均逾万人。高新武向他们呼吁,希望他们将来能立志匡正社会。他说:“我们不是在捣蛋,我们是要为台湾地区的司法树立一个典范。我们的目的,最重要的是,当我们的行政机关无法无天的时候,有一些好的司法人,一些不为行政权力屈服的司法人,会去对抗。”三场演讲结束,他宣布不再演讲。谢启大问他道:“改革尚未成功,岂可放弃?”他答道:“我已经在这些年轻人心中播下种子,等他们步入社会、进入司法圈、站定脚步,六七年后,下一波的改革会由他们带起。”不久,高新武辞去检察官职务,并留下著名的“高新武辞呈”,直至今天仍为司法独立主张者多次引用:

“职少乏适俗之能,曩以世间浊恶不平,忧思难忘,乃不揣鄙陋,投身司法,于兹八年矣。期间虽或沉郁自敛,乏善可陈;唯亦自期踔厉发扬,有所献替,要皆不离实践正义之衷忱也。

今吴苏行贿一案,耸动听闻,而以法律之前人人平等之理念观之,该案之侦查,亦平常事耳,而国人竟骇异乃尔,或欣跃若此,则我向来之司法是否果已体现人人平等之精神,良足检讨也。本案之侦办,其义绝不应限于个人生命情怀之激越展现,若更能触动国人对司法积弊沉疴之深切省察,并唤起我辈同人之昂扬锐气,则职心愿已足,无怨无悔。

国家司法之振衰,系乎主事者之正心诚意及制度之彻底兴革,职一介匹夫,其去其留,曾何足以云有所损益于司法?俟河之清,人生几何!今动秋风之思,有遁归之意,庶得返诸宁静,还我本色。临行徘徊,心岂无感,辱蒙谅察,则职无任感祷矣。”

以诉讼推进道德自新

正如高新武所预计和期望的，自“吴苏案”后，每隔一两年就会出现一起推进司法独立、反击“关说”风气的诉讼。其中较为经典的，有萧天赞案、谢说容案、上上级案等。这些诉讼推动着台湾地区司法风气的自新，并为2003年新“检察官守则”注入了更多“道德的血液”。

萧天赞案也发生于1989年。桃园地检署检察官彭绍谨调查一件“关说”案件，发现最终幕后进行“关说”者竟然是当时的“法务部”部长萧天赞。然而彭绍谨仍然坚持进行调查，与整个检察体系对抗。他在调查过程中，无法使用检察院的书记官和司机，甚至生命都遭到威胁。最后，他选择“以退为进”，在媒体的注目中，流着眼泪交出此案。萧天赞尽管未被起诉，但在媒体压力之下，他最后还是被迫辞职。彭绍谨检察官则一生都受到检察体系的排挤，最终也被迫辞职。

谢说容案发生于1991年。此案涉及我国台湾地区司法行政体系的“送阅制度”——凡尚未取得正式资格的“试署法官”和“候补法官”，在宣判之前，必须将草拟好的判决书先送给院长审阅后，再行发布。这一制度成为法院院长干预审判的无碍坦途。台南地方法院的一位年轻法官谢说容，根据送阅制度，也将判决书送给院长审阅。院长则试图影响她的判决，要求她依其意志改判。谢说容拒绝院长的“关说”，还在一位庭长的建议下，将院长与自己的对话秘密地录下来。这段秘密录音后来为媒体所得，引起轩然大波。尽管谢说容法官后来受到“司法院”的处罚，但是送阅制度也因此被修改为“宣判之后再送交院长”，4年后，这一制度更是彻底被废除。

上上级案的主角，则是当年跟随高新武的实习生、后来以起诉陈水扁而名扬海外的检察官吴文忠。1994年，台中长亿集团杨天生家族为巩固政治版图，让其子杨文欣选省议会副主席，这与李登辉的计划相悖。然而，杨文欣仍然凭着家族势力当选，李登辉遂示意司法部门的高层，让台中检察长借长亿集团涉及的“高尔夫球场弊案”收押杨天生。检察长如实指示吴文忠检察官道："上上级打过电话了，你看着办吧。"然而，吴文忠把这个事情公布于媒体，表示拒绝接受"上上级"的指示。他说，到底要不要收押，是我们检察官视案情的需要来决定的，不是由上级或上上级来告诉我们的。这一事件，被谢启大称为"司法官自主发动的第二波司法改革浪潮"。

2003 年出台的"检察官守则"相比 1996 年的旧版，增加了许多坚守司法道德、抗击"关说"的要求。比如，第 15 条第 2 款规定："检察官受邀之应酬活动，事先可疑有特定目的或涉及利益输送等不当情形者，不得参与；如于活动中发现有前开情形者，应立即离去或采取必要之适当措施。"第 19 条第 3 款规定："检察官基于礼节而赠受财物须合于节度，不应使他人产生不当之联想。"等。不过，略显遗憾的是，立法时曾经出现加强检察官的独立的呼声，如要求"规定上级检察官（检察长）对下级检察官下达命令必须书面化，以限制上级检察官的指挥权"等最终未能被"检察官守则"采纳。在这个意义上，"检察一体"原则仍然是台湾地区检察系统的主流，对抗"关说"之路仍然很长。

三、私立高校的奠基之诉

1817年的达特茅斯学院诉伍德沃德案(Dartmouth college v. Woodward),被称为美国高等教育第一案,不仅是因为其确系涉及高校治理的第一桩诉讼,更是因为其导致了美国公立大学和私立大学的分离,确保了私立大学的自主和自治,最终奠定了今天美国高等教育的多样化格局。回首195年前的那场诉讼,犹能感受到其反响之强烈、意义之重大和余震之深远。

学院和大学之争

达特茅斯学院坐落于新罕布什尔州的汉诺威镇。作为最早建立的9所"常春藤高校"之一,达特茅斯学院至今坚持着"学院"(college)的名号,始终不愿改名为"大学"(university),有着重要的历史原因。1779年至1819年近40年间,在新罕布什尔州曾经有过一场著名的达特茅斯学院和达特茅斯大学之争。到底谁是正统,谁是"山寨",其背后蕴含着怎样复杂的法律关系和集团利益?许多历史名人在这场有关高校自治的名案中登场,其中最闪亮者,莫过于奠定了美国"三权分立"原则的约翰·马歇尔大法官和以《韦氏大辞典》闻名全球的丹尼尔·韦伯斯特大律师。

故事还要从学校的创立说起。1769年,埃利沙·惠洛克(Eleazar Wheelock)牧师为了教育当地年轻印第安人和年轻白人,将他们培养为神职和公职人员创办了一所典型的教会私立学院——达特茅斯学院。他从英国王室手中获得了开办学院的特许状。特许状中规定:"学院的董事会是全院最高的决策机构,具有自行选择继任董事的权利,并负责管理学校财产;校长可以选择继任的校长,并亲自负责学校的日常行政管理工作。"作为校董事会的主要成员,惠洛克牧师本

1779 年至 1819 年近 40 年间,在新罕布什尔州曾经有过一场著名的达特茅斯学院和达特茅斯大学之争。许多历史名人在这场有关高校自治的名案中登场,其中最闪亮者,莫过于奠定了美国“三权分立”原则的约翰·马歇尔大法官和以《韦氏大辞典》闻名全球的丹尼尔·韦伯斯特大律师。

人担任第一任校长，并毕生致力于学院的事业，为学院的发展作出了巨大贡献，并深受尊敬和爱戴。虽然特许状规定学院的董事会为最高权力机构，但当时的董事会出于对惠洛克的尊重并没有直接管理学院。学院的管理大权实际完全掌握在惠洛克的手中。

10 年之后，校长惠洛克牧师去世，由其子小惠洛克（约翰·惠洛克）接任校长职务。当时新罕布什尔州刚刚经历战争的创伤，小惠洛克面临着筹措学校财政和物质资源的重担。如老惠洛克一般地，他对学院工作兢兢业业，为学院的发展殚精竭虑。在管理方式上，他也想像父亲一样，继续统揽学院所有管理权限。然而学院董事会逐渐对此不满，并主张分享对学院日常事务的管理。因此，双方开始出现冲突和摩擦。小惠洛克坚持认为，他有权不受董事会的控制而管理学院，而董事们则以解除他的职务为威胁，想在权威上一较高下。

学院内部管理上的分歧，给新罕布什尔州政府提供了乘虚而入的机会。当时北美盛行“破除英国传统”的热潮，特别是对英国王室特许状所建立的机构，进行推倒重建，几乎成为一时的流行趋势。北美独立之前，许多高校都由宗教团体或慈善家创办，经英国王室或当地议会特许，由董事会管理，具有较大的独立性。然而，独立战争以后，美国各州政府均采取一定的措施，改建早期设立的教会大学或私立学院。以“破旧立新”之势，建立各州政府能够掌控的公立大学。达特茅斯学院即属于新罕布什尔州政府打算“清理重建”的目标之一。

时间进入 1815 年，小惠洛克在和董事会斗争了三十余年后，将权杖交给新任校长弗兰西斯·布朗。而董事会也迎来了他们最为强势的秘书长史蒂芬·伍德沃德。双方将管理权限方面的争端提交给了新罕布什尔州议会裁断。而此时的州议会里，作为共和党代表的联邦集权派和作为民主党代表的杰斐逊派正斗得不可开交。前者不但坚持英国王室颁发的特许状是一种契约，应被世人所认可，反对“推倒重建”的行动；后者则主张清除英国留下的特许状，重建由州所有的公立机构。1816年，杰斐逊派在斗争中占了上风，向新罕布什尔州议会施加压力，通过了一项州法令，授权董事会秘书长史蒂芬·伍德沃德负责改组达特茅斯学院，并将其更名为达特茅斯大学，从而将其归为州政府的管辖之下。此举一出，校长弗兰西斯·布朗和其他董事纷纷强烈反对。他们既不承认史蒂芬·伍德沃德主导的新董事会，也不承认达特茅斯大学。一时间，汉诺威小镇的同一所达特茅斯校园里，竟然出现了"学院"和"大学"两套行政班子。双方互不相让，将此案一诉再诉，送上了联邦最高法院的审判台。

"州政府是强占私人财产的贼！"

"学院"和"大学"之争，其实质是私立高校和州政府的较量。而在州议会中占优势的民主党人，更是通过州立法，试图取消达特茅斯学院的特许状，新建公立的达特茅斯大学。弗兰西斯·布朗代表学院起诉了史蒂芬·伍德沃德秘书长，指称他意欲强占老惠洛克一手筹办建立的私立高校。1801级毕业生丹尼尔·韦伯斯特大律师接受了母校的委托，打算将这桩官司打到底。

丹尼尔·韦伯斯特绝非等闲之辈。他在毕业之后从事法律工作，后来转向政界，有着议员、律师、演说家的诸多身份。在哈里森总统（William Henry Harrison）和富尔茂总统（Millard Fillmore）时期，他还担任过国务卿等要职。而他最为世人熟悉的，却是他"利用业余时间"编纂的《韦氏大辞典》——直至今日仍是英语文学的集大成者。韦伯斯特受理此案后，和已实际被罢黜的学院院长一起，发动毕业生力量，四处游说，发起了一场"守护达特茅斯学院"的运动。他们一方面致函州长，表示不接受新罕布什尔州议会6月27日通过的法律，拒绝放弃学院的教学和日常活动，强调作为文教机构的达特茅斯学院拥有不可侵犯的"权利、特权和财产"。另一方面向州法院控诉史蒂芬·伍德沃德非法侵占学院财物的同时，还连带控告新罕布什尔州议会擅订法律，未经正当程序剥夺了应属于学院的财产权，破坏了具有契约效力的特许状，损害了“作为个体的学院”被宪法所保护的契约权利。

然而，该州的各级法院均站在州政府一边，驳回了学院的诉讼请求。法院的主要理由是：达特茅斯学院并非私人财产，而系公共机构（public corporation），即使该校最初确实是“由某位先生或团体出资创办”的，但是，“继承这位先生意志和利益的董事会”也不能只为私人利益考虑，而把它仅仅看做私人财产。州法院坚持认为，凡是高校就具有公共性质，加上独立后建立起来的州政府业已继承了原有的英王殖民地的一切权力和责任，作为民意机构的州议会自然有权修改原来的特许状，并把达特茅斯学院改为公立大学。

因此，表面看来，这一案子所涉及的是高校的内部管理问题，实际上它至少折射出两个层面上的深层矛盾：一是现任的立法机构是否可以改变它所继承的政府给法人的特许状的问题；二是经过独立战争、政府更迭之后，作为法人的高校是否仍享有其财产自治和契约自由的权利。韦伯斯特大律师敏锐地观察到了这一点，劝说达特茅斯学院坚持上诉，并且向多位法官和议员写信讨论此案。在一封公开致州议会的信中，他这样写道：“达特茅斯学院所遇到的麻烦，并不是孤立的。斗转星移，人事变迁，有什么是可以保持我们以及我们的孩子们的自由、体面和独立的生活的呢？只有我们能够传承下去的财产。这些财产，比如达特茅斯学院的校舍和校产，是保护那个小小的书院能够继续保持自我地发展下去的唯一支持。不论以何缘故，否认这份财产的正当性，都是可耻的。即使以法令的名义作出的掠夺，也仍然是掠夺。州政府假如要这样‘征收’达特茅斯学院，那么，它就无异于强占私人财产的贼！”在另一封信中，他写道：“如果学院受政见变化或政党兴衰的左右，就会影响学院存在的根基，这也必将导致私人捐助者们转变他们的捐赠方向，致使学院失去大量的私人捐助。而学者们由于不能确保自己的职位或教授头衔，也将对是否终身从事教育事业采取十分小心谨慎的态度。这将怎样影响知识的传承，可想而知。”

这一案件一直诉至联邦最高法院。支持达特茅斯学院提起宪法之诉的，是韦伯斯特所援引的《美国宪法》第1条第10款的规定：“任何一个州都不得通过任何剥夺公民权利的法案，亦不得通过任何追溯既往的法律，更不得通过任何损害契约义务的法律。”在马布里诉麦迪逊案中名扬天下的约翰·马歇尔大法官代表法院受理了这件案子。

“惠洛克建立了它，但韦伯斯特使它重生”

1818年4月的这一天，丹尼尔·韦伯斯特站在联邦最高法院的辩护席上，朗声说道：“达特茅斯学院系私人之善业，存在已有半个世纪。学校的特许状由英王乔治三世核发，承认该院为私立法人。对于董事会来说，此特许状实为一份契约，因为当初校董会是以创办一所学校为由向英王提出申请的。特许状获准后，校长惠洛克先生便以私人资产和私产名义开办了这所学院……这所学院很小，是的，先生们，然而我们从这所学校里毕业的人们，很爱这所小小的书院。”紧接着，他反驳了州政府所谓的“公共事业机构”的说法，说道：“新罕布什尔法院所谓该校既从事公益应属于公众之论纯系标新立异，不能成为理由。试问有谁会指派立法机构去替他管理自己的善业呢？在此之前，又有谁听说过学院、医院或救济院所接受的馈赠居然会变成了对州政府的馈赠呢？这显然是明显的侵占行为啊！”

据说，法庭上除了固执的斯托里法官外，其余6名法官都“露出赞同之色”。韦伯斯特继续说道：“根据《美国宪法》第1条第10款的规定，各州不得制定法律去破坏契约义务和财产自由。如果宪法不是一纸空文的话，那么，它在这一问题上必然会约束立法机关的权力。谁都没有权力在未经法院审判之前，擅自没收人民的财产。很显然地，私立法人的权利应与个人的权利无异。法人的印信、文件和账本等乃是其财产，扣压其印信、文件和账本等无异于侵占其财产……本案绝非通常的普通案件，而是非同寻常。它不是影响到达特茅斯一个学院，而且将影响到全国所有的学院和文教机构……把这些文教机构置于时刻存在的党争和变化不定的政见的控制下是一项危险的、极度危险的做法。如果此类特许权可以随时被夺走或损害，那么，财产也可以被剥夺和改变用途……（这样的话）所有高尚的灵魂都会离开学校而远去，学校遂成为政治角逐的舞台……”

韦伯斯特的这番慷慨陈词令在场的所有人为之动容，一片鸦雀无声。特别是令那位来自威廉玛丽学院的毕业生、首席大法官约翰·马歇尔深受感动。他在和同事讨论时说道：“确实，契约和财产是神圣的，它不会因为美国独立而失效。”第二次开庭已经是一年后的2月2日。联邦最高法院作出判决，以5票赞成、1票反对、1票弃权宣布原告达特茅斯学院胜诉。约翰·马歇尔在判决书中写道：“毋庸置疑，本案构成的核心是契约。向英王申请的特许状是为了建立一个宗教和人文的机构……新罕布什尔州立法机构违宪地干涉了达特茅斯学院的权利……特许状是国家与公司成员之间就后者的集体资格所达成的契约。即使高校组建的目的，和公共行为有关，这不能把私有财产变成公有财产……而作为私立法人，它亦同样拥有为宪法所保护的财产权利。法人最重要的特征，是它的永久性（immortality）和它的个体性（individuality），这些特性使一个社团能够管理自己事务，掌握自己财产，而不应受到公共权力的干涉。”

经过约翰·马歇尔的解释，宪法所保护的“财产权”得以延伸至法人财产的范围。约翰·马歇尔还强调宪法这一条款的目的，就是“要限制未来立法部门对财产权的违反”。而这，不但使达特茅斯学院过去、现在和未来都能够保护和拥有自己的财产和校园，更是确立了一项对未来产生重大影响的宪法原则：私人团体和民间组织可以像自然人一样获得宪法的保护而免予政府的政治干预。美国独立之后甚嚣尘上的“清理私立学校”的风潮，从此再难成大的气候。美国私立高校的独立自治以及由此而生的学术自由，得到了最好的保障。

而作为辩护律师的韦伯斯特,也被载入了学院的史册。校史纪念碑上镌刻着这样的字样:“惠洛克建立了学校,但韦伯斯特使它重生。”1901 年,达特茅斯学院的院长在纪念韦伯斯特的集会上这样说道:“在美国这片土地上,如果有哪个教育机构的名字和它的毕业生的名字密不可分,甚至超过了和其创建者的紧密程度,毫无疑问地,那就是达特茅斯学院和丹尼尔·韦伯斯特。”韦伯斯特和一切毕业生一样,怀着对母校深切的爱。然而当其他毕业生充其量做到“他日母校以我为荣”之时,韦伯斯特却几乎以一己之力挽救了即将被时代大潮和政府强权吞噬的母校。

而在校园之外,形形色色的私人组织获得了不受各州干预的自主权利。各类私有企业、民间组织、基金会的蓬勃发展,为未来两百年的工业繁荣和政治昌盛奠定了坚实的法律基础。而达特茅斯学院诉伍德沃德案,经过那位毕业于威廉玛丽学院的马歇尔大法官画龙点睛般的妙手点拨,不仅仅成为奠定私立高校法律地位的名案,更成为了捍卫契约自由和财产权利的经典宪法案例,构成了美国宪法规则体系的重要组成部分。

四、风能产权之争

2012年6月14日,《黑龙江省气候资源探测与保护条例》关于"气候资源归国家所有"等内容引起轩然大波。网友玩笑道,那么晒衣服也是在使用国家的风能和太阳能,占用国家资产吗?尽管"溥天之下,莫非王土",但是恐怕法理上的问题在于,国家所有的土地之上的自然资源,是否理所应当地归国家所有呢?风能、太阳能这样传统意义上"取之不尽、用之不竭"的资源,是否能够与土地所有权分离呢?这个问题曾经也让美国加利福尼亚州法院的法官们头痛不已。

"请为土地上的风能付款"

1997年10月24日,加利福尼亚州上诉法院第一审区第二分庭作出了一项关于风能归属的裁决。诉讼的双方是康特拉科斯塔郡(Contra Costa Water District,以下简称康郡)和牧童农场(Vaquero Farm)。牧童农场位于利弗莫尔市以北大约6英里的南北交通走廊上。它所拥有的6000英亩土地,地形特征差异很大。其中一部分是崎岖的沟壑陡峭的山脊;另一部分则是相对平坦的牧场。从1984年开始,牧童农场就开始在牧场上设立风力涡轮发电机,作为主要的收入来源。从那时至1986年,农场一共在2100英亩的牧场上,自建或租赁了260个风力涡轮发电机,收入颇丰。

1993年,康郡政府打算在这一地区进行水利规划,建一个包括水库、引水渠、抽水厂、输水管道等设施的大型公共工程。兴建这一工程的目的是改善地区水质,减少水质的季节性变化,并改善供电储电的状况。同时,能够有助本地的防洪防涝工作,并保护鱼类和野生动物资源。最后,能够为当地的公众提供娱乐休闲散步的场所,可谓"功载千秋"的大手笔。为此,康郡政府向牧童农场提出,希望使用其

1997 年 10 月 24 日，加利福尼亚州上诉法院第一审区第二分庭作出了一项关于风能归属的裁决，诉讼的双方是康特拉科斯塔郡和牧童农场。康郡的水利工程将影响牧童农场的风能利益，双方诉上了法庭。

中约3500英亩土地，其中的部分土地上修有风力涡轮发电机。康郡政府将在这块土地上兴修水库、迁移野生动物，将生态影响降到最低，并给予农场充分的财产补偿。需要强调的是，康郡并没有购买这块土地，而只是进行使用，所有权仍然归牧童农场所有，水利工程兴建完成后，获得的水力发电收益也部分地归农场所有。农场对于征用土地的请求没有异议，主要的争议在于赔偿数额。康郡政府提出，愿意用710万美元的数额进行补偿。但是，牧童农场方面则提出，3500英亩土地的征用补偿费和其他2500英亩土地可能受到的影响补偿费，合计应至少达到3000万美元。双方争议较大，诉上了法庭。

康郡当地法院受理此案后，由陪审团对于补偿数额进行了判断。根据中立评估机构测算，被征用土地大多是崎岖山地，补偿费在13,428,327美元左右为宜。而其余土地可能受到的影响，既有正面的价值附加，也有负面的价值减损，折中补偿费约估为100万美元。所以陪审团最终作出判决，由康郡政府支付牧童农场14,428,327美元的补偿费。牧童农场认为这一数额和自己的预期相去甚远，遂向加利福尼亚州上诉法院提起了上诉。在上诉状中农场提出，尽管康郡政府已经为征用的土地支付了补偿费用，但是产权并未发生转移，与此同时，这块土地上的风能仍然归牧童农场所有。如果康郡政府根据工程规划，要在这块土地上建设水利工程，那么就必须同时为“购买”这块土地上的风能支付额外的费用。与此同时，如果水利工程完工，势必会对周围的风力流动造成影响，从而减少了未出售土地上的风能的价值。这一价值减损，原审陪审团并没有计算在内，因而应该重新计算补偿费用。用牧童农场律师的话说：“对于兴修水利，我们毫无异议。但是，使用了我们的土地，请补偿我们的损失。特别是，请为一并获得的这块土地上的风能付款！”

法庭认定：风是风，土是土

加利福尼亚州上诉法院受理此案后，由Ruvolo、Hearle和Lambden

3 位法官组成法庭，审理了这起以风能为争议焦点的案件。实际上，美国各州的立法和判例对于风能和日光能产权方面的意见并不一致。分歧的焦点就在于，作为可再生能源的风能与太阳能，是否能从土地产权中予以剥离，以及风能与太阳能所带来的电力生产收益，是否可以从土地产权中独立出来成为一项需要购买的“对价”。而在本案中，尽管康郡政府是以公共利益为名，征用牧童农场的土地，但是根据联邦宪法第五修正案，征用“须出于为全部国民福祉起见，并在支付被业主同意的补偿后才能限时限量征用公民私产”的规定，并不具有道义上的优势地位。法庭需要考虑的核心问题，仍然是风能与土地产权之间的附属关系。

在美国，大部分地区的立法都规定，风能产权不能从土地产权中剥离，不能单独计费。比如，《南达科他州石油、天然气和能源法》、《北达科他州法典》第 17 章第 6 条第 4 款、《蒙大拿州法典》第 70 章第 303 条第 17 款、《内布拉斯加州新修法典》第 66 章第 911 款第 1 句、2007 年《明尼苏达州下一代能源法案》、《俄勒冈州法律汇编》第 105 章第 900 条至第 915 条“风能役使”部分，都规定风能产权不能从私有土地产权中剥离。至于相似的太阳能权利，1978 年《密苏里州新修法典》第 442 章第 12 条第 1 句原文就是“太阳能属于财产权，任何情况下政府不得征用”。新墨西哥州和怀俄明州法律中，只要求盈利并可能遮挡他人地界日光的太阳能运营商，在经营时比照西部开拓时期的水源法操作：设备按与周边社区议定后的合理时间和空间比例运转。在这些州，拥有地表物业的业主同时也拥有物业上空风动和日照所能带来的电力。

本案的发生地——“阳光充足的加利福尼亚”，可谓全美立法保护太阳能最充分的一个州。1984 年的《日光权利法》第 b 条强调“除安全与卫生规定外，兴建太阳能电场的申请批准，不须考虑其他行政规定”。风能方面，第 1240 号法令第 110 条规定：“为了特定目的获得某一土地使用权者，应根据使用这一土地的目的，来选择获得这块土地上的某些权能,或选择将这些权能与这块土地的使用权隔断,留给土地所有权人所有。”在本案中,法庭认为风能就是这样一种可以割裂获取的权能。它不必然要随着土地使用权转移而转移。在判决书中,法官写道:“根据前述法律和判例,风能权利是一种‘实体权’,它能够在市场上进行交易。我们看到,在康郡试图征用这块土地之前,牧童农场早就曾经和一个名为 Altamont 能源公司的风电开发商签订过 30 年的租约,来从这块土地上的风能获利。这份租约,就是不可辩驳的证据,来说明即使某方对这块土地没有任何利益和权属关系,也可以通过契约授权关系来获得这块土地上的风能权属。这份租约实际一直到 2014 年都还有效。”因此,即使康郡政府由于水利工程,不得不拆除一部分风力涡轮发电机,但是它并没有实质地购买这块土地上的风能。风能权属仍然归牧童农场所有,并且仍然——根据其与 Altamont 能源公司的租约——在为牧童农场带来利益。康郡政府需要做的,就是在相应的位置上重建被拆除的风力涡轮发电机,或者承担重建这些发电机的费用。

最终,法庭作出了如下结论:“牧童农场的如下主张——康郡政府无权将风能权利与土地使用权隔离,并且根据其公益使用的目的,必须一并购买——根据加利福尼亚州的法律,是无法得到充分支持和肯定的……因此,本庭认定,原审陪审团的判决无误,维持原判,驳回上诉。”这一判决确定了这样的法律原则:土地上的权能并不必然与该块土地的使用权或所有权完全一致。换句话说,风归风,土归土。即便土地完全归属国有,风能、太阳能这些可以独立于土地权属的“非限制性自然资源”,也同样应该有着相应的独立性,直接宣布其全都“归于国有”的立法,恐怕有武断仓促之嫌。

相关的国际经验

近年来,作为新能源的风能越来越多地得到追捧。与之相呼应,关于风能的产权之争也开始出现新的发展方向。2011 年 2 月,怀俄明州议会通过提案，批准政府可以在接下来的两年里征用风能。这一提案并没有推翻前述康郡诉牧童农场案确定的法律框架。因为根据这一提案，"征用"风能的同时，政府将对这笔权能的使用支付独立的费用，仍然是"风归风，土归土"。具体而言，各郡和州政府之间将对于风电收益进行一个四六开的分账。各郡政府再将这笔收益返还那些对这些风能拥有实际控制权的个人或团体。

相似的风能产权纠纷，在欧洲许多国家都曾经出现过。丹麦第一例风能产权纠纷案件发生在两家风力发电站之间。EMD 公司 2010 年在雷比尔市建成 3 架发电用风车。此后，S 集团在附近修建了 2 架相似的风车。EMD 随即以风流受阻为由，向法庭起诉了 S 集团。鉴于两家公司的项目都在 2008 年和 2009 年事先通知了市政规划部门，丹麦政府的估值部门认为 EMD 公司应该预料到即将到来的显著运营风险，依照丹麦的《可再生能源法》中"如果预计到可能有设备故障和运营风险，仍然进行风能开发的公司的损失不消赔偿"的条款拒绝了 EMD 公司的求偿。第二例风能产权纠纷案件的原告方仍是 EMD 公司。EMD 公司称，其修建的 2 架风车被附近的另一架风车挡住了风，并被其造成的乱流磨损了备用部件、提高了维护成本、损耗了使用寿命。丹麦当地政府将这起纠纷判定为物权纠纷，要求被控方向 EMD 公司赔偿2 架风车价值的1%，折合丹麦克朗75 万元。

在德国，风力是免费品，无人争执"风力是国有还是私有"或"风力资源属谁"的问题，因为风能不属于财产范畴的能源。风能电站之间的法律纠纷严格来说与产权归属无涉。如果联邦各州交界的村镇间，因为风车的间隔距离不同产生冲突，如石勒苏益格—荷尔斯泰因州要求风车的间隔距离不少于风车螺旋桨长 5 倍，在北莱茵州则要求 8 倍——那么纠纷双方互相指责的，也不是对方侵占国有资产或私有资产，而是对方的土地测量有误或建筑设计违法。

挪威第一例关于风能产权的案件发生在 2009 年 4 月。一家风力发电站旁的住户认为风车螺旋桨使用了经过他院子的风，扰乱了流过他家的气流，虽然这个住户向法庭承认没有用风能谋利的打算，但还是控诉风力发电站减少了他用风的机会，侵犯了他的私产。原告在一审、二审败诉后，坚持上诉至挪威最高法院。2009 年 5 月，5 名最高法官判定：风力不是财产权客体，风能公司只要没违背其他邻人间必须遵守的法律，就不存在占用或扰乱气流的问题，从而再度驳回上诉。从这些有限而各异的国际经验来看，风能的权能归属仍然是法律界争议较多的新问题。传统民商事理论将风能排除在权利客体之外，不讨论其公有、私有问题；而在讨论其权能归属问题是，以康郡诉牧童农场案为代表的"风土分离"原则占据了比较优势的地位。

五、从自由向安全的转折

一转眼,"9·11"事件已经过去11年。以抗击恐怖为名,《美国爱国者法案》于2001年秋天应运而生。11年来,它在各个领域内的影响逐渐明朗。近日,汇丰银行、渣打银行先后因涉嫌"为恐怖分子提供洗钱服务"而被金融监管部门罚款上亿美元。这一天价罚单的法律依据,正是这部法案。可以说,这部法案已经彻底改变了整体法律体系,并正在将美国社会带入一个"以安全之名限制自由"的时代。

历史的转折点

"2001年9月11日对世界贸易中心的毁灭,具有历史转折点的所有特征。"历史学家泰德·戈茨尔这样写道。另一位评论家戈尔采尔写道:"2001年9月11日世贸中心的倒塌是历史上的一个转折点。突然之间所有的事情变得面目全非。1941年珍珠港之袭、1929年股市崩溃、1963年肯尼迪总统被谋杀,甚至1987年的股市滑坡,都给人们带来了极大震惊。但是所有的这些创伤,都没有像这一次一样,触动了'时代精神'。"对于美国人民来说,"9·11"事件给他们带来的,有对恐怖主义的恐惧和愤怒,还有对政府更强烈的信任和期望。人们渴望政府采取行动,尽一切力量增强国家安全,加强国防,甚至对恐怖分子采取报复,为此,人们愿意付出代价——如公民权利与自由的削减。在这种公共情绪的纵容和引导下,《美国爱国者法案》的制定被提上了议程。

这一法案的全称是《提供截获和阻止恐怖主义所需的合理手段,以团结强国法案》(Uniting and Strengthening America by Providing Appropriate Tools Required to Intercept and Obstruct Terrorism Act, USA PATRIOT Act),其后半部分恰是英语PATRIOT(爱国者)一

词。很显然，这一法案针对的是恐怖主义袭击。不过，这并不是“9·11”后第一个反恐立法。9月13日，《2001年反恐法案》(别名为《2002年商务部、司法部、国务院、法院和相关部门拨款法案》)就迅速在参议院得以通过。这一法案的讨论过程仅仅用了30分钟。起草这项法案的参议员哈赤(Hatch)这样解释当时的情景：“我们有必要给执法当局一切权力，去把那些在我们后院造成无辜伤亡的人找出来，绳之以法。”另一位参与立法过程的参议员科尔(Kye)补充道：“此外，我们还接到联邦调查局局长和其他许多政府官员的请求，要求我们在这场反恐战斗中做点什么。”这一法案对于安装电话窃听装置、彻查恐怖主义融资、增加反恐科研经费等事项进行了规定。仅仅在30分钟内，这些条款就在国会得以通过。

对此，并不是所有的人都表示乐观。参议员帕特里克·利赫(Leahy)说道：“不幸的是，该法案没有经过听证会，我们没有经过各个委员会的充分讨论——情报部门、军方、司法部门……如果这些委员会能有机会看看这个法案，如果布什总统的政府——司法部长、中情局局长、国防部部长——能抽空看看这个法案，并且告诉我们他们的想法，我在投票时会感到舒服些。”事实上，虽然这部《反恐法案》没有立即引起媒体和公众的强烈反响，因为全国上下当时正在全力营救伤员、减少损失，然而并不是所有公众都对此保持沉默。比如，美国民权联盟和电子前沿基金会等倡导民权的组织，就一直密切关注着《反恐法案》里规定的“允许窃听条款”。这一条款允许多个部门使用电话自动记录仪和跟踪定位设备，对于可能涉及国家安全的事项进行窃听和监控。民权组织在“缓过神来”之后，纷纷对这一条款提出质疑。他们哀叹道：“美利坚合众国，谁也没有想到，他们走得太远了，正一步一步地走向独裁的‘大哥大’(Big Brother)型的政权，走向乔治·奥威尔在《1984》一书中所预言的危险境地。”民权联盟也抓住“仅仅30分钟就通过立法”这一瑕疵，进行讽刺：“扩大政府的权限而限制我们的隐私权，这也许是我们应该在半夜三更半个小时之

2001 年 9 月 11 日,美国世贸中心的倒塌是历史上的一个转折点。人们渴望政府采取行动,尽一切力量增加国家安全,加强国防安全。《爱国者法案》就是在这个从自由转向安全的时期出台的,它代表着人们对于个体权利与自由的放弃和对于政府更加强烈的期待。

内完成的事情。实际情况也的确如此……这一切是否太快了,速度之快,令大多数参议员在投票前半小时无法作出全面的考虑。”

多部反恐法案预备生效

尽管如此,大多数议员、媒体和公众都只是深陷入袭击带来的伤痛、苦难、无助和怒火之中。袭击带来的后遗症随处可见,比如,有人不断悲伤地回忆事件前后的场景,有人则逃避与创伤有关的任何回忆,有人再也不敢进入任何高楼,有人听到任何巨响就会惊慌失措。布什总统向公众承诺,他将立即报仇,并进行长期战争。与此同时,他向司法部部长约翰·阿什克罗夫特下达了一道写在笺条上的命令:“约翰,你必须保证,以后类似的事件再也不能发生了!”司法部部长认真地保留起这张便笺,并着手组织起草包括《反恐法案》在内的一系列法案。紧接着,这些法案陆续出台。9 月 14 日,《反恐动员法案》在著名律师大卫·卡普和约翰·余的参与下起草完毕。他们都是当时能够找到的最好的反恐法律专家:大卫·卡普曾经参与过 1995 年俄克拉荷马城反恐立法的修订,而约翰·余作为国际法专家,曾给总统提交过一项报告,该报告称“《日内瓦公约》不适用于塔利班或者基地组织,因为阿富汗是个‘失败的国家’”。在这些法律专家的协助下,《反恐动员法案》、《防恐法案》、《团结强国法案》等扩大政府权力、限制公民自由的法律草案纷纷起草完成,并送往国会接受讨论,随时准备成为法律。

这些法案很鲜明地增强了政府的权限,如《反恐动员法案》允许官员在没有得到窃听授权之前,即可获取个人的电子邮件信息和浏览网页的记录,允许政府建立一个犯罪分子的 DNA 基因库,来对涉嫌与恐怖行动有关者进行 DNA 比对检查。9 月 19 日,司法部部长阿什克罗夫特召集国会议员,向他们分发了《反恐动员法案》,并且要求他们在“本周之内”通过这项法案——留给国会议员讨论的时间不到 48 个小时。阿什克罗夫特在国会听证会上激动地游说道:“只要那些落后的法令和规定,一天不做修改,恐怖分子的力量就会强大一分。除非国会尽快作出法律修改,否则我们将面对的,是一场越来越艰难的战斗。”

不过,国会议员们不再愿意仓促地通过这些法案。尽管布什总统亲自站出来,在每周的电台讲话中进行呼吁:“我在请求国会授予新的执法权力,这样才能更好地追踪恐怖分子的通信,才能扣留那些嫌疑分子,直到他们被驱逐出境。我还将申请更多的资金支持和技术支持,为我国的情报工作服务。”但是,众议院司法委员会并不买他的账。9 月 24 日,司法委员会召开了一个新闻发布会,邀请许多公民自由团体前来讨论前述以“防恐反恐”为旗帜的法案。果然,这些团体提出了许多质疑,并且表达了强烈的担忧。他们引用本杰明·富兰克林的话说道:“那些放弃基本自由换取一点临时安全的人,既丧失了自由,也不可能得到安全。”

媒体的分裂

与此同时,全国范围内也开始形成一个将各种反对意见整合起来的力量,这就是后来被称为“联合战线”的松散联盟。民权工作者奈特·亨特福号召其民权组织团结起来,反对政府趁机膨胀的野心:“要拯救我们的自由,我们必须组织起来——就像 20 世纪 60 年代的民权运动和反战运动那样。已经出现了很多团体,他们可以(也应该)形成一个宣传体系,在报纸、广播、电视上宣传;在全国大学校园里、在镇民大会上成立时事宣讲会;效仿 1963 年马丁·路德·金‘I have a dream’的群众演讲,计划在华盛顿举行游行示威。”游行示威尽管未能成行,却产生了更有价值的联合斗争成果:一份名为《保卫自由宣言》的小册子得以问世。这份小册子向公众提出了 10 点建议,提出在执行任何反恐措施之前,公众要进行深入理性的思考,避免政府以反恐为名,过分地干预市场自由、公民权利、隐私尊严等这些美国人民长久以来赖以生存和自豪的价值。《保卫自由宣言》这样写道：

"(1)2001年9月11日，在一场对美国人民和政府的野蛮袭击中，成千上万的人民失去了生命。我们对这些无辜的生命表示哀悼，坚持作恶者应受到惩治。

(2)这个悲剧要求全美国人民都仔细考虑我们应采取什么措施来减少今后的恐怖袭击。

(3)我们应该冷静地深思这个提议，首先要保护我们的自由权利不受侵犯，这是美国人民的生活方式。

(4)我们必须确保政府的行动符合民主社会的要求，符合负责任政府的要求，符合国际法的要求，政府的一切决策都应该符合宪法。

(5)我们可以像过去战争、和平时期曾经表现的那样，以我们的自由向安全妥协。

(6)我们应该抵制错误的认识，即任何可以被称为反恐的东西都会给我们带来更大的安全。

(7)我们应该抵制仅仅因为种族、宗教、风俗习惯或长相(包括移民：阿拉伯裔美国人和穆斯林)就成为攻击目标。

(8)我们认同持不同政见的权利，这是宪法第一修正案所赋予的权利，而现在，这个权利正处于危机中。

(9)如果我们的政治领袖在未来的日子里有勇气说，我们的自由将不会受到限制，我们将欢呼。

(10)我们必须相信我们的民主体制，相信我们的宪法，同时我们既要保护全体美国人民的自由，也要保护我们的安全。"

这份小册子一共得到了超过150个组织、300名法律教授和40名计算机专家的签名附议，成为了"狙击"反恐立法迅速通过的重要力量。值得一提的是，在这个历史性的转折时代，媒体分裂成了两个态度鲜明对立的阵营：一方站在反对者一边，希望保持安全与自由之间的平衡。比如，《巴尔的摩太阳报》的编辑在9月19日这样说道："是的，我们需要强硬而务实的法律来阻止恐怖行为和间谍，包括窃听来到我们国家的外国人的谈话。但如果那些法律不必要地束缚了将美国与其余世界区分开来的根本的公民自由,恐怖主义就取得了胜利。”而另一方则声势浩大,形成一股巨大的“媒体爱国主义”力量,他们信奉布什的反恐之战,支持政府的反恐措施和立法。比如,哥伦比亚广播公司和《有线新闻网》都主张,应该更多地曝光塔利班政权下控制着的人民,和他们“庇护杀害无辜人民的恐怖分子”的无耻举动。分裂的媒体、狂热的立法和时强时弱的反对之声,构成了那个动荡时刻的真实画面。

《爱国者法案》问世

9 月 30 日至 10 月 12 日,新的一轮恐怖袭击改变了局势。这就是直到今日仍为疑云笼罩的炭疽病毒邮件袭击案。这次袭击使参众两院的意见重新偏向了政府一边。《爱国者法案》为代表的反恐法案重新摆到了议员们的面前。

这部法案的主旨是全面反对和打击恐怖主义,共 10 个部分,其中第 3 部分的金融反恐条款令人耳目一新。这一章节后来独立出来,成为《2001 年国际洗钱消除及反恐怖主义分子金融法案》。为了切断恐怖主义者的资金供给,这一章节对于国际反洗钱立法与合作进行了更为强势的要求。比如,对于反洗钱的金融和司法方法进行了更为广泛的授权,允许政府对与洗钱相关的国家、金融机构或者交易,适用特别程序进行调查——2001 年七八月先后发生的汇丰银行洗钱案和渣打银行洗钱案,美国监管部门就是依据这一条款展开调查。法案还对于一切金融机构课以更为繁重的反洗钱义务,并加重了洗钱的民事、刑事责任。如果发生走私大额现金进出美国、非法汇款业务、伪造本国及外国货币的犯罪的情况,法案许可监管部门予以重罚。

当然,《爱国者法案》不仅仅针对金融机构和洗钱犯罪,而是全面地授予政府反恐权力。比如,增强了州政府和地方政府执法机关在情报获取和生物反恐方面的权力;为联邦调查局雇用更多的翻译,增加网络监控经费等。根据这部法案,警察机关有权搜索电话、电子邮件、通信、医疗、财务和其他种类的记录;美国财政部部长有权针对与外国人士或政治体有关的金融活动,进行自主调查并随时向国会提交报告;移民管理单位对于外国人的管理权力大大增强。许多赴美留学生都受到这一法案的影响,不得不推迟了入学时间,接受移民局的详细调查。

这项法案经过6周的辩论之后,终于在2001年10月26日得以通过。众议院投票的结果是356票赞成,66票反对;参议院的投票结果则是惊人的,98票赞成,仅有1票反对。那位孤独的异议者,是参议院司法委员会宪法小组委员会主席范歌德(Feingold)。他始终反对用自由换取安全。在国会辩论时,他说道:"当然,毫无疑问,如果我们生活在一个警察社会里,抓住恐怖分子会容易得多,但是这样的社会也许并不是我们想要得到的。公平地讲,那也不是我们要求年轻人为之奋斗的国家。简言之,那不是美国。在这场反恐斗争中,我们有责任保护我们的自由。如果牺牲了美国人民的自由,那么不用一枪一炮,我们就已经战败了。"

范歌德还对媒体透露了参议员近乎"全票通过"的秘密:"当司法部部长阿什克罗夫特的反恐方案提交上来时,要求我们用两天时间通过它……我被告知议案已经得到了全体赞成。他们要求我也投赞成票。我拒绝了。之后多数党领袖来到全体议员会议上,当着他的下属和我的下属的面,非常严厉地告诉我:你不能这样干,所有的事情都会崩溃……当时很多参议员围着我,他们都投了赞成票,但他们说:我们认为你是对的……我,作为民主党人,作为一个相信公民自由的人,这是我人生的低谷。"

如何评价《爱国者法案》

2001年10月26日,《爱国者法案》由乔治·W.布什总统正式签署生效。华裔教授黄锦就如此评价这部法案:“纵观历史,《爱国者法案》的出台和接受,类似于其他战争时期的立法……如‘一战’时期的《美国骚乱法》……‘二战’时期的《日本人监禁法》、冷战时期的《麦卡锡法》。尽管它们的草拟和通过饱受争议,但从整体上看,它们并没有违反宪法。”他做此判断的依据之一,是公众实际上需要并支持这部立法。2011 年 11 月 12 日,国家公共电台做的一项全国性民意调查表明,大部分的家庭支持赋予执法机关更多的权力,来减少恐怖主义对美国带来的威胁。4 年后,美国有线新闻网再进行了一次民意调查发现,只有 7% 的美国人认为《爱国者法案》应予废除。

不仅仅是“盲目而热情的爱国大众”,许多专业研究机构也提出,“9·11”事件之前,美国政府在反恐方面确实存在能力不足、程序漏洞、资源匮乏和行为失当的问题。他们指出,美国在 20 世纪 80 年代以来形成的反恐体系,存在相当多的缺点和不足。正是这些问题,导致了恐怖主义乘虚而入,造成了“9·11”惨案。不过,就《爱国者法案》是否能够有效地解决恐怖威胁,没有人能够知道确切的答案。事实上,并没有证据表明,需要更大的行政权力才能预防悲剧的发生;相反,“9·11”之前有许多政府报告和研究表明,反恐问题主要是政府的执政能力而非权力问题所致,如没有重点和计划、没有风险评估、没有反恐的系统方法,以及没有应急准备的预案等。用黄锦就教授的话说:“我们的国家安全和反恐体系从其本质来讲就是无能的、破碎的。但是,出现的问题却与法律授权没有关系。”就连司法部部长阿什克罗夫特也承认,他也不确定《爱国者法案》在为国家安全方面到底会有哪些贡献。他说:“我不能确保这些措施可以避免‘9·11’袭击……我也不能说,如果 8 月实施了法案,9 月就能消灭恐怖主义。我也不能向委员会保证说我们今后就没有恐怖主义袭击。”

令人不安的是,《爱国者法案》的执行并不是没有代价的。根据 Syracuse 大学的数据表明,“9·11”事件后以涉嫌恐怖行为为由起诉的案件数量增长了5倍,最终定罪的案件数量增长了7.5倍。其中不少犯罪在过去,要么只能归入传统违法行为,要么根本不会被定罪。更严重的是其对公民权利的蚕食。普通人在图书馆上网查阅资料的记录,能够直接被安全部门查阅调取。每一台个人计算机内都可能隐藏着"随机安置"的记录并自动汇报的装置。银行在提供金融服务时,不得不更多地关注原本属于隐私的"汇款用途和收款地址",并及时向有关部门汇报。更严重的影响在于对于传统三权分立体制的破坏,用赫尔曼(Herman)的话说:"反恐战争突然增加了联邦政府的行政职权,缩小了国会和法院的制衡权力,因而有可能破坏美国宪法保障的三权分立的格局"。

《爱国者法案》以民权、自由和宪政体系为代价,换来了谁也无法确定的安全保障,这值得吗?这个问题恐怕当前谁也没有把握,将需要更长的时间才能由历史作出圆满的回答。

六、虽败犹荣的男女平权之争

2012 年 3 月 22 日，美国国会民主党女众议员卡罗琳·马罗尼(Rep. Carolyn Maloney)等议员在国会大厦前集会，推动《平等权利宪法修正案(Equal Rights Amendment)》(以下简称《平权法案》)入宪。这是《平权法案》40 年后被重新提起。40 年前，旨在实现男女权利平等的《平权法案》原本有机会成为美国的第 28 项修正案。众所周知，1972 年 3 月 22 日，这项法案在参议院以 84 票对 8 票得以通过，进入了各州议会的批准程序。不到一年，全美已有 30 个州批准了《平权法案》，离法定的 38 个州似乎仅有一步之遥。然而孰知此后 10 年内，这一步之遥仍如天堑无法跨越。1982 年 6 月 30 日，这一持续了近百年的努力，终以 3 票之差宣告失败。

“人”不包括女性

《平权法案》其实仅有短短的 52 个字：“第一项：合众国或其任何一州对法律所规定之平等权利，不得以性别而拒绝或剥夺之。第二项：国会有权制定适当之法律，以施行本案。第三项：本案至少须有三十八州批准，自批准之日起，两年后生效。”而究其核心，亦无非短短的“性别平等”4 个字而已。

然而，对于美国这个以“平等、自由、民主”自豪的文明国家而言，性别平等一直是一个令人难堪的悖论。1881 年，当联邦最高法院对于“人”(person)一词进行重新解释，认定它也包括了“公司”之后，女权工作者趁势提出这个词自然应该包括女性，因而女性也应受到法律的平等保护；然而，联邦最高法院再次作出了与历史趋势相悖的裁决：他们认定，“人”这个词可以包括公司，却不包括女性。至于工作领域的平等权利，更是自美国建国以来就与妇女无缘的。

尽管伊利诺伊州议会于 1872 年 3 月 22 日制定了一项法律，规定："任何人不得因性别而被阻止或被禁止从事任何职业或受雇用。"然而当一位名为布拉德韦尔的法学院女生通过考试、获得律师资格，并申请律师执照时，却遭到了拒绝。

当她诉至联邦最高法院时，这个"合众国的正义之神"却在 1873 年 4 月 15 日剥夺了她从事法律工作的权利，并在判决书中写道："妇女的最高命运和使命，是担当母亲和妻子高贵的和慈祥的职责。这是创造主的神法。"宪法第十四条修正案所规定的平等权利，在相当长时期内对于妇女都只是一纸空文而已。

尽管如此，妇女们却从未放弃过争取平等权利的斗争。早在 1848 年 7 月，在斯坦顿（Elizabeth Cady Stanton）和莫特（Mott）的领导下，第一届女权大会在纽约的塞尼卡福尔斯召开，并模仿《独立宣言》的形式发表了著名的《苦情宣言》（Declaration of Sentiments），列举了女性社会不平等的苦状，斯坦顿更是在会上将"人人生而平等"的口号改为了"男女生而平等"，并且呼吁："为自己争取参加选举的权利，是这个国家妇女的责任"！

争取平等选举权的斗争，是妇女运动历史上最为可歌可泣的一幕。电影《女权天使》便讲述了女权领袖爱丽丝·保罗和她的伙伴们以绝食、入狱、示威等形式，绝不妥协地坚持着斗争，最终逼迫美国国会赋予妇女享有平等选举权的一段光辉历程。

1919 年，参议院以 66 票对 30 票、众议院以 304 票对 89 票通过第 19 条宪法修正案，规定："合众国公民的选举权，不得因性别缘故而被合众国或任何一州加以否定或剥夺。"1920 年，该修正案经过 36 个州批准后最终写入宪法，从而翻开了女权运动的全新一页。

赢得平等选举权之后，爱丽丝·保罗和全国妇女党的伙伴们并未满足。她提出，消除一切"基于性别基础上的"法律区别是妇女争得选举权后顺理成章的后续工作。不论是妇女不能作为陪审团成员，还是没有独立的财产权、平等的继承权以及离婚中的不平等待遇

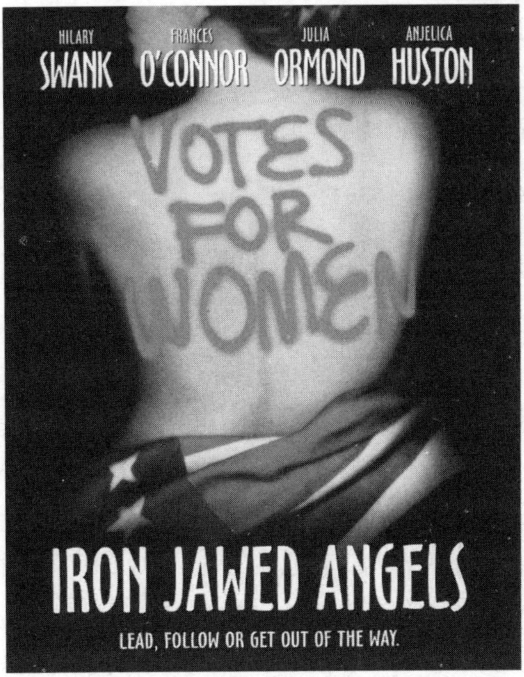

在影片《女权天使》中,爱丽丝·保罗和她的伙伴们拼命地争取女性选举权利。她说:“女性想要实现自己的平等和权利,需要真实地参与到政治决策中去。”我们想象中的民主国度,直至1920年,才通过宪法修正案的形式,赋予了女性平等的选举和被选举权。在此之前,女性的社会地位很低,仿佛只是男性的附件和陪衬。

等诸多问题，都需要一个旨在消除“法律上的不平等”的宪法修正案予以实现。

因此，在1923年第一届妇女权利大会召开75周年之际，爱丽丝·保罗代表全国妇女党向国会提交了这项《平权法案》。法案非常简短，只有一句话：“在美国及其所辖每个地区，男女应拥有平等的权利，国会有权制定适当立法实施这一条款。”而这，正是此后半个多世纪女权工作者们竭尽全力但却最终功败垂成的核心诉求。

半个世纪的艰辛

令爱丽丝·保罗没有想到的是最先站出来反对她这一主张的，竟然是当年一同为平等选举权而战的伙伴们。

1924年，妇女选民联盟、全国妇女工会联合会、妇女俱乐部总会纷纷表示反对这一修正案。她们的理由是，所谓的“法律平等”意味着冷酷无情的一视同仁。特别是工会和妇女俱乐部，她们曾经为女工权利而奋斗数十年，并争取到了一些保护女工的特殊优惠，如不得让女性从事矿工等重体力或高危性工种。她们担心《平权法案》会导致这些奋斗成果付之东流。

在工会议员的影响下，这项法案在参众两院皆被封杀于司法委员会，连举行听证会的资格都没有，更不用说提交表决了。不久，许多著名的女权工作者也站到了反对阵营之中。历史学家玛丽·比尔德也总结说：“《平权法案》实际上是在支持无情的自由竞争，而且是在对女权主义的追求中放弃人道主义。”持此见者不在少数。因而尽管每年全国妇女党都在国会上提出这项修正案，却始终铩羽而归。

在此后的40多年中，尽管共和党和民主党分别于1940年和1944年将支持《平权法案》的精神列入党纲，而且于19世纪50年代初，两党内的显赫人物及一些知名女性都表示要遵循《联合国宪章》中男女平等的精神，支持《平权法案》，然而这一法案在国会的命运依旧坎坷。

1950年和1953年，参议院两次通过了该法案，但都有附加条款："这一法案的目的是维护各州为妇女制定的劳动保护条例，而非相反。"然而这一附加条款实际上同时限制了"法律平等"的范围。全国妇女党认为，与其通过这样"缩水"的法案，不如搁置留待下次再审。于是，这一法案便一拖再拖，直到1972年才迎来了在参议院的再次表决。

推动再次表决的，是1960年代以来的几项改革。首先是劳动保障领域内，男女同酬法于1963年的通过，明确宣告了就业性别歧视的违法，同时还确定了一项"不影响优惠保护"的原则，确保在进行平等保护、同工同酬的同时，不得撤销对女性的劳动保护措施。紧接着，全国妇女党抓住这次良机和工会达成共识，利用有利的社会背景，以前所未有的规模开展全国范围内的政治活动，重新启动被尘封近20年的《平权法案》。

1967年，全国妇女组织（National Organization For Women）宣布将《平权法案》的通过作为其主要的奋斗目标。1970年2月，当参议院司法委员会宪法修正小组副主席、参议员伯克·贝（Birch Bayh）正在主持一个听证会时，这一组织的女权工作者们突然闯入会场，要求司法委员会就《平权法案》举行听证会。同年4月，美国汽车工人代表大会投票赞同《平权法案》。5月，宪法修正小组委员会举行了听证会，42名与会者既包括全美各妇女权利组织的领导人，也包括著名律师和参众两院的一些议员。听证会上，大部分与会代表都表示支持法案。联邦政府劳工部也首次表态，支持《平权法案》的通过。

历史性的时刻到来了。1970年6月，众议员玛莎·格里菲斯（Martha Griffith）成功地征集到足够的签名，通过一项请愿状，将长期搁置在众议院司法委员会里的《平权法案》重新"激活"，进入了众议院的正式表决程序。8月10日，众议员对这一法案能否"不带任何附加条款地"作为宪法修正案通过进行了表决。表决结果是令人震撼的350票对15票，压倒性的绝对多数，这一法案在众议院通过了。

对这一法案历来持有反对意见的一些参议员提出，如果《平权法案》想在参议院通过，就必须增设一些附加条款。比如，增加一项“禁止征召女兵”的条款；或者将词句进行比较灵活的改动，修改为：“合众国和任何州都不得以性别为理由，拒绝给予任何人在法律范围内的平等保护。”这一措辞是由宪法修正小组主席伯克·贝所拟定的，所以称为“贝氏表述”。

然而无论是禁止征召女兵还是“贝氏表述”，都会限制平等保护的范围，因而以玛莎·格里菲斯为代表的女权工作者们坚持以“不打折扣的原修正案”送往参议院进行表决。

功亏一篑的遗憾

在参议院表决之前，参议院司法委员会宪法修正小组主席萨姆·欧文(Sam Ervin)提出了8项修正意见，涉及征兵、作战、婚姻以及家庭的负担、隐私权、法律救济等。

根据他的考虑，女权工作者们这种不容分说、拒绝妥协，并不算是非常高明的立法策略，可能会将原本能够争取过来的支持者逼向反对阵营之中。而且，这样缺乏弹性的修正案，有可能会在未来的州议会表决中再遇到麻烦。事实上也正是如此，参议员们此时已听不进任何的修正意见。

在女权工作者的敦促之下，否决了这8项修正意见；必须以原汁原味的《平权法案》通过表决，成为了各个妇女团体的共识。于是，40年前的1972年3月22日，参议院以84票对8票的绝对多数通过了《平权法案》。举世欢腾，仿佛数十年来的斗争终于取得关键的胜利。

起初一切都还进展得顺利。夏威夷州议会在3月22日当天就表决批准了法案。特拉华、内布拉斯加和新罕布什尔三州在第二天也迅速批准了法案。爱达荷州和艾奥瓦州在第三天也批准了法案。不到1年时间，全国已有30个州批准了《平权法案》。根据宪法修正案的批准程序，只须在7年内获得38个州的批准，修正案就将正式生效。然而，自 1973 年开始，《平权法案》在其他各州的批准开始变得困难起来。

根据“平权法案行动委员会”的调查，发现未批准的州大多是信仰基要派的南方各州和犹他、内华达两个摩门教州，在其他一些州中，也已经形成了反对修正案的强力联盟，在各州议会中进行游说，大肆攻击《平权法案》。甚至还出现了一支以家庭妇女为主力的反修正案大军，强烈地抗议和指责《平权法案》。用女参议员玛丽·贝里的话说：“《平权法案》在反对力量崛起之后，已经变成一个自由派与保守派之间、各个不同地区之间的一块兵家必争之地，它不但折射出了对待妇女的不同态度，还体现着意识形态领域内的巨大冲突。”

这一法案越是关系重大，越难以获得州议会的批准。特别是法案缺乏弹性、涵盖面过广的内在问题，随着时间的流逝，越来越被反对派们所放大。一些已经批准了这一法案的州内，甚至出现了“申请撤销批准”的逆流。尽管最终没有哪个州议会真的撤销了批准，这些动向却直接使那些原本摇摆不定的州更加犹豫。1973 ~ 1974 年，又有 3 个州批准《平权法案》，1975 年和 1977 年又各有 1 个州批准。至此共有 35 个州批准法案。

然而此后，剩余的州议会陷入了死一般的沉寂。尽管国会将批准期限由原来的 7 年延长至 10 年，却最终无济于事。1982 年 6 月 30 日，延长后的批准期限届满，这项《平权法案》最终以 3 票之差，被锁入“废案”的档案柜。

尽管功亏一篑，这项原本能够成为第 28 项修正案的《平权法案》并未因此退出历史舞台。从 1982 年到 2007 年的 25 年间，每届国会都会有女权工作者锲而不舍地要求重新启动这项法案的审议表决程序。虽然响应者寥寥，但在佩洛西、赖斯、希拉里这些著名女性政治家的示范作用下，《平权法案》似乎仍然有重新启动的希望。2007 年 1 月以来，经 5 个州的议员提议，参众两院中的民主党议员给《平权法案》起了一个新名字《妇女平等法案》，希望能够在参众两院得以表决通过，并重新开始38个州的漫漫批准之路。

这项法案曾经举世瞩目，距离写入宪法只有一步之遥，而今又要万道雄关从头迈。尽管如此，自1923年它问世以来，特别是40年前在参众两院高票通过以来，早已实际地改变了美国的社会规则，使美国的法律不可逆转地朝着性别平等的方向发展。

外一篇：女性普选艰辛路

在今天这个飞奔不歇的社会里，越来越多的单位“将女生当男生用”，3 月 8 日妇女节更多的像一个介于惊蛰和春分之间的节气而已。

然而，电影《女权天使》所描述的争取女性普选权利的斗争历程，远不似今天想来的那样轻松愉快。

假如议会里没有你的代表

1288 年，苏格兰女王玛格丽特一世颁布一道谕令，宣布每个 2 月 29 日为“妇女权利日”。据传，这一天，女性可以向男性求婚，并且只有已婚男性可以拒绝求婚，否则将需要为自己的拒绝付出“代价”，可以掏出 1 英镑作为象征性的赎身费，或是向求爱失败的女方赠送一件绸缎衣服。

这个日子被网民疯传为“女性表白日”的同时，大多数人都忽略了这个故事的三个细节：其一，女王所确定的妇女权利，远不只是求爱，还包括了法律的平等保护和政治的平等参与。其二，假如玛格丽特女王的法令在今天有效，那么女性只在那一天拥有这项权利，其余的日子里显然只是男人的附庸。可悲的是，这个日子，4 年只有一次。其三，当时的议会根本没有通过这道谕令，因为议会上一个女性也没有。

因此，在影片《女权天使》中，爱丽丝 · 保罗和她的伙伴们拼命地争取女性选举权利。她说：“女性想要实现自己的平等和权利，需要真实地参与到政治决策中去。”我们想象中的民主国度，直至 1920 年，才通过宪法修正案的形式，赋予了女性平等的选举和被选举权。在那之前，女性的社会地位很低，仿佛只是男性的附件和陪衬。

直到20世纪初,女性仍未在全美获得平等的投票权。当时的舆论,如同影片中的公众评论:“女性的心智低于男性的。这是不言而喻的两者之间存在根本的差异……这一差异的性质和程度都将使妇女选举权成为一种政治危险……我不希望有一天看到我州的妇女拖着长裙,和这些轻浮的姑娘们高唱‘妇女参选’,却不知道她们这种鲁莽的运动会带来什么样的灾难。”

即使是当时的妇女,也不怎么理解“全国妇女党”为何这样执着地追求“选举权”。名媛轻巧地挽着丈夫的胳膊,说着“谢谢,我不关心政治”。女工只想到,“如果我不上班,跟你们去游行,那么我只会被开除”!商人太太说:“在这个一切都靠金钱的国家,选举权能帮你买到什么?你看那些穷人男性和黑人男性,哪个政策是为他们而制定的?”

即使是争取选举权的核心人物,也会在长期的斗争之后感到孤单疲惫,希望找一个男人的肩膀倚靠。更不用说那些以妇女选举权作为参政由头的女性政客,她们因为“全国妇女党”抢了风头或是过于激进,慌忙撇清了和“全国妇女党”的关系,继续和威尔逊总统进行“亲切友好”的谈判磋商。

然而,即使在这样的局面下,仍然有不顾身家性命的女性,辛苦地巡回演讲,著书立说,大声疾呼,群聚示威,最后甚至被逮捕、下狱,饱受精神与肉体上的屈辱与折磨,放弃自己的感情甚至付出生命的代价。

片中主角爱丽丝·保罗作为一名律师,为了吸引美国民众的关注,在威尔逊总统就职典礼的前一天,在华盛顿宾夕法尼亚大道上组织了一场浩大的游行。1917年,她领导的全国妇女党开始在白宫前示威。随着美国参加“一战”,这一举动开始被认定为叛国之举——“当许多美国人都在欧洲流血,妇女们竟然在国内缠着总统索要什么选举权”?一些女性也无法理解这一点。然而爱丽丝·保罗仍然坚持这一行动,许多妇女以“妨碍交通罪”被捕入狱。前仆后继,直至令世界再无法忽视她们的愿望为止。

政治平等，只是第一步而已

在狱中，以绝食继续斗争的爱丽丝·保罗对医生说道："绝食抗议是古爱尔兰的一种传统，他们在某个人的门口绝食，直至得到赔偿，正义得到伸张。当你家门口有一具正在腐烂的尸体？邻居会怎么说？那项法律对待妇女很不公……你让我解释自己的理由，答案应该是非常清楚的。探索一下你的内心。我向你发誓，我的心完全一样；你想在赖以为生的业界，占有一席之地，我也一样；你想有一些自我表达的手段，一些满足个人雄心的途径，我也是；你想让政府听到自己的声音，我也是！"

虚弱而坚毅的面孔，闻者不为所动。当狱方强制灌食的消息从医生和狱卒那里悄悄传出，举世震惊。终于，1918 年，第十九宪法修正案被提交到国会，并于两年后的 8 月 18 日得以通过生效。

不过，根据后来的分析，那个时代获得平等选举权，只是政治平等和社会权利的第一步而已。之所以能在"一战"中通过这一宪法修正案，是因为当时男子大多奔赴战场，妇女成为家庭和社会的支柱，承担起了较多的社会责任。当战争结束后，当一切恢复正常，妇女又回到原来的位置上。广大的妇女并没有在本质上树立起政治权利与自身利益和幸福的关联，美国宪法也只是在形式上确保了妇女选举权，却没有订立为保证这一权利的实施细则。

对于普通妇女来说，选举权并没有根本性的帮助。"黄金时代"并未到来。妇女在选举、就业、工资待遇等方面，尤其是就业方面，仍受到严重的歧视。1920 年是美国全国范围内行使妇女选举权的第一年，然而大部分妇女都与丈夫投着一样的票，并没有形成自己的政治主见。女性的就业和升迁机会，在各行业中仍然劣于男性。而护士、图书管理员、社会福利工作者、售票员、低等秘书等也成为女性最常见的职业。

因此，回到片名“Iron Jawed Angels”，直译为“铁齿钢牙的天使”，因为爱丽丝·保罗和她的伙伴们，在狱中绝食，拒不张嘴。而“女权天使”的译法，大概有些不准确。“女权”并不等同于“女性选举权”，相反，这一概念是在20世纪50年代才兴起的。

女权工作者关注的，不再只是形式平等的政治权利。看似机会平等的地方，实际没有考虑到女性天生的弱势和特征。女权工作者要的，是社会制度的彻底反思和改造。这一切，当然建立在爱丽丝·保罗那一批人所取得的普选权利根基之上。

然而，只有普选权利，显然还不够，这也是今天女权主义者们继续坚持斗争的理由所在。令人尊敬的是，那位片中大声说着“So do I”的爱丽丝·保罗，直至80岁仍致力于女权运动，以她名字命名的基金会，仍然致力于妇女争取平等的事业，从未放弃。

七、缓刑起源于老鞋匠的一时善念

据考，我国现行刑法对于缓刑的规定，可溯至《大清新刑律》对日本缓刑制度的仿效。英美法系将“缓刑”表述为 probation，其拉丁词根为 probare，其义为“to prove，to test”，既有缓刑之意，更有观察考验之意。现代意义上的缓刑是与这种观护紧密结合在一起的，这一切源于 1841 年波士顿一位老鞋匠的善念。

暂缓处刑的“五月花号”船客

缓刑制度可以追溯到中世纪的英国。那时刑罚相当残酷，对于许多并不严重的犯罪，也要处以烙印、鞭笞、断肢甚至死刑。因此，暂缓执行死刑的设计，将可能挽救许多人的生命。公元 940 年，亚西路斯旦王时期的一部法律（Law of King Athelstan）作出了这样的规定：15 岁的死刑犯，不执行其刑而委托僧侣予以监督，如果再有违法行为时，才对其执行死刑。英国社会也开始寻求使刑罚逐渐轻缓的可能。被告可能申请皇家特赦，比较积极的法官通常会选择适用较为宽松的刑事成文法或先例。法庭在估价被盗财物的价值时，有时会刻意估低，以免被告受到过重之刑。

至 14 ~ 15 世纪，英国衡平法院也开始采取一些富有弹性的执行程序。当时对于刑罚的宽宥，基本分为三类：宗教人士护庇（benefit of clergy）、司法宽免（judicial reprieve）和宣誓再不犯恶行（abjuration）。法庭还采取一种措施，由某个机构或某位绅士作出担保，暂时免予宣判或给予减刑。时至 1879 年《略式裁判法案》（Summary Jurisdiction Act of 1879）正式规定，对于轻罪犯给予缓刑，由简易法庭和治安法庭法官批准，由“志愿担保人”予以监督。一些法官，如爱德华·考克斯（Edward Cox）和马修·希尔（Matthew Hill），采取宣誓与监督措施相结合的办法，要求少年犯宣誓将遵守缓刑期间的规定，对于少年犯采取暂缓执行、指导监督与不定期调查相结合的措施。

据说，当年马修·希尔还是一名实习律师时，曾见过许多犯有轻罪的年轻人，如果能够在其父母或监护人的严加看管之下进行观察考验，到最后都会恢复为品德良好的青年；而如果以轻罪入狱，往往在出狱时就已成为恶习满身的无药可救之徒。他后来成为伯明翰法院的法官时，他对那些还有希望挽救的青年采取了相似的缓刑处置：如果这些年轻人有希望重归社会，而且有人愿意为他们担保，并对他们进行观察考验，那么就允许暂不对他们实行收监。为了检查这些担保人是否尽心尽力对暂缓收监的青年们进行了观察、考验和矫正工作，希尔法官安排警官对他们进行定期访问，并向法庭提交报告。

值得一提的是，另一种暂缓处刑的措施：将囚犯安置于海外殖民地，观其"劳动改造"效果，再宣布赦免或给予轻刑。据考，"五月花号"上至新大陆的那批美国先驱们，有不少都是被暂缓处置的刑事囚犯。这或许也是为何现代意义上的缓刑观护制度诞生于波士顿的原因。

老鞋匠奥古斯都的一次义举

约翰·奥古斯都（John Augustas）是一名鞋匠。他于 1784 年生于马萨诸塞州，1827 年迁至波士顿，在波士顿法院门外的大街上继续补鞋的行当，为过往行人修补皮鞋、缝线、钉掌，把皮鞋擦得乌亮。据说，奥古斯都经常去法院旁听审判。1841 年 8 月的一个清晨，一个衣衫褴褛、蓬头垢面的年轻人被带了进法庭。这又是一个在公共场所酗酒闹事者。根据马萨诸塞州法律，"公共场所酗酒闹事"（common drunkard）只是一种轻罪。被告只须交付一笔保释金，便可获判"监外守纪"1 年的轻罚；否则，被告将在那种小偷扒手、抢劫犯、强奸犯、诈骗犯云集的"监狱大学"里关 1 年，变成了一个对社会充满怨怼、对

今日美国，全国535万名犯罪人员中，据说有近60%的人能采用缓刑观护方式来进行教育和改造。除此之外，还有诸如假释、赔款、强制治疗、重返社会教育、少年犯训练营、社区内改造犯人等多种矫正方式。而普通公民参与罪犯矫正工作，则被认为是一件光荣的善行。每年有30万~50万的志愿者加入缓刑观护和罪犯矫正工作中。

法律充满敌意的职业罪犯。

这一天受审的年轻人,本是一个机器维修工人,有一个刚刚怀孕的女朋友。他懊悔地对法官保证,如果能不入狱,他将保证一生戒酒,好好工作,重新做人。但是,他没有钱交保释金。旁听席上奥古斯都对这个年轻人充满了同情,并且相信自己的直觉——这个年轻人还有希望。于是,奥古斯都向法官表示,他愿作为保证人,对这个年轻人进行教育。法官也正在发愁,在那个年代的波士顿,犯这类轻罪的犯人很多,监狱人满为患。而且,他也不愿意为社会培养更多的职业罪犯。法官灵机一动,宣判道:被告延期3周审判,3个星期之后再回到法庭上来,法官到时将视具体情况而作出最后判决。3周内,由奥古斯都负责观察和考验被告的表现。

3周后,奥古斯都陪着被告返回法庭。那个蓬头垢面的醉鬼,已经变成了一个容光焕发的年轻人。只读过两年书的奥古斯都,写了一页纸的书面报告呈交给法官,上面写着:他——约翰·奥古斯都,以上帝的名义发誓作证,证明这个年轻人3个星期以来滴酒未沾,一直勤奋工作。出庭作证的,还有这青年所属街区的警察和教堂的牧师,他们的证词与奥古斯都所说的基本一样。法官当场宣布,释放被告人,象征性地对被告罚10美分。年轻人紧紧地拥抱着奥古斯都,喜极而泣。从此以后,这个人终生不再饮酒,变成了一个守法勤劳的好公民。

第一位缓刑观护官

此后的18年间,奥古斯都共为1946名被告担任过志愿缓刑观护人。其中男性被告1152名,女性被告794名。对于这1000多名被告,他并非不加选择,而是事先详细地调查他们的年龄、性格、出身、生活环境和身边可能造成影响的人与事。他所选择的往往是贫穷无助、偶犯过失的人。奥古斯都和被告们交朋友,帮助他们找工作,鼓励他们改过自新,照顾家庭和邻里。缓刑期满后,他总是陪同被告出庭,亲笔向法官提交一份报告,描述被告在缓刑期间的表现。法官依据他的报告,对表现良好的被告,往往是不再处刑,象征性地罚款 10 美分便予以释放。

自 1843 年开始,奥古斯都的注意力主要集中在对少年犯的观护上。最初他接受法庭委托,对于 3 个少年被告进行考察。他们分别是一个 11 岁的男孩,一个 10 岁、另一个 8 岁的女孩。他们被控犯有盗窃罪。与一般被告不同,奥古斯都每个月都向法庭提交一份备忘录,说明这 3 个孩子的矫正情况。5 ~6 个月后,他带着这 3 个孩子出庭,法官发现,这些孩子的举止和外表都已经有了巨大的转变,于是当庭宣布,法律的矫正目的已经实现,每个孩子都予以释放。3 年内,奥古斯都又接受了 30 名 9 ~16 岁的孩子的缓刑观护任务。据考,奥古斯都 18 年中所观护的 1946 名被告中,只有不到 10 名最后让他失望,其余的都得以改过自新。奥古斯都的工作获得了波士顿许多慈善家和教育机构的肯定和捐款。波士顿法庭更是给奥古斯都颁布了全美第一张缓刑观护官(probation officer)的聘书。

继波士顿之后,芝加哥与纽约先后建立起缓刑观护制度。1869 年,马萨诸塞州设立救济委员会,由专人调查少年犯的观护问题。调查员必须出庭并在法庭的指示下对少年犯予以照顾、教育和考验。1878 年,第一部缓刑观护法在马萨诸塞州得以通过,并据此在州司法部下成立了公立的缓刑观护司,负责招募职业缓刑观护官、设立专款予以维持观护工作,并指导矫正观护工作的进展。1897 年,密苏里州的《缓刑观护法案》首次明确规定了暂缓处刑接受观护的被告应符合哪些标准,法院应如何根据年龄、经历和罪名进行选择。1899 年伊利诺伊州和明尼苏达州出台了专门针对少年犯的缓刑观护制度。到 1925 年美国联邦缓刑法出台时,美国大多数州已经颁布了缓刑法,而与之相配套的量刑建议、量刑调查、社区矫正等制度,也已经形成了完整的制度体系。

今日美国,全国 535 万名犯罪人员中,据说有近 60% 的人能采用缓刑观护方式来进行教育和改造。除此之外，还有诸如假释、赔款、强制治疗、重返社会教育、少年犯训练营、社区内改造犯人等多种矫正方式。而普通公民参与罪犯矫正工作，则被认为是一件光荣的善行。每年大约有30万~50万的志愿者加入缓刑观护和罪犯矫正工作中，他们一般受过高等教育。缓刑观护司要对其文化、心理、身体、个性进行测试，成为矫正工作者后还要接受技能训练，以保证他们能胜任工作。他们的活动主要包括：通过与罪犯亲属联系来帮助罪犯矫正；开展一些技能和智力活动；举办教育项目，为罪犯授课与辅导；开展宗教方面的联系和活动等。美国公民积极参与社区矫正，使罪犯感受到社会的支持和温暖，有利于提高罪犯对社会的认识，从而推动了罪犯复归社会目标的实现。每当回顾这一切进步的时候，人们都会忆起老鞋匠奥古斯都的善行，创造了比惩罚更有效果的缓刑观护制度，足以载入史册。

缓刑观护制度来到中国

回到中国的语境，古代虽然存在录囚、虑囚、存留养亲等制度，客观上暂缓了刑罚的执行，但体现的是皇恩浩荡和亲情伦理。假如以波士顿当年老鞋匠们的出发点来看，这些制度并不具备现代缓刑观护制度的价值——避免短期自由刑弊端、鼓励犯人改过自新等。现代意义上的缓刑观护制度，是在20世纪初的清末修律时来到中国的。

最初规定现代缓刑的，是1901年的《大清新刑律》，尽管其未采用“缓刑”一词，而是直译自《日本刑法》，采用了“犹豫行刑”的措辞。主导立法的修律大臣沈家本认为“夫刑罚为最后之制裁……如因犯罪而拘置于监狱，熏染囚人恶习，将来矫正匪易。”因而，比较好的办法是模仿英国式的矫正教育方式，“一名强迫教育，各国仿之，而英尤励行不怠，颇著成绩。兹拟采用其法……视情节之重轻，定年跟之长短，以冀渐收感化之效，明刑弼教，盖不外是矣。”此外，《大清新刑律》仿效日本刑法，用专章规定对因未满 14 岁而不罚者、因未满 18 岁而减刑者、因精神病而不罚或减刑者、吸毒者、因酗酒犯罪者、惯犯及缓刑假释者，分别入感化院、精神病院、戒毒所或有关场所进行管束，以防再犯罪，同时还对保安处分的宣告、执行、免除、延长及执行时效等事项作出具体规定。

至 1911 年的《钦定大清刑律》第 63 条，则正式采取"缓刑"的表述方式，规定："具有下列要件，而受四等以下有期徒刑或拘役之宣告者，自审判确定之日起，得宣告缓刑五年以下，三年以上"，并规定由"亲属或故旧"来监督缓刑内之品行的现代观护制度。当然，要考证近代中国关于缓刑观护的规定之根源，是更多来自 1841 年波士顿法院里那位老鞋匠奥古斯都，还是更多来自英国、日本抑或德国式的缓刑观护制度，还是一个耗时耗力的复杂课题。然而，这并不妨碍在 20 世纪 80 年代才重新启动矫正教育和观护考验之刑事政策的现代中国法律人，对 1901 年的立法者投去钦佩的目光，更不妨碍我们怀念那位老鞋匠的善行与执着，并向无数付出辛劳、实践于缓刑观护工作、避免刑罚泛滥的工作者致敬。

八、“暴排法案”开启日本打黑新时代

根据惯例，每年新年伊始，日本兵库县神户市的护国神社都会迎来一场声势浩大的“新年第一拜”。总部驻于神户的山口组，在每年的第一天，都会在“组长”的率领下，聚集大量组员干部，前往神户护国神社参拜，并在正殿内举行除旧迎新的祓除仪式。然而 2012 年，用组长筱田建市的话说，“异样的时代已经降临”。1 月 1 日，他仅以一般访客的身份进入神社，随行的只有几名山口组干部。这一切变化，都源于 2011 年 11 月生效的《暴力团排除条例》（以下简称“暴排法案”）。

暴力团曾是合法的黑社会

作为唯一通过立法将黑社会合法化的国家，日本曾以此奇妙的黑白默契和均衡令世界惊讶不已。尽管在世界其他地方，黑社会与政府也存在某些关联，如美国前黑帮教父 Al Capone 留给后辈的 3 句箴言中就有一句“黑社会一定要按时纳税”，然而像日本这样，以 1991 年的一部《暴力团对策法》宣告黑社会团体合法存在——尽管不能太过逾越政府容忍的底线的现象，在世界上仍是绝无仅有的。

根据 1991 年《暴力团对策法》的界定，暴力团是指“以暴力为背景、以金钱利益为目的进行反社会活动的集团”。不过，在很长一段时间，暴力团的存在有其必然性。暴力团（日文为 Yakuza）原本不是法律用语。这个词早在江户时代就出现了，它原指日语中的 8、9、3 三个数，在日本花纸牌游戏中，抽到这三个数的纸牌，是一手麻烦得很的“臭牌”。这个词在 17 世纪用来称呼一些穿着怪异、举止异常的歌舞伎人和一些四处游荡、打劫掳掠的浪人——他们也被赋予一抹除强扶弱、劫富济贫的侠盗色彩。近代以来，他们开始大量地参与新

近年来,山口组大力改善自己的民众形象。组长篠田建市甚至发表公众讲话表明心迹:“住在一个法治国家,我们必须遵守法律……山口组在全国大约有 4 万名成员,他们牵涉 50 万甚至 60 万家庭成员的生活,如果山口组解散的话,这些人会为了生计铤而走险。所以,从这一个角度来说,我是为了消灭黑社会组织而守护着山口组,这一点无论如何希望能够得到国民的理解。”

兴工业,也与政府当局合作以换取发展的空间。他们一度充当社会调停人的角色,平息冲突,维持秩序。第二次世界大战后日本社会十分混乱,普通百姓常被攻击,警察无力管理,遂主动和山口组为代表的暴力团接洽,希望由他们来维持社会秩序,保障普通百姓的安全。1950 年,码头工人成立工会,与仓储公司就工资待遇谈判僵持不下,最终公司请来双方都服气的山口组组长田冈做调停人,此事得以圆满解决。在某种程度上,日本暴力团的存在确实树立和维护了一种法律以外的秩序和均衡。

经由 20 世纪 80 年代日本政府强力整顿和黑社会内部兼并整合之后,时至 1988 年暴力团已减至 3400 个左右,总人数也缩减至 10 万人。许多暴力团开始了"主动漂白"的行为。他们开始成立公司,从事财务金融、房地产以及建筑实业投资等经营活动。比如,山口组就有一家以房地产为主业的上市公司菱和集团。通过开辟合法赚钱渠道,控制一些虽不违法却被认为低俗的产业,如色情业和 AV 行业,暴力团的经济实力越发壮大。与此同时,他们的民众形象也得以改善。山口组更是向公众宣扬他们的三不原则:"不允许使用童工,不卖毒品,也不乱扔烟头。"特别是 1995 年神户大地震后,日本政府未能做最快速的支援处置的情况下,山口组则全力出动,提供大量粮食及民生用品,维持灾区秩序,并且大力投入灾后重建。此举在令日本政府难堪的同时,也为山口组赢得了正面的公众形象。山口组组长篠田建市甚至发表公众讲话表明心迹:"住在一个法治国家,我们必须遵守法律……山口组在全国大约有 4 万名成员,他们牵涉 50 万甚至 60 万家庭成员的生活,如果山口组解散的话,这些人会为了生计铤而走险。所以,从这一个角度来说,我是为了消灭黑社会组织而守护着山口组,这一点无论如何希望能够得到国民的理解。"

更为重要的是,暴力团对于政界源源不断地进行着渗透和控制。一方面,日本政府利用暴力团达到自己的目的。"中川组"组长高山登久太郎曾痛言:"造就我们暴力团的正是自民党。在反安保暴动时，自民党便指挥我们‘肮脏的事你们去干’”。另一方面，据前《读卖新闻》记者杰克·阿德尔斯坦分析，日本暴力团受到政治势力保护，并且以政治黑金和选票捆绑的方式，控制着政党政治。据报道，日本民主党自2007年以来一直受到山口组的支持。前任外务大臣前原诚司被曝在2009年曾接受日本东京一家名为“M集团”的黑社会关联组织50万日元的政治献金，该组织据称是山口组的分支之一。大阪青衿会头目黑泽明也曾坦言：“政治家试图同我们保持距离，但选举来临时，他们却向我们要钱。”政客收受政治献金，自然有义务保护暴力团的生存空间，无论是清查暴力团经济来源或是犯罪记录的努力，都将受到政府系统内外的重重阻力。

“现在的黑帮已无道义可言”

日本最有影响力的导演北野武曾拍过多部富有浪漫色彩的黑帮电影，最富盛名的就是走向好莱坞的《大佬》。他曾在2002年采访过稻川会的头目稻川精二郎。稻川会是日本的第三大黑帮，以东京为主要地盘，成员约有上万人。作为一名黑社会“大佬”，稻川精二郎颇受日本社会尊重。他乘坐飞机时，会向乘务员派发每人3000美元的小费；他常常借钱给小商店主，不要求偿还；他要求稻川会的成员严于律己，不得骚扰民众。日本当局1991年第一次制定《暴力团对策法》时，许多稻川会的成员希望干预立法，让这部法案流产。然而稻川精二郎却要求手下遵守法律，他曾在一次会议上对社团干部说：“有这样的法律是因为我们干了坏事。我们骚扰了普通民众，背离了道义，所以法律要制裁我们。管好你们的人，我们要遵纪守法。”

诚如斯言，近二十年来的暴力团成员变得越来越唯利是图，手段也越发残忍，背弃了许多传统暴力团的“道义”。用北野武的话说：“现在的黑帮已无道义可言”。九州诚道会就是一个典型例子。这个组织的成员为了抢地盘不惜伤及无辜平民；他们向敌人家中投掷手榴弹；持枪抢劫、走私贩毒等无恶不作。2006年，后藤忠正的门徒谋杀了1名与后藤组争夺1处房地产的房地产商。2010年12月,东京警方对后藤组成员近藤隆发出国际通缉令,警方相信他是在后藤忠正的直接授意下参与了谋杀。然而,2012年4月,近藤隆在泰国被杀。据信这是后藤忠正杀人灭口的行为。在传统暴力团的教条中,头目和门徒之间就像父与子的关系,而父亲杀害孩子是让人无法容忍的不义之举。北野武在自传中,也谈到了他对新一代暴力团变化的不满。在他的最新电影《Outrage》(《愤怒》)中,描写了新一代的暴力团成员。影片中,坚守传统道义的黑帮老人,要么被唯利是图的商人型新暴力团成员背叛,要么就被视做"碍手碍脚"的老东西而杀掉。

尽管1991年日本实施了《暴力团对策法》,并推行"消除暴力运动"的三原则:"不害怕、不利用、不出钱",以限制暴力团的影响范围,然而十余年来的事实证明,新一代的暴力团已不再将暴力限制在帮派斗争之中,而且有恣意施暴的倾向。特别是日本经济泡沫破裂后,企业收益不景气使暴力团的收支失衡。非法敛财的情况有所增多,山口组组长一度承认,"管不过来手下,他们中的确有人在偷盗"。抢地盘的事件也愈演愈烈,甚至在平民居住的密集区域发生枪战,造成平民伤亡。让警察下决心加大打黑力度的契机,是发生在2007年4月17日的长崎市市长伊藤一长被杀事件。凶手城尾哲弥是山口组成员,他管理的拆迁公司经营困难,向银行贷款遇阻,于是打算干件"大事"证明自己。市长在闹市区遇害,给社会造成了巨大冲击,检方认为"这是一起堪称'选举恐怖事件'的犯罪",要求法院判处极刑。该案主审法官松尾嘉伦认定,城尾哲弥"将自己对长崎市积累起的怨恨化为了对市长的愤怒,通过阻止其第四次连任加以发泄,并且通过这起举世震惊的案件夸耀自己的能力"。"城尾不仅做了伏击,开枪也毫不犹豫,说明他从很久之前就已开始策划",最终判处城尾哲弥杀人罪成立,处以死刑。

这一案件成为暴力团排除条例出台的导火索。城尾哲弥被执行死刑的第二年,日本警察厅召开全国暴力团对策会议,最高长官安藤隆春在会议上表示："警方不再姑息，要与暴力团一决胜负。"一系列严厉的法律、法规相继出台。2008 年，《暴力团对策法》进行了修改，规定"暴力团不可向正在服刑的成员及其家人提供物质奖励。"暴力团可以长时间维持其成员对组织的忠诚，依靠的就是组织对成员及其家人的终生保障承诺，而这一规定无疑是动摇了暴力团组织和成员之间的忠诚维系。警方凭借这一新立法，迅速拘捕了依惯例向狱中成员发放生活奖励金的山口组三号人物入江祯。随后，警视厅更是放松了对 1999 年《电话窃听法》的实施限制，该法通过后使用非常谨慎，但在 2008 年后警方越来越多地在"多方有组织资金转移、毒品及武器交易等合谋案件"中适用窃听侦查手段，从而加大了对暴力团的打击力度。然而真正严厉的法律，还当属 2010 年陆续在各地实施的《暴力团排除条例》。

"暴排法案"斩断罪恶之链

2010 年始，日本多地相继实施了《暴力团排除条例》。京都地区禁止暴力团在世界文化遗产周边地区开设事务所或其他机构，也禁止黑社会成员在风景区内举行活动和开设店铺。比如，在著名的风景区岚山公园内，山口组十几年都经营着的十八家露天店铺，虽然长年合法低调经营，最近却收到了"不再许可开门"的通知。警方表示，此举是为了给前来修学旅行的青少年创造良好的环境。2011 年，日本警察厅颁布了适用于全国的《暴力团排除条例》。10 月，兵库县警方在全县范围内实施了相似的暴排法案，并特别与县内的神社厅取得统一口径，在新年时一致抵制县内各黑社会组织的集体参拜活动。兵库县警方表示，这一次将紧盯这些黑社会组织在新年参拜时是否会违反《暴力团排除条例》——无怪山口组组长篠田建市只能安静地度过一个普通人的新年。

2011 年 10 月 1 日，东京和冲绳出台了更为严厉的《暴力团排除条例》，禁止企业和个人向暴力团及其关联者提供各种名义的保护费和资助,禁止与从属于暴力团的企业进行商业往来。这一条例实施后,篠田建市在接受《产经新闻》的采访时,表达了自己的不满:"虽然是暴力团,但我们也是这个国家的居民,是社会的一员。昭和 39 年第一次顶上作战开始到现在,一直都在反对暴力团,但暴力团排除条例和以往不同。我们因为犯法而被取缔没有关系,但我们也有父母,也有子女,也有亲戚,还有幼时的朋友。即使和这些人一起喝茶、畅谈……(他们)作为一般市民、善良民众而生活着的那些人因为和我们在一起就要受到处罚,我感到很不正常……这次的条例无视法律的平等,是一种即便没有犯法,当局也对被认定为反社会势力的人给予制裁的一种身份政策。"

篠田建市的悲鸣从侧面证明了《暴力团排除条例》的影响力。自 2009 年,佐贺县在日本率先通过《暴力团排除条例》以来,至此日本 47 个都道府县都有了自己的暴力团排除条例。这一法案的核心精神是"斩断与暴力团的关联罪恶链条"。与暴力团存在利益关系或瓜葛的企业、事务所、社会团体,一直以来为暴力团的活动提供着经济养料,并帮助暴力团洗钱、消化暴力团的非法收入——据东京警视厅侦查本部早前提供的一份资料显示,暴力团每年通过犯罪活动获利至少在 2 万 ~2.5 万亿日元,这部分收益大多通过前述社会机构得以吸收。而"暴排法案"正是通过斩断暴力团的经济触须,让其在经济上和社会交往上陷入孤立之境。比如,神奈川县《暴力团排除条例》规定,在经济或商业活动中,如果得知交易方有暴力团背景,另一方有权单方面解除合同,无须承担违约后果。东京《暴力团排除条例》更是引入刑事处罚方案,规定违反法令的社会团体将受到警告,如果无视警告继续与暴力团往来,则将被公开企业或机构名称,并可能被处 1 年以下刑期和 50 万日元以下罚金。

这一系列"暴排法案"首先在演艺界产生反响。暴力团长期控制着许多演艺事务所及其名下大小明星,为自己敛财或宣传形象。山口组组长田冈一雄就曾利用其创立的"神户艺能社"拍摄美化自己与暴力团的电影《第三代袭名》。许多演艺明星们也都与暴力团有所关联，其中最为著名的即为金牌主持人岛田坤助。他被曝与山口组高级干部有密切往来，被迫黯然引退。东京“暴排法案”实施后，东京警视厅专门成立“有组织犯罪对策三课”担纲专门搜查组，致力于扫除黑社会对娱乐圈和体育界的渗透。警方指出，鉴于这些文娱、体育明星对青少年影响巨大，文体界“锄黑”行动事关重大。

不过，“暴排法案”的主要针对领域，并不是演艺界，而是建筑业、运输业和房产业等传统“涉黑”企业。例如，2011 年 11 月 7 日，东京检方起诉了福冈县久留米市一名名为菊池通昌的男子。菊池通昌自己并非暴力团成员，而是一名暴力团成员的亲戚。10 年间，菊池通昌的公司一直与一家名为东急建设的公司有业务往来。自 2010 年 4 月，福冈县出台《暴力团排除条例》后，东急建设向菊池通昌提出停止业务往来的请求，菊池通昌不允，反而威胁对方拿出 1 亿日元“断交金”，从而引发了警方对相关企业与暴力团关系的大调查。2011 年 10 月中旬以来，东京警视厅开通的“暴力团相关热线”已接到企业咨询电话 400 多个，绝大多数是询问如何处理与暴力团相关企业的业务协议，才能妥当保护利益且不遭受报复。为回应企业的需要，东京警视厅有组织犯罪对策三课派出警员，为企业举行如何应对黑社会成员的说明会。据介绍，在东京都《暴力团排除条例》实施前后几个月，“几乎每天为企业举行学习会”。看来，这张“不为暴力团留退路”的大网正在全面铺开。

九、禁毒的国际合作之端

如何遏制毒品的种植、流通和泛滥早已成为国际性的难题,需要全世界共同努力。一百年前,世界第一个国际禁毒公约——《海牙禁止鸦片公约》在荷兰海牙诞生。然而毒品屡禁不止,各国政府和民间组织的百年禁毒艰辛路,值得回顾和深思。

"东亚病夫"难忘鸦片之害

曾有个晚清科举笑话:一学子赴京赶考,考题为"试述鸦片之害"。这位老兄不知鸦片为何物,提笔徐徐答道:"昏鸦聒噪,啼声不祥。然试述其害者,尤为其掠食夺粮,麦粒稻尖未及收取,即为之素餐。一鸦尚害于此,何况成片乎?"

根据统计,晚清中国至少有2500万人吸食鸦片。尽管罂粟从唐朝时期就随着与中亚地区的交往进入中国,但长期以来,中国人始终把罂粟当成药用植物和观赏植物。作为罂粟副产品的鸦片,直到18世纪才由英国大量输入。当时,茶叶、丝绸和瓷器等中国特产在欧洲大受欢迎,英国对华贸易入超严重。为了"争夺贵金属",英国在印度等地大量种植罂粟,提炼鸦片并向中国倾销。1838年,林则徐在道光皇帝支持下,发起"虎门销烟"等禁烟运动,并试图阻断鸦片贸易。然而,1840年鸦片战争后,清廷无力再拒烟于国门之外,鸦片被冠以"洋药"之名堂而皇之进口,泛滥于中国各地。

对于清政府来说,鸦片大量涌入最大的危害,并不是国民沉迷于间、体质羸弱不堪,而是大量白银的外流。既然鸦片进口无法禁止,李鸿章等遂提出"以土抵洋"政策,提倡"土产鸦片救国"论,由官方扶持民间作坊,以自产鸦片与"洋药"争夺市场。1890年后,价格低廉的"土烟"占据了鸦片市场的大块份额。然而与此同时,吸食人群

在美国的倡议下,第一次国际性禁毒会议——万国禁烟会议于 1909 年 2 月 1 日至 26 日在上海汇中饭店 5 层会议厅召开。中国、日本、英国、法国、德国、俄国、美国和葡萄牙等 13 个国家参加。这也是上海开埠以来举行的首次国际重要会议。作为人类历史上第一次多边国际反毒禁毒会议,上海会议揭开了国际联合反毒禁毒的序幕。此前禁毒不力,很大程度上是因为缺乏国际支持和合作。

也在飞快扩大。鸦片甚至在寻常百姓家成为待客“佳肴”,承担起联络感情、结交新知和商谈买卖的社交功能。据苏智良教授描述,“上至官宦士绅,下至工商优隶、妇孺僧道,形成一个庞大的吸毒阶层。有外国学者指出,华洋杂处的上海成了著名的‘鸦片之都’。成年男子中,瘾君子所占比例高达55%。吸烟之风逐渐由沿海城市向内地乡村蔓延,在盛产鸦片的云南,男女老幼皆食鸦片烟,山西的女子大半抽鸦片。时人发出警示:‘洋烟之害,流毒百余年,蔓延二十二省,受其害者数十万人。’清人李光昭的一篇《阿芙蓉歌》描绘了鸦片进入广州湾后,烟雾熏罩下的众生相:‘熏天毒雾白昼黑,鹄面鸠形奔络绎;长生无术乞神仙,速死有方求鬼国。’”

与此同时,国家经济受到重创。大量白银外流,出现“银贵钱贱、官民交困”的境况,大量农田改种罂粟,粮食急剧减产甚至造成饥荒。沉迷鸦片的国民无心劳作,只需维持一个最低的生存状态。鸦片以外其他消费品的生产和销售也受到挤压,贸易萎缩,民族工业难以为继。与此同时,国民身体素质大幅下降,人人面黄肌瘦,体弱无力。驻防军队中也鸦片盛行,国防战斗力大打折扣。清廷逐渐意识到,鸦片可能成为亡国亡种的导火索。1906年清廷颁布《禁烟章程》,规定“禁种、禁吸、禁售”,尤以禁止官员吸食为主。1908年,民政部颁布《禁烟稽核章程考成办法》,将禁烟之成绩作为奖惩官员的标准之一。此后各地相继设立禁烟公局,劝禁罂粟。以浙江省临海县政府的告示为例:“照得鸦片毒我中国,祸久且烈,数十年来财源枯竭民情偷惰多由于此,稍有见识之士无不痛心疾首。朝廷以振兴贫弱挽救危亡之策,非从扫除烟毒入手不可……再不愤志戒除,我国民将在天演淘汰之列矣。”随后,清政府取消鸦片税,表示不愿再“饮鸩止渴”,决心禁绝毒害。然而,当年道光皇帝和林则徐遇到的难题再度摆在眼前:禁烟不仅仅是内政决策能够解决的问题,英国政府以及鸦片商人都不愿意财路断绝,假如不将“禁毒”提到国际层面,恐怕仍然举步维艰。

上海会议开启禁毒国际合作

其实,清廷无时无刻都在希望英国能结束对华鸦片贸易,早在1869年,恭亲王奕訢就对即将离开北京的英国公使阿礼国说:“把你们的鸦片烟带走,你们就会受欢迎了。”然而真正推动各方在禁毒合作上达成一致意向的,还是当时正在冉冉升起的美国。美国担心鸦片会彻底削弱中国的购买力,从而妨害美国的商品倾销政策。实际上,鸦片在美国殖民地菲律宾的泛滥,已经使美国深受其害,头疼不已。而当华人劳工大量被送到美洲后,也使这种恶习在美国随处可见。马克·吐温这样描绘唐人街的鸦片烟馆:“在每一个邋里邋遢,像个黑洞一样的小破屋里,燃香的味道淡淡飘出……二三个面色蜡黄,拖着长辫子的无赖蜷曲在矮床上,一动不动地抽着鸦片。极度的满足,使他们两眼无神地微张着……约翰喜欢抽鸦片,因为那让他觉得通体舒畅,他会吸大约20口,接着翻身睡去……也许是在梦里,他已超越尘世,忘却洗衣干活,正在天堂里,大啖着肥美的老鼠、燕窝。”

于是,在美方的倡议下,第一次国际性禁毒会议——万国禁烟会议,于1909年2月1~26日在上海汇中饭店5层会议厅召开。中国、日本、英国、法国、德国、俄国、美国和葡萄牙等13个国家参加。这也是上海开埠以来举行的首次国际重要会议。作为人类历史上第一次多边国际反毒禁毒会议,上海会议揭开了国际联合反毒禁毒的序幕。此前禁毒不力,很大程度上是因为缺乏国际支持和合作;由于利益驱动,英国开始是武装鸦片走私,继而又以战争使鸦片贸易“合法化”;直到万国禁烟会议召开前,英国仍然不愿意放弃鸦片贸易。日本、法国等国尽管表示“赞助”禁烟,却都正在大力向中国输运毒品。上海会议的最大成果,就是它使各相关国家在鸦片、吗啡问题上初步达成共识,制定禁毒的初步方案。会议成立万国禁烟委员会,作为第一个国际反毒品组织,为未来建立国际联合反毒组织提供了经验。

会议最终通过9项决议,这也是世界上最早的国际禁烟协议。

决议指出:“凡与会各国均有责任订立相应之规定,以禁止鸦片及鸦片提制品运往已颁行禁例之他国。”从后来的情况看,包括英国在内的各与会国家,都基本履行了决议的条款,开始参与或“赞助”禁毒。3 年后,决议的主要内容被《海牙禁毒公约》所采纳,成为国际联合反毒禁毒的普遍原则。从此,各国不再把反毒禁毒当成中国的“内部事务”,而是认识到毒品贸易对全世界是经济上的损失,不仅会使输入国民穷国弱,而且会严重阻碍正当的国际贸易,最终使输出国也同样受害。最终会议代表达成共识:“有效地根除这种恶习的唯一办法是彻底禁止鸦片。”

不过,或许是应了那句老话:“弱国无外交”。尽管是言之凿凿的 9 项决议,却只用着“敦促”或“呈请”各国政府的字样,并没有国际法上的约束效力。参会代表更是大多由宗教人士或商务代表组成,他们并无代表各国政府处理相关事务的实权。会上,虽然清廷与英国订立了《十年禁烟条约》,并得到了与会代表的认可,然而这一条约并未真正约束鸦片商人,其效力甚至未及上海本地的租界。享有治外法权的租界,纷纷成为烟贩的避难所,瘾君子的逍遥窝。尤其是吗啡、海洛因等新型毒品从国外运入租界,再从那里销往全国。鸦片烟毒禁而不绝,租界内烟馆关而不闭。上海会议虽然盛况空前,却也仅此而已。

“将生产国拉进公约里来”

1909 年 2 月 26 日,上海会议宣告落幕。会上涌现出一位叫作唐国安的外交部司员。他是首批公派赴美留学生之一,曾在耶鲁大学留学。他在大会上与美国等代表沟通,多次挺身与英国代表抗争。他尖锐地提出日本对华走私毒品的新问题:“在上海的租界内,就有来自英国、法国、奥地利和日本的戒烟丸药。值得一提的是,日本是最大的供应商。”最后一天,唐国安和美国代表各自发表了一篇总结性禁烟演说:“中国非常不幸地对于本次会议的结果要比其他各国更要深表关切。对于你们大多数人来说,吸鸦片烟的问题是你们国家所面临的诸多问题之一,但也许不是最重要问题之一。而对我们来说,这是我们国家所必须面对的最紧急的道德问题和经济问题。”外电纷纷转载这篇演说,对其评价颇高。1911 年年末,唐国安再次受命,会同国际知名医学专家伍连德博士,随代表团团长梁晟参加了海牙第二届万国禁烟会议。梁晟、唐国安和伍连德在会上通力合作,不辱使命。

和上海会议一样,海牙会议也是在美国极力主导下召开的。在上海会议上,参加会议的国家,除了英国以外,大部分都是鸦片的消费国。而主要的鸦片生产国,如土耳其、波斯、印度等国家并没有参加此次大会。据分析,鸦片主要生产国不出席国际性的鸦片会议,正是出于英国的计谋。只要鸦片生产国不出席,那么鸦片的生产及贸易问题,就难以进入会议的议题,会议的议题就只能限定于鸦片的消费。在海牙会议召开前,美国除了力邀参加上海会议的各国代表外,还向主办方荷兰政府提交了一份备忘录。备忘录阐述了美国对世界性鸦片问题的看法:“美国政府认为鸦片问题是重要的世界性问题,其生产、贸易具有重大的经济关系……在国际鸦片会议召开之前,美国国会即已制定法律,禁止医药用以外的鸦片输入美国。然而美国原非鸦片产地,为厉行现有规则,达到绝对袪除烟素的目的,须得鸦片生产地诸国的协助,避免各国相互干戈与各自为政,严格取缔输入。”

海牙会议从 1911 年 12 月 1 日召开,一直持续到次年的 1 月底,开了近两个月。会议首先确定了大会的宗旨:“为履行 1909 年上海国际鸦片调查委员会制定的方针,并使之有进一步的提升。会议期待逐渐遏制及禁止诸如由鸦片、吗啡、可卡因等及此类物质制造及衍生出来的具有同等毒害药品。”经过近两个月的唇枪舌剑、明争暗斗,1912 年 2 月 1 日,会议最终通过了《海牙国际禁止鸦片公约》。公约共 6 章。第 1 章对于“生鸦片”的生产、分配及输出等有效法令及规则进行了约定，规定“没有各缔约国正当的许可，禁止生鸦片的进出口”。第 2 章对于“鸦片烟膏”的制造、使用及管制，渐次采取禁止的措施。第 3 章针对的是“药用鸦片、吗啡、可卡因及其他相似药品”。第 4 章则专门针对“中国及中国国内租借地鸦片管制问题”进行了约定，要求缔约国减少在中国国内的生鸦片及鸦片烟膏贩卖店的数量。第 5 章要求各国尽快制定完善鸦片相关的法律条款。第 6 章则就各缔约国签署及批准的手续进行了正式规定。

值得一提的是，在这一公约的缔结和通过过程中，最为活跃的代表有两位：一位是万国禁烟委员会主席勃伦脱，另一位正是那位中国代表唐国安，他们的合作和努力在《海牙国际禁止鸦片公约》中俯拾可见，为人类的禁毒事业作出了卓越贡献。

第二章　时代聚焦的瞬间

与名人有关的审判、注定是吸引眼球的。从受审的王尔德，到绞架上的“乌托邦之父”；从受禁的《查泰莱夫人的情人》，到微笑赴刑的“苏格兰玫瑰”，这些时代之子从来不甘默默无闻，即使在法庭上，也要舞出精彩。而与他们有关的那些判例，也因此而被聚光灯笼罩。

一、“苏格兰玫瑰”命丧《煽动言论法》

1586年6月的一天，安东尼·巴宾顿和耶稣会教士柏拉德找到诗人齐迪奥克，劝说他在一份文件上签名，共同谋划解救囚禁在查特利堡的苏格兰女王玛丽·斯图亚特，并刺杀英格兰女王伊丽莎白一世，帮助玛丽·斯图亚特夺得王位。3个月后的9月，东窗事发，齐迪奥克写下著名的“绝命十四行诗”。然而当时他并不知道，这场暗杀阴谋本身是设计好的圈套。

拯救玛丽·斯图亚特：为信仰而密谋

安东尼·巴宾顿是一名忠实狂热的天主教徒，早年他曾经见过玛丽·斯图亚特，并为她的魅力所倾倒，爱上了她。然而撰写《苏格兰玫瑰：断头女王斯图亚特》一书的奥地利作家茨威格不这么认为，他认为安东尼·巴宾顿只不过是一个“富于同情心的年轻人，一个理想主义者，一个单纯的傻瓜……他之所以支持她不是为了利益（他生活富足），也不是为她的美貌所动（她已年老色衰），而是出于尽力效忠的骑士精神”。

在安东尼·巴宾顿的团队里，有绰号“野蛮人”的狂徒赛维治、虔诚的教徒柏拉德、刚刚被拉入伙的28岁的诗人齐迪奥克，还有几名和他们一样年轻、充满热情，然而缺乏经验的贵族子弟。

最有智谋的当属一位叫吉福德的军官。他的激进主张是刺杀伊丽莎白这个新教徒领袖，扶信仰天主教的玛丽·斯图亚特登上英格兰女王之位。他们制定了一个详细的暗杀计划，由吉福德亲自挑选6名勇士，并由安东尼·巴宾顿写信向囚笼中的玛丽·斯图亚特女王请示。

阴谋的“袋口”就这样打开了。安东尼·巴宾顿他们谁也没有想到，最为积极、主张采取暗杀的吉福德，其实是一个服务于英国国家警务部的“双面间谍”。一方面他是身处巴黎的摩根——玛丽·斯图亚特在狱外的代理人；另一方面他又直接听命于主管警务部的英格兰大臣沃尔辛厄姆。

沃尔辛厄姆一心想除掉身陷囹圄却影响巨大的玛丽·斯图亚特女王，却苦于找不到借口。此时，玛丽·斯图亚特的儿子詹姆斯一世在苏格兰已正式掌权，她的盟友西班牙国王腓力二世正准备借此机会出兵英格兰。

罗马天主教廷更是将执掌新教、排斥教会力量的伊丽莎白女王“逐出教会”，这意味着对伊丽莎白女王的刺杀是一件受到罗马教皇赞许之事。荷兰总督也赞成刺杀计划，并主张拯救玛丽·斯图亚特女王。因此，假如不能妥当地“处理”掉玛丽·斯图亚特，她很快将成为伊丽莎白女王最强劲的敌手。

然而，“处理”掉时刻警惕的玛丽·斯图亚特谈何容易！玛丽·斯图亚特自出生第6天就继任了苏格兰王位，5岁开始成为法国国王的儿媳；从血统上看，她还是英格兰王位“合法”的继承人。自从她在苏格兰失势，前往英格兰寻求庇护以来，在名义上仍然保持着一位女王的身份与权威，还在英国北部天主教贵族中享有极高的威望。

为了打击她的声望和影响，伊丽莎白借口调查苏格兰反对势力的控告是否属实，打算对玛丽·斯图亚特进行一次“审查”，却遭到了玛丽·斯图亚特义正辞言的反击：“我来这里只是为了重获我的荣誉，而不是让他们像法官一样审判我……我选择您作为我的仲裁，只是因为我把您当做我的姐姐。我相信您将把恢复另外一个女王的荣誉视为自己的荣誉。”

她的要求无可辩驳，英格兰女王并没有高于苏格兰女王的权力，也无权调查来自另一个国度的控告。君主的神圣地位，不允许一个由臣民组成的法庭对她进行审判。警务部和沃尔辛厄姆如果想帮伊丽莎白除掉心腹大患，就需要更充分的法律依据和事实证据。

1587年2月8日，玛丽这朵曾经令欧洲惊艳的玫瑰，被吞没在历史的洪流之中。巴宾顿案成为了她在世上最后的、也是注定致命的一次冒险。而站在大历史的角度来看，这一案件并非仅仅代表了悲伤与黑暗。凭借此案，伊丽莎白一世运用强权手腕，重新统一了英格兰、苏格兰、爱尔兰和威尔士，和其他欧洲国家相比，更早一步确立和巩固了中央集权制度。

万事俱备：法律准备和证据收集

茨威格这样写道："'必须结束了。'伊丽莎白的国务大臣不耐烦地说出了弥漫在英格兰的情绪……宗教改革的另一位先驱奥伦治被一名狂热的天主教徒刺杀于1584年7月……刺客的下一个目标很可能就是英格兰女王伊丽莎白。"

议会紧锣密鼓地进行着法律准备：1580年通过《煽动言论法》(Seditious Words Act)，规定一切以言论反对女王者，包括讨论王位继承权以煽动反叛者，法庭可处以死刑，以示惩戒。1584年，议会与天主教贵族们达成协议："所有密谋觊觎王位的人将会被剥夺一切继承权利，带头谋反者将被处以极刑。"

1585年1月，著名的《关联法》(Act of Association)出台，扩大了打击反叛罪的力度和范围，只要涉嫌以言论、集社和阴谋方式危及政权的，无论其身份地位，法庭都有权组织调查和审判。

随后，一部更为"露骨"的法案《女王陛下人身安全和英格兰和平安全法案》(史称《安全法案》)得以通过，规定"任何被指控参与谋杀女王者，将受到由王室任命的24人法庭以被控参与或同谋罪进行审判"。

当《安全法案》通过时，司法官员奉命将法案送给玛丽·斯图亚特"审阅"。这对玛丽·斯图亚特是一种双重警告，一则警告玛丽·斯图亚特如果在英格兰境内涉及谋杀女王时，她的女王身份也无法助其逃脱审判；二则告诫她，即使她组织的行刺成功，她也无法继承英格兰王位，而是仍然会被送上断头台。

然而，警告并没有起到作用——法案送到玛丽·斯图亚特手中时，她一脸镇定矜持，没有露出任何异样。没多久，一起刺杀女王未遂的事件就发生了。

凶手帕里原本是英格兰警务部的间谍，后来到巴黎刺探情报时，被玛丽·斯图亚特在巴黎的代理人摩根收买。返回伦敦后，他阴谋策划在伊丽莎白外出骑马时枪杀她,后来又打算潜入王宫花园暗杀伊丽莎白。他后来真的潜入了花园,但在最后关头被伊丽莎白的气势镇住了,吓得一动不动,最后被赶来的卫兵捉住。

1585 年,帕里被处以死刑。然而,没有丝毫证据能证明,他是由摩根或玛丽·斯图亚特所指派的。英格兰警务部拿玛丽·斯图亚特一点办法也没有。后来人们得知,玛丽·斯图亚特曾给摩根写信道:"别卷进任何可能被人握住把柄的事情中去……你要确保能从为我所做的事情中脱开干系。"

所以,根据茨威格的分析,即使有了上述的法律依据做准备,要想依照法律程序合法地处死玛丽·斯图亚特,还必须完成 3 个步骤:第一,应有与玛丽·斯图亚特相关的阴谋者策划参与谋杀伊丽莎白。第二,阴谋分子必须把玛丽·斯图亚特拉下水,把阴谋计划明确地告诉玛丽·斯图亚特。第三,必须想办法让玛丽·斯图亚特在书面形式的计划、文件或信件上签名,才能够拥有确凿的证据。

茨威格说:"没有充分的证据,处死玛丽·斯图亚特只会损害伊丽莎白的荣誉。最好巧妙地把刀子塞到她的手里,让她自取灭亡。"

这柄刀子就是安东尼·巴宾顿。玛丽·斯图亚特惊喜地发现,她获得了一个新的通信途径,每周都会有一桶酒送来给她的仆人们饮用。她的"间谍朋友"买通了送酒的车夫,让他同意把酒桶的木塞换成中空的。密信就可以封藏在塞子中,每周为玛丽·斯图亚特带来"有关自由"的消息。

玛丽·斯图亚特非常高兴,尽管她的每件换洗衣服都被搜查,她的鞋底被拆开,外面有那么多的岗哨,但她每星期仍然可以与巴黎、马德里和罗马保持通信。她相信,她的救援者们正在组织军队,策划行动,准备恢复她的自由。她甚至许诺西班牙腓力二世,如果他能够解救她,她可以把苏格兰和英格兰的王位继承权转让给他——这也成为了后来审判她时,证明她叛国的理由之一。

玫瑰凋谢于不公的审判

玛丽·斯图亚特没有想到，这个巧妙的送信办法并不是摩根的发明，而是那位在警务部的间谍、安东尼·巴宾顿的团队“军师”吉福德的创意。一切的密信都被警务部查阅。然而，他们始终没能找到关于刺杀伊丽莎白的只言片语。即使安东尼·巴宾顿为玛丽·斯图亚特效忠，并表示他们正在谋划解救玛丽·斯图亚特的计划，玛丽·斯图亚特所回复的也不过是几句热情洋溢的鼓励，并没有留下任何把柄。

吉福德决定亲自组织“暗杀”行动，并劝说安东尼·巴宾顿尽快写信将详细计划报告玛丽·斯图亚特，“让被囚禁的女王高兴一下”。单纯的安东尼·巴宾顿果然在密信中说出了整个计划：“我会率领10名贵族和100多个追随者把您从敌人手中解救出来，另外的6名贵族，我的好朋友们，都是勇于献身天主教事业的忠诚之士，他们会遵照您的批示去干掉伊丽莎白这个‘篡权者’。”

终于，玛丽·斯图亚特的回信令一直以来监视她的“钓鱼者”们欣喜若狂：“这次行动准备充足，国内外的势力遥相呼应，可以委派这6名贵族行事。一旦了事，马上接我出去，你们所有人和我在野外相遇，外国救援会火速赶到。”

网终于收紧。安东尼·巴宾顿等人很快被捕。1585年9月19日，诗人齐迪奥克在给妻子的信中写道：“我的青春就如郁结冰块，我的欢宴却是痛苦餐盘，我收获的只有一堆毒麦，所有美好愿望都是徒然。岁月流逝，依然未见曙光，今我活着，与死有何异样……我觑着死亡于体内长出，我看着生命渐变得黯晦，所踏土壤是我明日之墓，今我逝去，只为谗言所毁……我追寻生命，却只看到暗影；我走遍大地，大地是我的墓场；我还活着，但生命早已死亡……”

1585年9月20日，安东尼·巴宾顿、“野蛮人”塞维治和齐迪奥克等人被处以一种叫做Disembowelled的酷刑——先施以绞刑，再割掉性器，然后剖肠豁肚、肢解分尸。伊丽莎白读到齐迪奥克的绝命诗后，大受感动，从此决定废除这种刑罚，而代以单纯的绞刑。

现在的问题是如何处置玛丽·斯图亚特？王室法院曾建议，玛丽·斯图亚特是在斯塔福德郡触犯了《安全法案》，只须交给当地的普通法庭审判。伊丽莎白非常愤怒，她认为斯图亚特家族和都铎家族的成员即使是在审判和处决时，都应该保持王者的气派，而不能受辱于几个农场主和商贩组成的法庭，遂大发雷霆："让这样一个法庭去审判一个女王真是荒谬至极。应当把如此重大的案件交由我国最显赫的贵族和法官来审判，因为她正处于世界的同一个舞台，所有的人都在看着我们。"她从名门望族中挑选了46名高贵显赫的成员，组成了贵族法庭。

茨威格描写了1586年10月14日法庭审判的一幕："玛丽·斯图亚特一进入大厅，便轻蔑地朝四周看了看，嘲讽道：'这里有这么多律师，却没有一个人为我辩护。'审判置最基本的法律原则于不顾，主要人证——安东尼·巴宾顿和他的朋友们已被匆匆处决，只有他们招供的笔录被呈了上来。此外，审判也违反了诉讼法，信件用的都不是原件而是抄本。玛丽·斯图亚特强烈抗议：'请拿我的原件来，我怎么知道你们是不是为了你们的目的而篡改了我的信呢？这种密信是很容易造假的。'从法律上来讲，玛丽·斯图亚特找到了一个很有力的辩护点，如果她有一个辩护律师，完全可以指出法庭这种做法是违法的。但是，她孤身一人站在众多的法官面前，对英国法律一无所知……"

两周后，法官们举行会议，46名法官中只有1位投了反对票。法庭宣布："玛丽·斯图亚特图谋夺取英国王权，拟定了各种计划，其目的在于伤害、推翻和杀死尊贵的英格兰女王。"1587年2月8日，玛丽·斯图亚特这朵曾经令欧洲惊艳的玫瑰，被吞没在历史的洪流之中。安东尼·巴宾顿案成为了她在世上最后的、也是注定致命的一次冒险。而站在大历史的角度来看，这一案件并非仅仅代表了悲伤与黑暗。凭借此案，伊丽莎白一世运用强权手腕，重新统一了英格兰、苏格兰、爱尔兰和威尔士，和其他欧洲国家相比，更早一步确立和巩固了中央集权制度。这场中世纪的王位争夺战打击了封建割据势力，使得英国率先为襁褓中的资产阶级力量准备好了摇篮。

二、《查泰莱夫人的情人》受禁案

《天南》杂志某期专题就情色文学为题，就人性好恶、情色本能和文学审查等话题进行讨论。与之相似的，是发生在20世纪60年代的另一场争论。争论的主角是劳伦斯的名著《查泰莱夫人的情人》。前后几年内，在美国、英国和日本不约而同地，出现了对这部名著的法律审查。特别是在英国，企鹅出版社以堂吉诃德之势挑战文学审查机制，最终获得里程碑式的胜利，为出版自由和文学独立赢得了历史性的突破。

受禁的《查泰莱夫人的情人》

《查泰莱夫人的情人》是D. H. 劳伦斯的代表作。它以第一次世界大战时期的英国为背景，讲述查泰莱夫人追求幸福的故事。查泰莱夫人的名字叫做康妮，她的新婚丈夫福德·查泰莱在战争中受伤瘫痪，失去性能力。冰冷的婚姻生活使康妮日益消沉，直至她在庄园的森林中，邂逅了守林人梅勒斯。梅勒斯是矿工的儿子，虽受过良好的教育，却选择做一个大自然庇护下的守林人，拒绝与势利、唯理和拜金的社会风气同流合污。梅勒斯唤醒了康妮的活力和爱情，使她冲出空洞冷漠的男爵府邸，重新拥有了真实的生活。劳伦斯为创作这部长篇小说可谓呕心沥血，书稿几次写出又几次被自己否定，在经历多次反复和努力之后，几易其稿的《查泰莱夫人的情人》终于在1928年问世。两年后，他客死在法国的一家疗养院内。

这部著作因其涉及的禁忌主题与大胆描述情色场景的文风，自出版之初就饱受苛责，毁誉参半。在英国甫一面世，即被定为"邪恶的标志"而遭禁。劳伦斯也被抨击为"黄色作家"。1928年，警方威胁出版商马丁·塞克，如果不删除劳伦斯诗集中13页的内容，就要起诉他。该出版商屈从了，但将诗集未经删节的版本送到了国外。在接下来的30年，英国海关筑起了一道防线，防止当时在国外出版的《查泰莱夫人的情人》走私入境。欧洲各国和美国对此书都抱有敌意，禁止其发行。只有意大利等少数国家允许出版“删节本”——据说，这是当时作者劳伦斯自己在意大利佛罗伦萨郊外一家小印刷社自费印刷出版的，印数仅为1000册。不过，值得一提的是，在遥远的中国，此书自1936年7月便得以由饶述一先生将其翻译出版。在日本，此书也于20世纪40年代得由小说家伊藤整翻译为日文，由小山书店收入《劳伦斯选集》出版发行。对此，日本检察厅于1950年根据《刑法》第175条，宣布此书为猥亵书籍，对译者和出版商提起公诉。司法与文学开始了以《查泰莱夫人的情人》为题的第一场较量。

审判过程中，日本警视厅对出版物风纪委员会委员散发了该书的第一册，并在书中多处画有提请注意的红杠，并提醒委员注意考虑“此书是否增进公共福利”的问题。与此同时，日本文学界对此书受禁表示强烈不满，日本文艺家协会、日本笔会、日本作家联盟通过决议，共同反对这一起诉。1952年1月18日，法庭作出判决，处译者伊藤整无罪，处出版商小山久二郎罚款25万日元。检方不满未对译者定罪、辩方则不满出版商受罚，分别提起抗诉和上诉。当年12月10日，高等法院二审判决，判定该书为淫秽书籍，处译者罚款10万日元，对出版商处罚维持不变。日本文艺家协会和日本笔会代表文学界，以公开信的形式，对判决提出了强烈抗议。然而1957年3月13日的三审终审判决，最终维持原判，让文学界的努力付诸东流。在终审判决中，日本最高法院还以此判为例，阐释了“淫秽”的三个标准：一是限于刺激性欲使其兴奋；二是侵害了普通人在性方面所拥有的正常羞耻心理；三是有违善良的性道德观念。该书在日本经过了很长时间，才得以合法出版。文学家中岛健藏愤怒地评论道：“检方的控诉和法院的判决充斥着国家权力的滥用、官僚主义的恶臭，将这样的作品列为淫秽书籍，背离了世界的良心。”

《查泰莱夫人的情人》是 D. H. 劳伦斯的代表作。这部著作因其涉及的禁忌主题与大胆描述情色场景的文风,自出版之初就饱受苛责,毁誉参半。在英国刚一面世,即被定为"邪恶的标志"而遭禁。劳伦斯也被抨击为"黄色作家"。司法与文学开始了以《查泰莱夫人的情人》为题的一场较量。

受言论自由保护的情色文学

两年后,《查泰莱夫人的情人》在美国再度掀起庭审之争。长期以来,美国一直奉行 1868 年 Regina v. Hicklin 一案所确立的淫秽出版物认定标准——是否对易受不道德影响者或易取得此类出版物者产生败坏与腐化的作用,将《查泰莱夫人的情人》列为禁书,禁止进口。一些国会议员对此书被禁止进口感到不满,对此进行了攻击,促成 1930 年对《关税法》的修正案。修正案授权财政部长许可"公认具有文学价值,但其中夹杂淫秽部分"的著作进口,从而允许进口《查泰莱夫人的情人》一书。

1959 年,由《查泰莱夫人的情人》一书改编的同名电影在美国上映。但是,纽约州政府下令禁止放映。禁令的依据是该州的一条法律:"影片如包含猥亵、下流、不道德因素或可能煽动蛊惑犯罪者,可以禁映。"该片即被认定为包含着"在某些场合,婚姻以外的通奸并非不当行为"的意味,从而被禁映。电影放映商不服,起诉这一禁令。对此,纽约州最高法院作出裁定,认为并不是该片的画面下流,而是其构思猥亵,即"主题猥亵",因而应予禁映。随后,原告就此案径行上诉至联邦最高法院。联邦最高法院最终判定:宪法第一修正案倡导言论自由,政府如果基于某部影片提倡某种观念而使其受罚,将有违宪法主旨,因而判定纽约州政府违宪败诉。

1959 年,美国一家出版公司出版了《查泰莱夫人的情人》一书的全文未删节版。但是,美国邮政部下令,拒绝邮运此书。为此,出版商及推销此书的读者俱乐部对邮政部提起控告。3 个月后,纽约南部区法院作出判决,认为该书"诚实并具有较高的文学价值",其"装帧、宣传及其他均作为严肃的文学作品对待,系由全国知名书店发行,不应认为是迎合读者的低级趣味而著",因而判决出版商胜诉,该书在美国亦得以合法发行。

然而遗憾的是,在作者劳伦斯的祖国,此书仍然为禁书。在英国市场上虽能买到删节版,但大多为盗印或国外流入版,且价格昂贵至极,最高竟达50美元。1960年,为纪念劳伦斯逝世30周年,伦敦出版巨头企鹅出版社决定出版此书的全文版,并已印制20万册准备发行。一册售价仅为3.6先令,甚至低于一包烟的价格。据说,“企鹅”的老板兰恩将此书付印之后,即向总检察长寄去了12本,对于文学作品审查制度进行一场“公开挑战”。兰恩后来回忆说:“我只能在入狱和不入狱之间各择其一,但我希望不必入狱。”

英国皇家法律顾问、伦敦首席检察官琼斯(Mervyn Griffith-Jones)宣布:该书“宣传肉欲,赞扬通奸,语言淫秽”,有“腐化读者心灵”的不道德倾向。根据1959年通过的《淫秽刊物出版法案》(Obscene Publications Act),《查泰莱夫人的情人》全文版的出版,显然有悖于这项法令,应予惩罚。1960年10月20日,伦敦老贝利街中央刑事法庭开庭公审此案,拉开了这场旨在颠覆文学审查机制的斗争的帷幕。50年后,英国人权法学家、王室御用大律师杰佛瑞·罗伯逊仍撰文研究此案如何成为改变文学出版方向的分水岭,他写道:“几百年来,位于英国伦敦老贝利街的中央刑事法庭(人们已约定俗成地称其为‘老贝利’)已经成为人民挑战国家权威的终极战场。但在这里上演的很多令人注目的终极审判,从杀人放火到叛国暴动,社会和政治影响力均不及1960年企鹅出版社因出版《查泰莱夫人的情人》一书而遭审判这一事件。该判决对出版业最终实现自由具有里程碑式意义。”

人权和自由的里程碑

让我们回到1960年10月20日的“老贝利”,重温那场惊世之讼。先后在法庭上出现的,除了著名律师、检察官外,还有阵容强大的专家证人。他们出庭判断《查泰莱夫人的情人》的“文学价值”和“淫秽之恶”孰占上风——因为根据1959年《淫秽刊物出版法案》第4章的规定,即使出版物可以被认定为淫秽书籍,但如果其自身的文学价值更高，法庭应允许其出版。这支证人“梦之队”包括多名牛津大学、诺丁汉大学的文学教授，多名著作等身的劳伦斯专家。辩方企鹅出版社还遍邀教育界、出版界、宗教界人士，如《星期日泰晤士报》的文学编辑、BBC 的专职评论员，以及 20 世纪著名作家、《看得见风景的房间》的作者 E. M. 福斯特和文学评论大家雷蒙·威廉斯。作为证人出席的还有李察·赫加，他当时是莱彻斯特大学的文学教授，后出任联合国教科文组织的副总干事。

控方则意志坚定，决心“保卫文学，加强对色情刊物的法律监管”。总检察长布勒在前往南安普敦的火车上阅读了《查泰莱夫人的情人》的前 4 个章，即向检察官琼斯写信批准起诉企鹅出版社（信中他写道“我希望你能将其定罪”）。据说，企鹅出版社被起诉的另一个重要原因，是该书低廉的定价。控方认为，这使得该书成为妇女和工薪阶层唾手可得之物——这使中产阶级男性为主的主流观念无法忍受。检察官琼斯即在法庭上发言道：“此书对性乱交和通奸肆意渲染，赞扬放纵肉欲的‘美德’。它鼓励甚至提倡思想与语言的粗俗……请想想它会使多少人走向堕落，人们仅花 3.6 先令就可以买到此书……你们难道愿意你的妻子和仆人也轻易地读到此书？”

然而辩方律师并不是等闲之辈，他们展示了高超的庭辩技巧。律师加德纳和哈钦森先是援引“反性别歧视法”，使法官同意添加 3 名女陪审员，因为他们意识到，当没有女性在场的时候，一个完全由男性组成的陪审团可能对女性会“过度保护”或者直接将女性作为需要掌控的私有财产。随后，律师开始向陪审员说明，劳伦斯其实是“严守道德观念的道德主义者”，该书有着严肃的主题，谴责工业社会中人性的机械和冷漠，并证明一种基于温柔与情爱的适当的性关系，对于人类幸福的必要性。因此，肉欲的文字和描写，对于作品的美感和目的，是有必要的，并不是猥亵一词可以涵盖。他请求法庭，让陪审员阅读此书，看他们会不会因此而道德堕落——法庭于是很快准备了一间阅读室，让陪审员用 3 天时间读这本小说。出庭的 35 位专家证人也证明,该书的文学价值远甚于该书描述性爱所造成的不妥。辩方甚至还请到了工党议员詹金斯,他正是《淫秽刊物出版法案》的首倡者。他宣称控方歪曲了该法案的本意,而且他认为此书文学价值很高,不应受此指控。这对控方来说,是致命的一击。这时,读罢小说的陪审团也一致认为,无论从道德标准抑或法律标准,对于《查泰莱夫人的情人》一书的指控,都无法成立。

最终,于1960年11月2日,陪审团宣布企鹅出版社胜诉。根据杰佛瑞·罗伯逊的说法,陪审团的裁决取得过了前所未有深远影响。接下来3个月时间,企鹅出版社售出300万册《查泰莱夫人的情人》,可谓越禁越火。其仿效之势如火如荼,很快,彼得·芬奇在《血腥星期天》Sunday Bloody Sunday中大胆地评价葛兰黛·杰克森"乳房下垂",肯·泰南第一次在BBC上说"fuck"一词。几年后,首相张伯伦下令,废除令人窒息的戏剧审查。此后,同性恋合法化、允许堕胎、对离婚的宽容等社会变化和法制革新,络绎不绝。时至今日,人们仍然将这起诉讼称为"自由的分水岭,人权的里程碑"!

三、约翰·马歇尔大法官的海盗情结

约翰·马歇尔法官是华盛顿最欣赏的才俊、美国第四任国务卿和第四任首席大法官。最为国人所知的，是他在马伯里诉麦迪逊案中的著名判决："制宪者们都希望将宪法奠为国家的基本大法，立法若与宪法相违背，归于无效。而判断是否违法，是司法分支的使命。"单看这个时刻，仿佛在美洲大陆，宪政已奠基，政制已确立，一切飞奔向有序的现代国家而去。然而，这里要说的，是那个时代的另外一重天地。

"有限管辖权"成为滋生海盗的温床

自17世纪早期以来，北美洲东南部的加勒比海，就四处穿梭着传说中的"加勒比海盗"。在当时欧陆商旅舰队到达美洲的必经之地，海盗们一直非常活跃，攻击过往商人，甚至攻击英国皇家舰队。独立战争之后，加勒比海盗们的行动不减反增。根据G. White教授的描述，1812年战争所造成的贸易禁令和拉丁美洲风起云涌的政治局势使得北太平洋的非法商业贸易有利可图，这亦使海盗案件发展到了一个高峰。原属西班牙和葡萄牙的拉丁美洲殖民地，涌现出大量独立的"共和国"。在此基础上，许多来自好战民族的人们成为船员，上船出海。在1820年在给巡回陪审团的信件中，最高法院大法官斯托雷(Joseph Story)写道："海洋上贫穷的冒险者在游牧中觅食，他们凭借特殊的借口，利用着南美爱国主义政府所提供的设施……不加选择地且残忍地掠夺着中立世界的贸易船只。"

今天的联邦最高法院，很难想象当时的马歇尔法院处理海盗犯罪案件的数量。特别是那个独立时代所特有的政治环境，导致海盗案件的审判成为美国联邦最高法院史上极为模糊不清和难解的一幕。

约翰·马歇尔法官是华盛顿最欣赏的才俊。最为国人所知的,是他在马伯里诉麦迪逊案中的著名判决。单看这个时刻,仿佛在美洲大陆,宪政已奠基,政制已确立,一切飞奔向有序的现代国家而去。然而,在宪政史上留下光辉足迹的马歇尔法院,对于海盗案件的审判却颇值得琢磨,其间折射的硝烟气息和加勒比海盗们残破的海盗旗,闪现着那个正在崛起的新世界的犹豫。或许,马歇尔时代的加勒比海盗们其实是年轻美国的另一张脸。

同时,海盗案件也提出了一系列问题,最直接的问题是:海盗案件作为国际纠纷,是否应属于美国联邦最高法院管辖的范围?

对于这个问题,马歇尔法官在1828年美国保险公司诉Canter案中作出了回答。他援引《宪法》第3条第2款,认为这些海盗案件不构成宪法案件,也不构成普通法案件,而是,如他自己在Thirty Hogsheads of Sugar v. Boyle一案中所说的,由"国际法"和"我们的(国际)规则所源自的伟大渊源"决定。其中最为著名的规则莫过于"大炮射程"规则——1824年的Appollon案中,斯托雷法官应马歇尔法院的要求,定义了"普遍海事管辖权(水面以上)"的范围为"自沿岸炮台射程以内的水域",即根据国际法上的"大炮射程"规则,国家管辖权的范围是"大炮射程所及",或者大约3英里的范围,在此范围之内,对于海盗案件的管辖权成立。

然而,在某种意义上,也正是有限管辖的观念,使得海盗们有了喘息发展的机会。当时的大炮射程之外,亦即各国管辖之外的自由领域——公海。马歇尔于1812年的巡回意见书中写道:"(公海)是一切国家的共同财富","平等地属于全体国家所有"。一国可以明确对陆地提出权利主张,是因为陆地可以划分实体的国界,而海洋则难以进行这样实体性的划界。因此,对于一国而言,使用大炮来保护自己的陆地是合理的,而该国的敌人撤退到公海,退离大炮射程之外时,他们也将是安全的。当敌人退到这个领域时,他们可以利用公海的"自由"。因此,假如允许国家对于其大炮射程之外的海域主张权力,则是破坏了这种自由。

因而,只要加勒比海盗们还在3英里之外的公海上,就应该是安全的。这一观念在今天看来颇有争议。然而在那个时代,北太平洋因航海与贸易引发的冲突频繁,而且尖锐,近乎战争。更有意思的是,除了1812年美国和英国之间的战争之外,在马歇尔的任期之内,还爆发了拉丁美洲大量的共和国式的独立起义——它们往往针对西班牙和葡萄牙,并引发了宗主国来自地球另一端的镇压。许多被视为海盗和恶棍的凶狠之徒，却往往是某些拉美共和国（或者未被承认的共和国）的忠勇义军。刚刚独立不久的美国，对于这种“海盗”，情感是复杂的：既不愿意他们侵犯贸易与领海，又对他们有着近乎战友的支持与同情。

对海盗的复杂感情

以1818年的“美国诉帕尔玛”一案（United States v. Palmer）为例，3名美国海员侵入一艘西班牙船只，对属于西班牙国王的该船及船员进行了抢劫，抢走了糖、蜂蜜、皮革、咖啡和数袋的金银。3名海员被捕后，以海盗罪受审。然而很快，一个南美共和国的代表团向法院出具声明，称这3名海员完全不是海盗，而是“以该共和国为家，参与反对西班牙的独立战争”的雇佣兵。不过，这个所谓的“共和国”当时并未在国际上获得认可，数年后也消失在历史的夹层里。对这个案件的判决，体现出马歇尔法院的犹豫不决——法院一方面承认，抢劫船只及其财物的行为属于海盗犯罪；另一方面却声明，国会并未授权最高法院对“完全属于外国所有的船只上的人员”的抢劫行为进行惩罚。当时舆论哗然，纷纷批评联邦最高法院在惩罚海盗犯罪方面的权力之弱。亚当斯总统在晚年回忆起此案时说，这一判决“建立在吹毛求疵的细微差别之上”，帕尔玛案件是如此“可恶”以至于“它令我在从事法律职业过程中感到恶心，并使我更为坚定不移地拒绝接受一切司法职务的任命”。

还有一名类似加勒比海盗的人叫做Klintock，他实际也是一名美国公民。他称自己正受命服役于与西班牙正在交战的“墨西哥共和国”，打算攻击一艘西班牙籍船。然而问题是，Klintock实际上知道，这并不是真正的西班牙籍船，而是一艘丹麦籍船。他不过是打算借此避免受到刑事追查。尽管这一案件最终以判处他海盗罪成立告终——马歇尔承认，被抢劫者是谁和船只的所有人是谁，对于判决有关键的影响。然而这一声明，恰好是在承认，假如真的是为“独立中的共和国”而攻击敌对国船只，确实是可能不被视为海盗——尽管可能会因犯下一般性的“不容于社会”的罪行，而被处以其他惩罚。

另一名海盗叫做 Smith，他是美国公民，原本为布宜诺斯艾利斯政府的一个委员会工作，在一艘军舰上服役。他和其他人参与了军舰上的兵变，并弃毁军舰，占领其他船只，并“以巡航方式驶向外海”。在公海上，他们俘虏并抢劫了一艘西班牙船只。当时，即 1819 年，国会刚刚通过了一部新的海盗立法，其规定：“任何人或任何团体，如在公海上犯下国际法上的海盗罪，应处以死刑。”在 Smith 案中，被告和他的船员逮捕西班牙船只的行为，由于此前兵变已经背叛了布宜诺斯艾利斯政府，因而应是未经授权的。这足以使法庭认定犯罪事实为“国际法所确定的海盗罪”。尽管如此，马歇尔仍然在犹豫：他在写给同事 Bushrod Washington 法官的信中说道：“我怀疑……国际法规定的海盗罪，这种东西是否真的存在。”不过，在 Smith 案中，马歇尔将自己的意见按下不表，而是默许了多数派意见的有罪判决。

海盗案件直到今天，仍然时常引起关注。然而，早已有了明确的国际共识，对其赶尽杀绝。那个地理边界和政治环境都变动不羁的时代，已经远离我们，海洋也不复是当时的自由状态。回到当时的语境，在宪政史上留下光辉痕迹足迹的马歇尔法院，对于海盗案件的审判也值得琢磨，其间折射的硝烟气息和加勒比海盗们残破的海盗旗，闪现着那个正在崛起的新世界的犹豫与含糊——在整个南美的独立狂潮与败落贵族般的旧大陆之间，寻找着自己的定位。或许，马歇尔时代的加勒比海盗们其实是年轻美国的另一张脸，而这张脸在奔向现代秩序的过程中，溶入了那个民族的血液之中，一时间竟然已经分不清颜色了。

四、《乌托邦》之父受难绞刑

1535年,《乌托邦》的作者、前任大法官托马斯·莫尔站上了绞刑台。表面上,他是因为此前公然反对亨利八世迎娶新皇后安妮·博林的“逆鳞”之举而获罪。实际上,这是一场用生命来捍卫自己信仰的殉道圣礼。或许也正是因此,他于1886年被教皇庇护十一世册封为圣人。此时,莫尔已经去世300多年。

反对专制而被关进伦敦塔

1478年2月7日,托马斯·莫尔生于伦敦的一个法官家庭。幼年丧母,由父亲带大。他的父亲约翰·莫尔(John More)曾担任过皇家高等法院的法官,是一位正直明达的人,对儿子要求极为严格,这对托马斯·莫尔一生产生了深刻的影响。托马斯·莫尔的另一位启蒙老师,是坎特布雷大主教、红衣大主教莫顿(Morton)。13岁那年,父亲将托马斯·莫尔送到主教家中,名义上做少年侍卫,实际上有师徒之义。莫顿主教学识渊博、机智过人、谈吐优雅,曾担任过英国的大法官,他对聪明好学的托马斯·莫尔极为赏识,常对朋友夸奖说:“我的这个孩子,将来一定会成为出色的人。”

1492年,托马斯·莫尔进入牛津大学攻读古典文学,又学习了希腊文。在这里,他还对意大利人文主义者庇科(Pico,1463~1494年)的作品很感兴趣,曾将他的作品《十二把利剑》译成英文。然而老莫尔认为儿子从事古典创作没有什么前途,便逼他改学法学。1494年,托马斯·莫尔被迫离开牛津大学,在林肯律师会馆(Lincon's Inn)攻读法律。经历了7年的法律训练,于1501年成为了一位外席律师。在担任律师期间,托马斯·莫尔接触了大量涉及下层社会的讼案,目睹了广大人民群众所遭受的苦难。他主持公道,能够替受屈的人们撑腰,因而在伦敦很有名望。1504 年,年仅 26 岁的托马斯·莫尔被选为下院议员。然而在国王亨利七世无理要求一笔补助金时,托马斯·莫尔在议会中起而反对,使国王未能如愿以偿。为此事亨利七世将托马斯·莫尔的父亲投入监狱,并罚以巨款。托马斯·莫尔也无法继续从政,只能回到律师会馆担任会馆教师,直至亨利八世即位,他才重返政界。

在第一次"下野"期间,托马斯·莫尔开始用英文和拉丁文写作。他的第一部历史著作《国王理查三世本纪》还未完篇,就在文学界争相流传。莎士比亚更是以之为素材,写出名剧《理查三世》。1515 年,托马斯·莫尔开始撰写他的不朽之作《乌托邦》。此书全名是《关于最完美的国家制度和乌托邦新岛的既有益又有趣的金书》,写于 1515 年至 1516 年出使欧洲期间,用拉丁语写成。书中叙述一个虚构的航海家航行到一个奇乡异国乌托邦的旅行见闻——当时托马斯·莫尔并未想到,此书会在未来成为建构另一种社会体制的经典。从欧洲出使回国后,托马斯·莫尔凭借良好的声望和熟练的法律知识,被任命为王室申诉法庭庭长兼枢密顾问法官。1523 年,经大法官托马斯·沃尔西提名,被推选为下议院议长。6 年后,托马斯·莫尔成为大法官兼上议院院长。这在英国,可谓仅次于英王之下的至高职衔。

然而,随着亨利八世对于王权的肆意扩张,托马斯·莫尔开始发现自己和国王的矛盾日趋激烈。1530 年,亨利八世决意迎娶一位名为安妮·博林的女子,试图与凯瑟琳皇后离婚——然而罗马天主教会显然是反对这一行为的。于是亨利八世一方面通过法案,宣布前一次婚姻无效率;另一方面紧急出台一部《至尊法案》,宣布自己才是英国教会的最高首领,不受罗马教会的任何管辖。全民都有义务宣誓承认他的至尊地位,否则就将受到重罚。在亨利八世的策动下,英格兰的贵族和高级教士联名向教皇写信,要他宣布亨利八世与凯瑟琳的婚姻无效。这封信送到托马斯·莫尔面前时,他思忖再三,决定

1535年,《乌托邦》的作者、前任大法官托马斯·莫尔站上了绞刑台。表面上,他是因为此前公然反对亨利八世迎娶新皇后安妮·博林的"逆鳞"之举而获罪。实际上,这是一场用生命来捍卫自己信仰的殉道圣礼。

拒绝在信上签名。他认为凯瑟琳应是国王真正的妻子，而且，尽管他也曾对天主教的腐败现象加以抨击，但他相信应该有某种权力能够制约英国国王，来避免他犯下大错。为此，他于 1532 年毅然辞去大法官职务，并著书立说，援引 1215 年《大宪章》来论证，英王虽然位高权重，却亦非无法无天。然而，1533 年，亨利八世仍然强迫议院通过了《至尊法案》，宣布亨利八世为英国教会的最高首领，全国臣民都必须宣誓承认这部法案，并服从英王的至高权威。许多拒绝宣誓者，被关进了伦敦塔。其中最为尊贵的囚犯，就是这位曾经的大法官——托马斯·莫尔。

托马斯·莫尔最后的辩论

根据记载，审判托马斯·莫尔的法庭由这样的法官组成：他们分别是新皇后安妮·博林的父亲、叔叔和哥哥——可以想象他们对于托马斯·莫尔的敌意和反感。托马斯·莫尔被关押了 7 个星期后，开庭在威斯敏斯特宫如期举行。1535 年 7 月 1 日，人们看到这位前任下院议长、大法官走上法庭。这已经是一个由于遭受牢狱之苦而变得虚弱、肮脏而又乱糟糟的人，但是此人竟然还能以锋利的言辞进行论战。根据当时的法庭规则，被告有权从法官中选取几名担任自己的法律顾问。托马斯·莫尔扫视了一遍法官的面孔，拒绝了这项权利——传记作家克劳福德说，这是因为托马斯·莫尔这位林肯律师会馆出身的大律师很清楚，自己的法律知识和辩论才华，在当时举世无双。然而另一种解释可能更为可信，托马斯·莫尔无法相信这些明显有所偏袒的法官，能提供真正有利于自己的法律意见。

托马斯·莫尔的罪名共有四项：(1)5 月 7 日，他拒绝承认国王的地位高于英国教会。(2)他被监禁在伦敦塔时仍保持着叛国的通信往来。(3)他曾将国王的《至尊法案》称为双刃剑，认为接受了它，人们保住了身体而失去了灵魂；而拒绝它，人们失去身体却拯救了灵魂。(4)他对《至尊法案》进行了“错误的、不忠的和邪恶的”评论。

在狱中，托马斯·莫尔仍然拒绝宣誓，但坚决不吐露拒绝宣誓的理由——这使国王无法根据当时的法律起诉其叛国罪。一天，托马斯·莫尔的同事诺福克前来探望他，劝他妥协宣誓。诺福克说："在英国，谁不服从国王，就没有好结果。"托马斯·莫尔道："我已经再三思索考虑了，但是，我不能违背自己的良心。"诺福克又道："托马斯，我怕你将要付出很高的代价。"托马斯·莫尔的回答成为那个时代广为流传的经典："自由的代价的确很高。然而，即使是最低级的奴隶，如果他肯付出代价，也能享有自由。"

开庭当日，法庭找到了一位叫做里奇的见证人，作证托马斯·莫尔曾经说过"议会无权立法宣布国王为最高教会领袖"的话。托马斯·莫尔从容不迫地进行了驳斥，并将里奇置于伪证罪的危险地位。他先是以宗教为突破口，说道："如果你说的都是真的，里奇老爷，那么就祈祷我不能见到上帝本人吧，不然的话，我不会把这样的话告诉他，只有那样才能拯救整个世界。"接着，他提醒法庭成员，他曾经和里奇在同一个教区，而后者的奸诈狡猾名声也是尽人皆知的。托马斯·莫尔反问道："你们觉得可能吗……我会在这么重要的一件事情上，如此不明智地跟里奇这样一个公认的'小人'过多地表达我的看法？"

至于他被控"拒绝承认国王的地位高于英国教会"的指控，托马斯·莫尔更是理据十足地进行了驳斥。他提醒法庭在 5 月 7 日的讯问中，他一直保持沉默，而根据英国普通法，沉默是被视为"默认"，而非"反对"的，并不能以这种"默许"为由，确认被告人的主张或观点，更不能以此为由起诉审判乃至定罪量刑。而他被关押期间的 8 封通信，都已经被谨慎的托马斯·莫尔烧掉，无迹可循。接着，托马斯·莫尔反客为主，回忆了在他任职期间，是怎样一贯而忠诚地为国王尽职服务的。然而他的辩驳虽然赢得局面之优，却无法改变结局——法官多次打断他的话，甚至坦言道："诸位阁下，在这种关于法律的问题上，我们这样讯问被告，简直就相当于在请教他来给我们上课，告诉我们为什么他是无罪的。”

最终,法庭无视托马斯·莫尔的辩驳,蛮横地宣布他犯有叛国罪,应处以死刑。托马斯·莫尔静静地听着,平静地对法官们说道:“太多的我就不说了……我真诚地相信,也将忠心地祈祷,尽管各位老爷们在这个世上都是我的裁判者,而今后我们在天堂可以愉快地相见,并达到对我们最终的审判和拯救。”这时,国王的使者来到法庭,宣布根据国王的宽恕,托马斯·莫尔原本应被执行的肢解分尸之刑,被宽减为斩刑。而对价是,由于国王恐惧托马斯·莫尔的口才,“希望在执行死刑当日,你不要说太多的话”。托马斯·莫尔笑了笑道:“愿天主保佑我的亲朋,免邀此种恩宠。”

执刑前5天,托马斯·莫尔写好了一篇漂亮的祈祷词和告别信。1535年7月6日的断头台上,这位年仅57岁的旷世之才幽默地对司狱长说:“请帮我上去,至于下来,我自己安排好了。”次日,托马斯·莫尔的头颅被悬挂在伦敦桥上示众。当托马斯·莫尔的死讯传到另一位人文主义领袖伊拉斯莫那儿时,他痛哭流涕道:“他的灵魂之纯洁胜过白雪,在英国从来没有过像他这样的天才,而且将来也不可能再有!”

五、《政府伦理法案》斗败众议院议长

美国众议院议长作为立法机构中的最高官员，仅次于副总统之后的总统继承人，其位高权重自不必言。然而 1989 年，众议院议长詹姆斯·赖特却在和《政府伦理法案》(Ethics in Government Act)的较量中败下阵来，不得不辞职谢罪。这一弊案奠定了《政府伦理法案》的历史地位，亦成为悬在诸多官员头顶的达摩之剑。

他曾是"执着于清廉的理想主义者"

1989 年，众议院议长詹姆斯·赖特贪腐弊案令世界震惊。这位美国民主党的象征和最著名的代言人，以及全美仅次于正副总统的第三号人物，因个人财产来源不明所引发的丑闻，让"二战"之后成长起来的那一代"军功精英"走下了神坛。

赖特出生于 1922 年 12 月 22 日。他的童年正是美国的大萧条时期。其父老赖特是一位漂泊四方的巡回推销员，在那样的艰难时代要养家糊口，其艰辛可想而知。老赖特望子成龙，常常对孩子们说人生最大的目标莫过于担任公职，为大众服务。据说，小赖特最初从政时也颇有一番雄心壮志，声称要尽全力服务于人民。"珍珠港事件"后几个月，19 岁的詹姆斯·赖特中断了在得克萨斯大学的学业，投笔从戎。他参加的是陆军航空队，在太平洋战区服役。在战斗中，詹姆斯·赖特表现勇敢，荣获英勇飞行十字勋章。战后，25 岁的詹姆斯·赖特进入了得克萨斯州议会。1950 年至 1954 年，任得克萨斯州韦瑟福德市市长。32 岁那年，一路平步青云，被选为国会议员。初到国会山时，詹姆斯·赖特被人们称为"过分执着于清廉的理想主义者"。因为他把向他捐献的竞选基金最高额定为 100 美元，还执意公布自己的所得税回执——不过，这两种做法并没有坚持太久。

詹姆斯·赖特经历过两次婚姻,育有一子三女。据说,他给人的第一印象很不错:脸部肤色微红,布满了皱纹,厚厚的镜片后面一双棕色的眼睛常常能使人感到他在微笑。这是一副憨厚善良的面孔。他爱诵诗养花,可见得情趣高雅。他虔信宗教,注重精神生活——这又使人们不得不有理由认为他清心寡欲,淡泊明志。有时候,这位职业政客也确实平易近人,体恤下情。对于身边的工作人员——侍者、司机、秘书、清洁工,他从来都以礼相待,决不恶语伤人。他甚至记得司机的生日,还会去秘书家帮助修剪玫瑰。"有的政治家从来不愿意为你花费时间",詹姆斯·赖特的司机莱昂内尔·劳森说,"他们更多的时间惦着的是自己的小狗。可是他不是这号人。"

然而,这一切只是詹姆斯·赖特的一面。公众对詹姆斯·赖特并没有多少亲近感,不少人觉得他是以微笑和矫揉造作的礼貌来掩饰乖戾的脾气和争权夺利的禀性。这一点在后来对他以权牟私的行为进行调查时得到了印证。每当有人向他提起众议院道德委员会对他的指控时,他都会勃然变色,大声喝止别人道:"少跟我谈这种琐事,别浪费我的时间!"在美国,有关詹姆斯·赖特的传闻很多,有人说他在众议院里没有一个真正的朋友;他曾经威胁说要把一位众议员打翻在众议院的地板上;有人曝料说詹姆斯·赖特当初仅以1票之多当选议长,而且主要是因为其他两位候选人同他一样令人讨厌,只好三害相权择其轻。

无论众说如何纷纭,詹姆斯·赖特仍然官运亨通,日渐位高权重起来。然而,经济投资上的失败和家庭的不幸福,成为他滑向深渊的第一步。1961年,詹姆斯·赖特竞选参议员未获成功,反倒背了"一屁股"的债。随后经商的损失和抚养4个孩子和1位"花得总比我挣得多的"(詹姆斯·赖特语)妻子的重担又加剧了詹姆斯·赖特的财政困难。1971年,他在日记中写道:"我的财务情况是一团乱糟。""我欠了那么多的钱,我需要运气帮我还债。"

1972年,詹姆斯·赖特和妻子离婚,并和自己的秘书、风姿绰约的贝蒂结婚。许多评论认为,正是这次婚姻,使詹姆斯·赖特最终走上了贪腐之路。或许这确有替詹姆斯·赖特开脱之意,但可以断定的是,贝蒂对于詹姆斯·赖特后30年的政治生涯影响巨大。婚后不久,她就开始“改造”丈夫的工程,先是敦促詹姆斯·赖特戒掉一天两包烟的习惯,紧接着让丈夫抛弃普通的翻领格呢西装,换上镶边的高级黑色西服。与此同时,贝蒂本人的花销也很惊人,有一次,她在承认自己特别喜欢山猫皮大衣和卡迪拉克轿车(这两样东西她都早已拥有)时说:“事情该怪我,我比他(詹姆斯·赖特)更喜欢精美、昂贵的东西。”仅仅凭借参议员的工资,詹姆斯·赖特无法承担这些巨额开销。1977年,詹姆斯·赖特悄悄动用98,000美元的竞选基金偿还了他的私人债务——这是他后来二十余年贪腐之路的开端。

在贝蒂的怂恿下,詹姆斯·赖特和一些所谓的经济伙伴越走越近。比如,他投资57,000美元和商人莫利克合伙开办了一家名为“莫利克—赖特”的投资公司。然而,公司雇用詹姆斯·赖特的妻子贝蒂担任“财务顾问”,4年间共付给她年薪72,000美元,并提供她使用1套位于沃思堡的公寓和1辆卡迪拉克轿车。公司还向赖特夫妇派发了59,000美元的红利、18,001美元的利息津贴。1988年公司散伙时购买詹姆斯·赖特所持的股份,共付27万美元(现金及期权)。仅仅投资57,000美元,却获得了近50万美元的收益回报,这样的“好事”,显然存在利益输送的重大嫌疑。

要求官员公示财产来源的法案

詹姆斯·赖特之所以敢于大肆收受好处,一方面是因为贪欲作祟;另一方面也是因为法律的不健全和不完善。很长一段时间内,美国的法律并不强制要求官员公示其财产数额与来源。直到《政府伦理法案》于1978年正式出台之前,官员们仍然可以捂紧口袋,不用向公众和司法部门敞开。

长期以来,美国法律对官员的个人和家庭财产不做公开要求。

这一情况在经济大萧条和“二战”期间开始发生改变。随着政府从亚当·斯密时期的“守夜人”变成了积极的福利国家,美国的政府项目、军费预算和公共开支暴涨,官员的“寻租”空间随之增长,变成了手握经济大权的重要人物。人们也越来越多地开始关注官员们的经济状况。“二战”结束后,参议员莫斯向国会提交了敦促官员财产公开的提案。几年后,另一名年轻气盛的参议员巴内特也提议建立官员行为规范,来保障官员廉洁。然而,在保守心态弥漫、麦肯锡主义高涨的20世纪50年代里,这些法案的进展都不顺利。直到艾森豪威尔总统的幕僚长阿丹姆斯爆出受贿丑闻,激进参议员们的这些设想才得以实现。

阿丹姆斯中年从政,做过联邦众议员和新罕普什尔州州长,由于艾森豪威尔总统对他的过分信赖和他本人调和内阁矛盾的出众才干,在20世纪50年代实际主导了整个白宫的幕僚集团。权倾天下的阿丹姆斯一度被人称为“美国的影子总统”。然而,这位几乎一手遮天的阿丹姆斯,却因1件外套和1条地毯栽了跟斗。1958年,联邦贸易委员会在调查名为古德凡的商人时,发现了与阿丹姆斯有关的线索。调查发现阿丹姆斯收受了古德凡1件名贵的驼毛外套和1条东方风格的地毯。虽然最终没有证据表明阿丹姆斯为古德凡争取了什么特殊政策,但这种收受礼物的行为曝光之后,引发了公众的纷纷非议。阿丹姆斯不得不离开白宫,从而导致艾森豪威尔内阁陷入混乱。

阿丹姆斯丑闻之后,朝野上下都意识到了监督官员收入来源的重要性。迫于压力,美国政府在1958年通过了《政府服务伦理规定》,要求任何在政府工作的人员都不得接受可能会影响其职务决策的礼物和帮助。这项规定直接禁止了接受礼物和帮助的行为,而不考虑官员随后是否有回报行为——这显然是吸取了阿丹姆斯案的教训,避免官员以“贪赃不枉法”而免责。然而,这项规定只是政府的行政指导意见,尚未正式成为有约束力的规定。直到20世纪60年代中期，在国会山再次连续发生腐败丑闻的背景下，国会两院才正式成立官员行为标准委员会，开始对官员的财产来源进行全面监督。

1974 年的水门事件后，美国人对政府官员的不信任达到新的巅峰。保守的美国国会一改过去审慎多疑的态度，开始大刀阔斧地推出约束官员行为的法案。1978 年，国会总结以前的各项规定，出台了《政府伦理法案》。根据这部法案，一切官员如果从联邦政府之外的任何来源得到的超过 200 美元的红利、租金、利息、资本利得，就必须进行申报；如果收受累积价值超过 250 美元的礼品，或者从事价值超过 1000 美元的贸易或业务投资，也必须进行申报。本人除主要住所外，如果进行超过 1000 美元的房地产购置、出售或交换，也需要进行申报。如果不予以申报，或者造假，将会付出沉重的代价。负责接受申报的伦理办公室可以将案情通报联邦司法部长，并通过地区法院对该名官员提起诉讼。且不论官司胜负，单是受诉带来的丑闻冲击，就足够毁掉这名官员的政治前途。因此，《政府伦理法案》成了悬在官员头顶的清廉利剑，让官员不敢越雷池半步。

詹姆斯·赖特弊案初露端倪

1988 年春天，詹姆斯·赖特作为众议院议长，正处于事业的巅峰。然而，一位名不见经传的共和党议员纽特·金格里奇和一个叫做“共同事业”的组织，发起了对他的挑战。他们发表联合呼吁，要求全面调查议长詹姆斯·赖特的从政道德。1988 年 5 月 26 日，金格里奇正式向众议院道德委员会指控赖特夫妇有违反《政府伦理法案》和其他法规的嫌疑，请求委员会开展调查。

最初，道德委员会并未将矛头对准詹姆斯·赖特，而是仅仅指责他没有依据《政府伦理法案》，及时报告他妻子在莫利克—赖特公司的高额工资收入，也没有报告她对于公寓和轿车的免费使用状况。在詹姆斯·赖特的授意下，莫利克—赖特公司对委员会宣称，赖特的妻子贝蒂领取工资，是因为她是公司的“财务顾问”，一位理财能手。

然而美丽的贝蒂并未向能够让公众相信这一点。1989 年 5 月 29 日，道德委员会召开听证会。会上，赖特夫妇的律师萨斯曼试图证明贝蒂是一名踏实稳重的财务顾问。事与愿违的是，那天贝蒂刚进听证会的会议室就引起了一阵骚动。她穿着一件鲜艳的水蓝宝石色西装，进门先吻了萨斯曼律师一下，为了拍照，接着又吻了他一下。这些不得体的穿着和举动，令萨斯曼事后也表示“十分尴尬”。

随着调查的深入，越来越多的证据指向了詹姆斯·赖特本人。为了确保调查的全面和公正，道德委员会特地从院外聘来了特别检察官——来自芝加哥的理查德·费伦律师，并拨款 160 万美元，用做调查经费。费伦律师的调查历时 6 个半月，调查结果可谓石破天惊。在 8 名助手的协助下，花费 150 万美元，从 72 名证人处取得证词，终于在 1989 年 2 月完成了长达 279 页的详细报告。

这份被称为《费伦报告》的指控甫一公开，就引发了全社会的密切关注。报告不仅指控詹姆斯·赖特在前述合伙企业中获取暴利的投资行为，还将矛头指向詹姆斯·赖特的另外 5 个经济问题。这 5 个经济问题分别是稿费问题、油井问题、娱乐区问题、储蓄银行危机问题和蒙特利夫公司投资问题。报告指控詹姆斯·赖特的 5 本作品获得了过高的稿费，一般作者稿费应该是 10% 左右的版税，而詹姆斯·赖特的每本书至少都获得了 55% 以上的版税。而且书的销售情况也极不正常，常有一些特殊利益集团进行超大额购买，相当于以稿费的名义向詹姆斯·赖特的口袋里塞钱。理查德·费伦律师指出，根据规定，众议员应邀演讲的酬金不能超过年薪的 30%，但稿费收入并无上限。詹姆斯·赖特在收取的演讲费达到了最高限额后就以卖书为手段逃避法律监管，花招不可谓不巧妙。

“娱乐区”事件和“银行危机”事件的共同点在于，詹姆斯·赖特不合理地运用议长的影响力，对于市场和投资施加了压力。前者指的是沃思堡市的一个游乐场项目需要资金，詹姆斯·赖特受人之托，指示经济发展署等机构向沃思堡市贷款 2250 万美元；后者指的是当得克萨斯州不断出现银行倒闭案时,詹姆斯·赖特议长向处置倒闭案的官员施加影响,要求他们尽量保护这些银行。至于蒙克利夫公司投资问题,则指的是一场外交场上的权钱交易:蒙克利夫家族在埃及的西奈半岛有几口油井,受到埃及国有化征收的威胁。詹姆斯·赖特出面,向埃及政府和当时的总统安瓦尔·萨达特求情。后来,埃及政府根据比较合理的价格,收购了这几口油井。几个月之后,蒙克利夫便以极低的价格将位于得克萨斯州的一口天然气井的一些股票卖给了詹姆斯·赖特。《费伦报告》将这笔交易描述为,一笔价值82,000美元的礼物——虽然没有证据能够证明,詹姆斯·赖特的外交行动和这件"礼物"之间有何直接关系。

其实,这些所谓贪腐丑闻——"官太"任职企业拿高薪开豪车、关系户大量购书以"进贡"稿费,以及价值不足一年工资的"礼物",不要说和当前一些官场潜规则相比,即使是和放在当时的美国国会议员眼中,也谈不上触目惊心。根据调查,许多议员也都参与过股票和不动产的投资。在经济上有小辫子可抓的决非詹姆斯·赖特一人。许多议员担心:"如果詹姆斯·赖特倒下去,他们都会因同样的罪行而摔跟头。"民主党议员查利·威尔森甚至公开表示,如果严惩詹姆斯·赖特,那么"我们就是在冒险制定连教皇都没法遵守的准则"。在詹姆斯·赖特的求援和无法说明的私心影响之下,他们纷纷动用各种资源向道德委员会施压,希望"点到为止",不再继续追查。

反贪腐史上的里程碑

然而,众议院道德委员会顶住了压力。委员会援引《政府伦理法案》,认定詹姆斯·赖特在妻子任职问题和稿费问题上违反了下述规定:"作为一名国会议员、官员或职员,不得在一年内接受与自己的公务有直接或间接利益关系的个人(亲友除外)、任何外国人(或其代理人)的价值100美元以上的礼物。"以及"任何国会议员……所获额外收入均不得超过本人本年度薪金的30%。此种额外收入是指工资、专业费和除版税以外的其他各项收入”。虽然詹姆斯·赖特规避法律,巧立名目(稿费、妻子工资),却不能解释自己高额收入的合理来源,特别是违反了官员应该承担的公开收入并恪守伦理的义务。道德委员会决定,对此案坚决严查到底。

而在议院之外,选民们则愤怒异常。议长不但不遵守法律,还以他人的潜规则为自己开脱。在詹姆斯·赖特丑闻曝光的初期,75%的选民表示,“如果情况属实,赖特必须辞职”。而随着越来越多的证据浮出水面,民心向背更为明显,“不管众议院怎样处理,詹姆斯·赖特在公众的头脑中已经被定了罪”。民众还将攻击面扩大至其他议员的妻子。当时,在外兼职的远非只是詹姆斯·赖特夫人贝蒂一人。据国会议员配偶俱乐部主席玛丽·雷古拉估计,一半以上的国会议员配偶(妻子或丈夫)都有拿报酬的工作。其中大部分纯粹是领薪水、不干活。比如,北卡罗来纳州选出的议员查尔斯·罗斯的妻子琼·罗斯在她丈夫领导的众议院烟草和花生委员会工作,但实际上每周只有锻炼身体时才去露一次面。这些议员也受到了民众的广泛关注和批评。最终,在院内院外压力之下,詹姆斯·赖特于1989年5月31日被迫宣布辞职。这样,由于不再是议员,众议院道德委员会对他的调查也就终止了。对于詹姆斯·赖特来说,这确实是上策,因为等待国会的弹劾或继续受审查只会更加丢人现眼。尽管如此,他仍然受到了联邦调查局和美国司法部的继续调查。

詹姆斯·赖特成为了美国现代史上第一位被迫辞职的议长,其反响之大是可想而知的。正如美国共和党工作人员温迪·迪莫克所说,“国会的面罩被揭开了,美国人民第一次真正看到了那儿发生的事情。”詹姆斯·赖特弊案为后来相似的贪腐丑闻定下了基调,并在民众的心里形成了这样的思维定式:“凡是不公开财产的官员,就需要监督。”从此以往,官员财产申报就成了政客的必修功课,而一旦指控贪腐的提案出现,相关官员就必须全力应战,翻出自己数年的申报记录和财务报表,否则就只能赶快退出政坛,身败名裂。因此,在官员和民众共同的驱动之下，官员财产申报的规定逐年演进，不断加严。比如，1993年《政府伦理法案》的修正案规定，联邦政府公职人员在离职后也禁止从事某些活动，并且要求他们在离职后特定期限内仍然就此类“灰色收入”进行财产申报，以进一步遏制官员的不当牟利和腐败。

财产申报制度作为美国政府打击腐败的有力工具，可以及时发现和铲除腐败的苗头。在政府直接监督和社会舆论监督之下，美国政府官员轻易不敢以身试法。绝大多数官员都会老老实实地申报自己的财产。当然，后来也发生过诸如康涅狄格州州长约翰·罗兰因曾接受免费度假、翻修乡间住宅而被迫辞职认罪的事例，但总体上各界官员人人自危，不敢小觑《政府伦理法案》。可以说，詹姆斯·赖特事件既是政治史上的耻辱，也是清明风气的开端。而财产申报制度，更是越发完善，并最终纳入美国行政法典的第五章，成为政制的重要基石。

六、“老残”被捕

《老残游记》的作者刘鹗，于 1908 年 6 月在南京被秘密逮捕。此案先捕后奏，不经审理，预定重罪；立即起解，严密押送，流放新疆，并旨令“永远监禁”。第二年，刘鹗因脑充血逝世于迪化（乌鲁木齐）狱中。尽管发生于晚清，却已是《大清新刑律》修订完工的 1908 年。而刘鹗犯有何罪，至今仍是个谜。

站不住脚的三大罪状

据罗振玉《刘铁云传》所述，刘鹗很可能是因“上书请铁道，又主张开山西矿。既成，世俗交谪，称为‘汉奸’”所致罪。胡适引该传，并将刘鹗一生归纳为四大事，即河工、甲骨、晋矿、仓米。胡适称：“为后两事，他得了许多诽谤；晋矿事，本是很有远识的。但在那个昏聩的时代，远见的人都逃不了惑世误国的罪名。”鲁迅在《中国小说史略》中，也有着类似的叙述。根据汪叔子对清故宫档案的考据，刘鹗当时被捕并押往新疆，前后之短仅有 19 天。1908 年 6 月 17 日，道员杨文骏到南京谒见两江总督端方时，转述了袁世凯的意旨，嘱拿刘鹗解京。端方向袁世凯发文确认，袁世凯便安排外务部回电列举了刘鹗的三大罪状：“一戊戌垄断晋滇矿利，二庚子盗卖仓米，三上年私运韩盐。”这三项罪，根据外务部的电文，“均系营私罔利，勾结外人，贻患民生，肆无忌惮，若任其逍遥法外，实不足以惩奸慝以儆效尤”。于是要求端方“密饬查拿……著发往新疆永远监禁；该犯所有产业，著两江总督查明充公”。

该案值得一考的细节不计其数，这三项罪状疑点甚多。根据汪叔子等人的考据，恐怕一项都靠不住。

第一宗罪，根据“控方”的说法，指的是刘鹗“于光绪二十四年间……

《老残游记》的作者刘鹗，于 1908 年 6 月在南京被秘密逮捕。此案先捕后奏，不经审理，预定重罪；立即起解，严密押送，流放新疆，并旨令“永远监禁”。第二年，刘鹗因脑溢血逝世于迪化（乌鲁木齐）狱中。尽管发生于晚清，却已是《大清新刑律》修订完工的 1908 年。而刘鹗犯有何罪，至今仍是个谜。

借款办矿，并希图承办云南矿务……该员垄断矿利、贻祸晋滇”。实际上，尽管刘鹗确实参与了山西开矿章程的制定工作，亦提出“借洋款开办”的主张，却谈不上自行垄断矿利的罪状。当时开采矿藏，由于“土法土匠”确实工艺不精，也缺乏资金，引入外商开采、中洋分利的做法实际是通行大江南北的。刘鹗之过失，至多在于“原订借款章程，尚多遗漏”，而其牟利之罪，根据山西本地官员的评论，“均属言之过甚”或“多有附会”。

第二宗罪，“庚子年盗卖仓米”罪也同样不成立。1900 年，八国联军洗劫京城，留守京城的王公贵族百姓，都只能向列强官兵求粮乞食，或请求瓦德西为首的联军允许他们向各地采买粮食。刘鹗便在此背景下，响应上海救济善会之倡议，志愿入京救急，并捐银 12,000 两，购得仓米约 20,000 石前往北京。随着庚子协议签订，情况好转，刘鹗购买的仓米还剩余约 7000 石，便以平价出售，换回部分钱款。此举在当时亦经过外务部的批准，谈不上“盗卖”——更何况，这些仓米原本是刘鹗自行筹款所购。

第三宗罪，“丁未年走私辽盐”罪同样存在诸多漏洞。刘鹗确实曾于 1905 年前后，与日本人郑永昌 Nagamasa Tei 合作开设精盐提炼公司，打算制炼精盐运销朝鲜，然而这笔生意并没有做成。他们打算“创设海运航船，往来大连、日本、沿岸贸易”，但是由于条件不备，最终“垂成而败”。根据当时外务部的说法：“盐务为中国利权，不能让与外人。”刘鹗组公司，办盐务，亦有与外人商贾及使领等密谋、“密拟合同”之举，然而毕竟最终行之不果。以此定罪，亦有过当之嫌。

受到“高、钟间谍案”牵连

不过，值得注意的是，刘鹗的交易伙伴——郑永昌当时是日本驻天津领事。刘鹗由此开始屡屡赴日赴俄游历，并与日本使领官员开始了一些交往——正是这些交往，成为了他被匆忙逮捕的真实原因。无论是袁世凯还是外务部，都急于查办刘鹗，甚至玩起“先捕后奏、未审先定”的把戏，其中必有文章。据考证，刘鹗实际是受到了当时“高、钟间谍案”的牵连，涉及通日告密之类的“危害公共安全犯罪”，而被紧急处置的。

高为高子谷，系刘鹗妻舅；钟为钟笙叔，为刘鹗密友。两人因受贿于沙俄驻华公使璞科第（D. D. Pokotiloff），经常将军机要闻出卖给俄国使馆。此案的侦破十分传奇。由于清廷发现许多机密消息俄方经常很快知晓。不仅如此，连同日本使馆也总是能得到秘密信息。比如，当时恰逢中日就辰丸号渔船进行谈判。日本公使竟早已知晓清廷底线与策略。时任外务部尚书的袁世凯大惊，遂下令严查此案。由九门副提督（俗称左堂）乌确锦伪装成哑巴，投到高家充车夫侦查此案。某日，高子谷派乌确锦送封密电给俄国使馆，遂案发。间谍依律应凌迟，清政府因高家世代为官，从宽远配新疆，永不许赎。

而刘鹗在“高、钟间谍案”发后不久，便成为被怀疑的对象。高、钟二人供出外围同伙数人，其中便包括了经常从他们手中获取秘密信息的刘鹗。据二人供述，刘鹗曾经从高、钟处获取关于中国铁道、矿权等事项的“政府秘不宣要件”，以手抄录后以电、函形式私发给一名叫“哲美森”的商人。与此同时，因刘鹗与日本使节交从甚密，经常能从日本使节那里获得新的政军动向。比如，当1904年日俄战争尾声时，刘鹗便在《上政务处书》中向清廷报告了许多日、英、俄的最新动向，指出：“日俄之和局，指顾必成……俄必将出兵侵我新疆……而英为与俄争，亦必先取西藏，然后直趋长江……”以此，刘鹗向政府提出：“今日者，实兴亡之关键也……唯开放可以挽救。”从而向政府提出兴学养兵、经营工商等举措建议。

就这一点而言，这位近代史上兼具政客、商人、文学家身份的刘鹗，恐怕还有着“双重间谍”之嫌。以当时的政治形势和法律判断，其暗取信息私通日本的举动，确无法逃脱汉奸间谍之恶名。而外务部及袁世凯之所以如此急遽而动，未审先捕，无非出于避免军事政治信息进一步泄露的需要。因此，这一点无可厚非。不过，假如用克罗齐的话说，人当有历史的同情。从今日的视角来看，身处那个东西贯通、新旧并起的时代，很多是非正误难以用固定的标准进行衡量。发配至乌鲁木齐之后，刘鹗自投西门里的一座城隍庙作为栖身之所。闲时为贫民诊病，他本来就通达医学且又在内地游医多年，有着丰富的临床经验，对贫穷患者分文不取，所以很快便誉满全城。迪化附近的老百姓都知道城隍庙里住着一位“菩萨大夫”，慕名前来就诊。尽管如此，医者仍不能自医。次年 7 月，这位传奇和精彩了一生的文人，终于在贫病交加中逝于异乡，终年 52 岁。而他有关水利、矿务和救灾方面的功绩，因为人们大多讳其“汉奸”的身份，被渐渐地遗忘殆尽。只有那部以笔名“洪都笑笑生”所著的《老残游记》，传载于岁月浮逝、朝代更迭的乱世之中，直至今日，读来仍然令人唇齿生香。而“老残”这位亦官亦文、亦医亦商的近代精英本身，至今仍然蜷坐于历史卷宗深处的蒙尘角落，人迹罕至，无客问津。

七、两位韩国元首同庭受审

2011 年 12 月 15 日，法国前总统希拉克被判挪用公款、滥用职权等罪；一个月前，菲律宾前总统阿罗约因涉嫌“操纵选举”罪在病房中被捕。一时间，司法机关对前元首的审判成为时论热点。然而，假如要选取迄今为止影响最大的元首审判，恐怕还应属 15 年前的那次“世纪大审判”。1996 年 8 月 26 日，汉城法院经过 27 轮艰苦审判，终于对全斗焕、卢泰愚一案作出一审判决。将两位前总统同时送上法庭，并宣判有罪，在全世界的审判史上还是第一次。

卢泰愚：动摇全民信仰的政治黑金案

1988 年 2 月 29 日，全斗焕从任职 7 年的总统府卸任。继任者正是领导韩国从日本人手里夺得了第 24 届奥运会举办权、从而导演了一场“乌龟战胜兔子”神话的前体育部长卢泰愚。卢泰愚的继任者是金泳三，他以“恢复民主，清算腐败，完善法纪，建立新韩国”为政见，发动了声势浩大的反腐倡廉运动——矛头指向了全斗焕和卢泰愚两人。

1995 年 10 月 19 日，在韩国国会的一次例会上，国会议员朴启东突然出示了前任总统卢泰愚在新韩银行利用假名账户存有 100 亿韩元秘密资金的部分证据。据他粗略估算，卢泰愚控制的政治黑金总额可达 4000 亿 ~ 5000 亿韩元。丑闻震动朝野上下。受迫于反对党和人民的双重压力，10 月 22 日，韩国总理李洪九宣布将指派大检察厅和中央搜查部对此事深入调查。中央搜查部不敢怠慢，迅速展开调查，传讯了包括卢泰愚的财务主管和警护室长等人在内的大批证人，以保证证据的准确可靠。

5 天后，重压之下的卢泰愚精神几近崩溃，在住宅举行记者招待会,承认自己执政期间受贿5000亿韩元(约合6.5亿美元),举世哗然。一位高级职员悲愤地说:“我每月薪金是100万韩元,我得不吃不喝干上4万年,才能挣到这个数。”一位银行职员说:“5000亿,我不吃饭、不睡觉也得数上整整一年!”次日,各大报纸的第1版无一遗漏地刊登了卢泰愚用手擦眼泪的照片。然而,再也没有人相信眼泪了,被欺骗的感觉包围了整个城市。据说,当天因司机失神发生的交通事故多达千起,一位司机睁着两只眼睛,撞上了路旁的护栏后对警察说:“我这个人一生谨慎,从未发生过任何交通事故,但今天实在不能控制自己,老是走神。我不能相信,卢泰愚会出这么大的事。我觉得,我们辛辛苦苦地干,全被那些政客用于掠夺政权了。”汉城大街上,有一幅大标语异常醒目——招集愿意向卢泰愚扔石头的人。人们对政治的不信任与失望,达到了顶点。

随着调查的深入,卢泰愚贿案的细节浮出水面。其中最大的一单贿款来自东亚集团的潜水艇基地工程。作为军事战略重点项目,韩国政府斥资重金修建潜水艇基地。东亚集团为得到这一项目,一出手便向卢泰愚行贿30亿韩元,卢泰愚先是“收钱办事”,让东亚集团中标。几天后,再故意指责东亚集团的技术能力不强,表示要让其他公司参与项目。东亚集团手足无措,只得由董事长亲自再给卢泰愚送去30亿韩元的“表示”,才稳定了局面。时至1990年9月,双方正准备签约时,卢泰愚突然再度宣布,这一工程涉及国家机密和安全,要好好考虑究竟给哪个集团更为合适。东亚集团已砸进巨大的前期投入,还不包括给卢泰愚进贡的60亿韩元好处费,正是骑虎难下之时,只好咬牙又奉上30多亿韩元,才顺利签约——当然,善于经营的东亚集团也不会白白承担损失,这笔账最终计入了军费工程开支,由那些辛苦无知的纳税人悉数承担。无怪乎,在1995年11月16日最高检察院以违法受贿罪将卢泰愚拘留、将他押上警车时,人们围着他,有人向他脸上扔鸡蛋,也有人怒骂道:“卢泰愚,窃贼!”群情激愤。

失望的人们将目光投向其他官员。舆论发现,无论执政在野,无

1996 年 8 月 26 日，汉城法院经过 27 轮的艰苦审判，终于对全斗焕、卢泰愚一案作出一审判决。将两位前总统同时送上法庭，并宣判有罪，在全世界的审判史上还是第一次。这场“世纪大审判”将不可一世的统治者送上法庭，对前总统的政治贪腐和独裁残暴进行清算审判，这不仅震动韩国政坛，更是在整个亚洲范围内开创先河，成为了政治家审判史上的重要里程碑。

论前任现任，无论文武军民，各党各派几乎都难逃政治黑金之嫌。甚至“始作俑者”金泳三也受到多方面的质疑——在卢泰愚政治资金案曝光不久，金泳三昔日政治盟友金大中突然站出来揭露说，金泳三在1992 年的竞选中也曾得到过卢泰愚政治资金的资助。而这迫使他将卢泰愚案追审到底，以澄自己的清白。对卢泰愚的追查，牵出了另一位政治巨头，这就是他的前任全斗焕——这场“世纪大审判”真正拉开了帷幕。

全斗焕:佛门都不愿收留的独裁者

和卢泰愚不同，全斗焕早已因政治上的独裁蛮横而民怨载道。甫一离任，愤怒已久的人们就对他执政期间的劣迹和丑闻一片口诛笔伐。1988 年 11 月 23 日，全斗焕神情悲哀地出现在电视屏幕上，就自己在任期间的罪孽向韩国人民道歉。27 分钟的《告各位国民书》念得泣不成声，两次因哽咽无法继续。20 分钟后便携夫人驱车前往汉城郊外百潭寺求佛恕罪。据说，百潭寺山高路险，冰天雪地。方丈辟出一间狭小的禅房供二人隐居。室内无水无电，亦无暖气。仅有矮几一个，坐垫两块。每天凌晨 4 点，全斗焕夫妇便开始跪拜求佛。一日三餐，粗茶淡饭，倒还能忍得，最难挨的莫过于如厕。山高风寒，寺内蹲坑还是木条搭成，冷风自下而上猛刺股间。全斗焕硬撑了几日便败下阵来，于是两人改为轮流蹲大木桶出恭。这种僧不僧、囚不囚的日子让享尽荣华的夫妇俩受尽凄凉。

尽管“自虐”如斯，国民还是不肯饶恕。佛教界也抗议道:“神圣的寺院收留独裁者，有悖圣训。”圣潭寺迫于压力，将全斗焕夫妇赶出禅寺。然而，仅因他的施政方针与军政悍行，司法还无法对其进行审判。可以说，7 年后的卢泰愚政治黑金案，为民众“清算”全斗焕提供了一个良机。检察机关通过调查，发现全斗焕在任职期间积累的政治黑金比卢泰愚的 5000 亿韩元还要多。不过，具体数额难以彻查，因为狡猾的全斗焕早已将这些资金通过各种手段进行了“清洗”。最终，检察院只确认了 2259 亿韩元的受贿数额。然而，追查受贿只是第一步，司法机关声讨这个独裁者的重头戏还在后面。

1980 年 3 月，通过兵变获得军权的全斗焕开始将手伸向社会和政治领域。4 月 14 日，他兼任中央情报部长。掌握了军政要权的他开始谋划所谓的“国纪紊乱者搜查计划”和“权力型不正蓄财者搜查计划”，打算彻底“肃清”爱国学生和在野民主人士及旧政界人物为主体的反对势力，以建立他自己的军事独裁统治。时任首都警备司令的卢泰愚积极参与了此次行动——这也是为何卢泰愚也被诉“军事叛乱和内乱罪”的原因。5 月 17 日，全斗焕授意卢泰愚以全副武装的近 600 名官兵和 4 辆装甲车控制了即将举行国务会议的中央厅。随后，全体内阁部长在荷枪实弹的士兵包围中，召开国务会议，宣布全国处于“紧张不安之中”，并自翌日凌晨进入戒严状态。

决议一出，陆军参谋部下令 25,000 名士兵在全国范围内紧急出击，按预定计划迅速进驻和占领了包括汉城及各地方主要大学、新闻机构、国会议事堂和政府主要部门及各政党机关在内的 136 个“主要保安目标”。正在汉城梨花大学举行通宵会议的全国学生会代表遭到戒严军的突然袭击，不少学生当场遭到野蛮逮捕。政界、文化界、宗教界、工运及学运领导人等举凡能够妨碍新军部势力上台的数百名社会各界人士，都按照事先拟好的黑名单以“权力型不正蓄财者”或“国纪紊乱者”之名受捕。

1996 年年初，借调查卢泰愚政治黑金案的契机，汉城地方法院追查卢泰愚在“五・一八”事件中的罪行，进而对幕后主谋全斗焕等人的罪行进行彻底调查。根据他们的统计，当年“五・一八”光州事件中的死难者共有 190 多人，受伤者则超过 2000 多人。而死难者遗属们坚持认为死伤人数远超此数。法院随后将审判的主要精力从政治黑金弊案转向了军事叛乱和内乱罪的主谋——已经卸任 7 年的前总统全斗焕。

全民公审:仍未完结的追查

从1995年10月韩国检察机关立案调查到1996年8月26日一审判决,在这9个多月的时间内,全斗焕、卢泰愚前后35次被提审,每次都被国内外新闻界详细报道。在这9个月中,检察官写的调查文件如果一张张铺开的话,有50多公里长。然而,尽管民怨激怒,总统金泳三也下令追溯清查,对于全斗焕、卢泰愚的审判还必须面对韩国宪法第13条("法不溯及既往")这一障碍。而且根据法律惯例,下台的政治人物特别是成功的政变者,不应受到惩罚。全斗焕的律师据此提出了质疑。对于检察机构的追查,全斗焕自己也采取了公然藐视的态度,他先到国家公墓拜谒先烈,然后前往庆尚南道陕川的老家。他拒绝承认诸如发动政变、枪杀民众、贪污腐败等所有指控。在传讯他时,他的家人曾同警方扭打在一起。在一次审讯过后,全斗焕甚至还以绝食向金泳三总统抗议,前后持续10天。这种态度令民众更为愤怒,越来越多的青年学生到全斗焕家门口游行示威。韩国国家检察机关也作出了态度强硬的反应,马上签发了对全斗焕的逮捕令,并于1995年12月3日派遣执法警察强行进入全斗焕的私宅,将其捕获归案,押往汉城南郊的安养监狱。

8月26日审判当天,下起了暴雨。然而成千上万的人仍举着标语牌在风雨中站立,标语牌上写着"惩治杀人凶手"、"纠正历史错误"。为了得到一张法庭的旁听证,许多人3天前就开始昼夜排队。最后,一张旁听证竟炒到600美元的高价。旁听席中一位白发老人尤其引人注目。她的女儿崔美义在"五·一八"事件中被士兵开枪杀死,死时肚子里还怀着一个就要临盆的胎儿。老人惊异地发现,全斗焕和卢泰愚完全没有忏悔之意。直至下午3时许,法庭庭长开始宣读长达1个多小时的判决书,他们仍然傲慢淡然。这是对两人进行的第28次公审,法庭判以发动军事叛乱和镇压"五·一八"光州民主运动出于内乱目的的谋杀及受贿等罪行,判决全斗焕死刑并追缴

2259 亿韩元罚款，判决卢泰愚 22 年 6 个月徒刑并追缴 2838 亿韩元罚款。据说，这一判决结果刚一宣布时，全斗焕左腿突然一软，险些摔倒在地，头部也渗出滴滴汗珠。此时，旁听席上发出阵阵欢呼声。

然而，案情的进展再度显示出韩国政治的复杂。1997 年 4 月 17 日，国家大法院作出终审判决，以"军事叛乱、内乱主谋罪"以及受贿罪，判处全斗焕无期徒刑并罚款 2205 亿韩元，卢泰愚 17 年徒刑并罚款 2628 亿韩元。至此，这场为期 3 年零 9 个月的审判终于画上句号。自判决之日起，前总统原享有的每月 1000 万韩元收入、两名私人秘书、家庭医疗费、汽车与电话费、公务旅行费（每月约 2000 万韩元）等待遇将被剥夺。然而，仅在 8 个月后，新总统金大中就宣布，对两人实施特赦，并恢复他们的公民权。近年来，再度传出全斗焕转移资产逃避罚款的消息——但是，这并不能抹杀"世纪大审判"的意义，检察机构和司法机关将不可一世的统治者送上法庭，对前总统的政治贪腐和独裁残暴进行清算审判，这不仅震动韩国政坛，更是在整个亚洲范围内开创先河，成为了政治家审判史上的重要里程碑。那些不可一世的政客们，更是从此需要当心悬在头上的剑——是非公道人心，终将以法律和正义为利器，对他们追审到底。

第三章　游子辛酸的瞬间

“多年前一个漆黑的夜，我们全家人来到纽约；野火呀烧不尽在心间，每夜每天对家的思念。别人土地上我成长，长成以后是龙的传人；巨龙巨龙你擦亮眼，永永远远地擦亮眼。”王力宏版的《龙的传人》有着华丽的编曲与大段饶舌的Rap，他大概不知道100多年前，“别人土地上我成长”这句话的真正辛酸苦涩。

一、持续130年的《排华法案》

1882年5月6日，美国国会通过了由共和党参议员约翰·米勒提案的《关于执行有关华人条约诸规定的法案》，由亚瑟总统签署生效。这部俗称《排华法案》的法律，是美国史上唯一公然进行种族歧视的国会立法。《排华法案》还创造了两项纪录：第一次立法禁止一个种族进入美国；第一次立法排斥一个种族加入美国国籍。这项立法原本只有10年的有效期，但有效期限一再延长，直至1943年12月17日才失效。

华工赴美之路

华工赴美之潮始于1849年加利福尼亚淘金热。大量外来劳工涌入加利福尼亚州，其中以爱尔兰人与华人为最多。华工以"价廉物美"和安分守己得到雇主们的青睐。据记载，华工们"不仅能干'男人活'，而且也做那些缝补浆洗、烧饭做菜等'女人活'，除了吸鸦片、赌博和嫖娼之外，几乎别无消费。"随着表层金矿被开采殆尽，淘金逐渐向地表之下深入，工作机会日渐减少，华工们开始受到以爱尔兰工人为主体的白人劳工的排斥，大量转向雪茄制造业和铁路建筑公司，后者更是招雇了大量华工，并留下一句名言："每一根枕木下都有一根华工的尸骨"。

1865年2月，50名华工在众人怀疑的目光中走上了铁路建设工地。工头们议论纷纷，华工个子矮小，体力单薄，恐怕没有能力从事这么艰苦的工作吧？然而这50名华工的勤劳能干、头脑灵活和循规守纪，让铁路公司负责人克罗科刮目相看，据说，他感慨道："能修建万里长城的民族，当然也能修铁路。"铁路承包商在尝到甜头之后，决定大规模招募华工。中央太平洋铁路公司甚至派员专门到广东福建雇用劳工,并与轮船公司协商,以最优惠的船票将中国劳工运到美国来。从1865年到1869年4年间,约有16,000多名华工参加筑路工程,占工人总数的90%,他们大多来自广东和福建两省。

然而赴美之路并不轻松风光。从香港出发,到加利福尼亚州需要75天至100天。轮船公司为了赚钱,在本已狭窄低矮的船舱中再加夹层,上千名华工"日则并肩叠膝而坐,夜则交股架足而眠",一路空气、药品、淡水、食物和安全都是问题。据载,曾有4船共载2523人、途中死亡1620人的纪录。抵达美国之后,铁路建设工地上的危险、艰辛更是大量地夺走华工的生命。《美洲华侨史话》记载:"在修筑100英里的塞拉山脉地段的铁路时,华工的死亡率高达10%以上。"在开凿唐纳隧道时,连续两年史上罕见的严冬,把很多从未见过冰雪的南方华工活活冻死在帐篷里。除了恶劣的工作环境,华工们还饱受歧视。铁路公司每月付给白种工人35美元,提供食宿;而付给华工的却只有26美元,且不提供食宿。华工没有人身保险,公司也不承担对工人家属的任何义务。2003年4月,华裔女作家张纯如的《在美国的华人:一部叙述史》在洛杉矶出版,其间百年华工血泪,值得细读深思。

从蒲安臣到安吉尔

为使更多的华工赴美,中央太平洋铁路公司通过"院外势力"游说国会,希望与中国达成外交协议。太平洋铁路工程的一名承包商在国会作证时说,他一开始"对中国人也抱有偏见,不太愿意用他们",但工地人手不够,只好雇用华工试试,结果十分满意,华工们不仅保质保量完成工作,且工资低廉。这位承包商明确表示,公司以后一定继续雇用中国人,保证吸纳消化大量华工劳力。

于是,1868年7月28日,清朝全权特使蒲安臣和美国国务卿西华德(William Henry Seward)分别代表中美两国政府签订了《中美天津条约续增条约》,史称《蒲安臣条约》(the Burlingame Treaty)。该

1876年7月，参议员约翰·米勒向国会提交《关于执行有关华人条约诸规定的法案》。法案限制华工入境和移民："任何企图通过船只进入美国的中国人，都要向海关移民官出示此法案之前列出的证明文件，否则将不准进入美国。任何在美国境内的中国人如被发现身份非法者，经美国法院裁决确为非法入境后，将经由总统签署命令驱逐回中国。""自此法案生效日期起，任何州法院或联邦法院不得给予中国人美国公民身份。若有法律与此法案相悖者，以此法案为准。"

约约定:“大清国与大美国切念人民前往各国,或愿长住入籍,或随时来往,总听其自便,不得禁阻,两国政府对移民须照相待最优国之人民一体优待”。由此,中美两国互相给予最惠国国民待遇。双方公民在对方境内免受宗教迫害,可自由赴对方公立学校求学;可自由赴对方国家工作,并可自由移民,不受政府干预。《蒲安臣条约》被称为中国近代史上首个对等条约。1872 年,第一批中国幼童乘船赴美留学,后成为改变中国近代历史进程的重要力量。这部条约为中国劳工移民美国敞开了大门,每年都有数千名华工获准进入美国。

然而,1870 年横贯东西的太平洋铁路竣工后,一系列问题出现了:大量筑路工人失业,便捷的交通又带来东部的过剩劳工及廉价商品,造成西部劳工供给过剩。原先作为加利福尼亚州支柱产业的银矿,储量和开采量急剧下降,矿工过剩;持续干旱使得农场劳工也加入了失业大军。华工对白人劳工的优势、冲击和矛盾凸显出来。在此压力下,加利福尼亚州等地方议会开始制定保护白人劳工的法令,如规定任何公司不得雇用中国人,任何政府公共工程不得雇用中国人等。然而这一条款很快遭到联邦法院的否决,理由是其违宪,并违反《蒲安臣条约》所保障的最惠国待遇条款。1879 年,美国国会通过《十五旅客法案》,规定任何抵达美国的船只,每次所载的中国旅客不得超过 15 名,如有违反,每超额 1 名乘客,将对船主处以 100 美元的罚款以及 6 个月的监禁。对此,清政府向白宫严正抗议,最终,亚瑟总统同样以违宪和抵触《蒲安臣条约》为由,否决了此项法案。

于是,《蒲安臣条约》及其所保障的中美外交对等关系,成为箭头所指。亚瑟总统提名密执安大学前校长安吉尔出任访华特使,与中方讨论《蒲安臣条约》的修改事宜。最终,双方于 1880 年 11 月 17 日签订新约,史称《安吉尔条约》。据约,中国政府允许美国政府对中国移民进行限制或暂缓;美国必须在采取此类限制行动前,提前告知中国政府。《安吉尔条约》实际修正了《蒲安臣条约》中关于移民自由的条款,并实际上动摇了双方最惠国待遇的基础,为后续的立法排华扫清了道路。华工赴美之门即将缓缓关闭——这一信号反而激发了美国企业主的紧迫感:条约签订当年(1880 年),华人入境人数为 9600 人,1881 年就达到了 1.8 万人,而 1882 年,则达到了创纪录的 3.95 万人。

法治国家的逻辑

19 世纪 70 年代,华工对于白人劳工的冲击日渐明显。而白人劳工,其中包括很多已经入籍的爱尔兰劳工握有选票,驱使地方议会立法进行反击,如规定企业雇用华工须缴纳特别税,或是直接禁止雇用华工。

然而联邦最高法院认定,各地议会的排华立法除违反《蒲安臣条约》外,还构成三点违宪:一是违反宪法对"正当程序"的规定——未听取利益相关人(企业主、华工)的意见,即进行立法;二是违反"平等法律保护"原则,特别是违背了《民权法案》禁止歧视的规定;三是破坏了联邦与州之间的分权原则:限制外来移民属于联邦管辖的事项,各州议会擅自通过排华法案,超越了州应拥有的权力边界——这一权力应由国会行使。

于是,1876 年 7 月,国会设立了一个专门委员会,传召企业主、劳工代表和其他证人进行听证。排华立法的最后障碍(《蒲安臣条约》)被扫除后,参议员约翰·米勒向国会提交《关于执行有关华人条约诸规定的法案》。法案的主要内容是在 20 年内限制华工入境和移民:"任何企图通过船只进入美国的中国人,都要向海关移民官出示此法案之前列出的证明文件,否则将不准进入美国。任何在美国境内的中国人如被发现身份非法者,经美国法院裁决确为非法入境后,将经由总统签署命令驱逐回中国。"(第 12 条)"自此法案生效日期起,任何州法院或联邦法院不得给予中国人美国公民身份。若有法律与此法案相悖者,以此法案为准。"(第 14 条)

消息传到中国,李鸿章即遣郑藻如为特使赴美抗议,一些大企业主也多方游说。亚瑟总统在压力下，对法案行使否决权。经过协商，国会将排华期限缩短为 10 年，遂获亚瑟总统签署同意，于 1882 年 5 月 6 日正式生效。

值得注意的是，法案内容并未进行实质的修改，否决权的行使与有效期的缩短，从某种角度看来确是国会的让步，然而放在整个美国立法机器的运转方式来看，这实际只是一种缓兵之计，是为减少阻力、实现立法目标的常用策略。两年后，国会通过修正案，赋予《排华法案》追溯力，使之适用于法案生效前入境的华工，并且扩大法案的适用范围——即使华工已经取得第三国国籍，也受制于此法案。

然而 10 年后，这项法案并未失效，反而被取消了期限。直至 1943 年，罗斯福总统在签署《麦诺森法案》时，说道："我们要有足够的勇气承认过去的错误，并加以改正……通过废除《排华法案》，可以改正一项历史的错误。"这一法案才宣告废除。然而直到今天，这部历时 61 年的失效法案，尽管在许多华人的记忆中早已消失，但它仍被收录在《美国模范法典》——供各州立法时参照的典范或样本——第 8 篇（外国人和国籍）第 15 章中，以"排华"（Exclusion of Chinese）之标题，作为唯一针对特定种族的章节而存在。华裔议员赵美心女士也仍在不断奔走，敦促美国国会对这一法案及其对华工的歧视进行道歉。她的努力已经在加利福尼亚州收到成效，加利福尼亚州议会已经作出道歉；国会尽管还未正式表态，议员们也引用着罗斯福总统的话，承认这一法案是"历史的错误"。

观察《排华法案》的前世今生，能够体味美国这个法治国家的运作方式和逻辑。美国政府对于华工的态度，一直受着不同利益诉求及代表集团的左右。大量地引进华工、给予最惠国待遇，是为了解决建筑工人缺乏的问题。而排斥华工、禁止华人入境或移民，也并非真的是出于所谓的"宗教、道德和卫生习惯"上的差异，而是出于大量白人劳工、小业主的政治压力。时至 1943 年废除《排华法案》，仍然是立足于对国家利益的考虑——需要同为同盟国的中国在美苏势力划分和世界秩序重建等问题上，给予白宫足够的支持。值得玩味的是，这些不同的利益诉求，无一不是通过一定的法律程序和政治体制进行表达的。换句话说，不论多么强烈或蛮横，都至少遵循着某种游戏规则。

假如回首《排华法案》百年，我们或许应该为这“错误”二字加上引号——在这个国家的逻辑里，不论“保华”或是“排华”，认错抑或道歉，从来都不是欠缺考虑的一时冲动。这自始至终都是在理性的代议制度和法治框架中，通过充分的政治博弈，作出的最有利于国民的决策。不过，这不是在说，当前美国国会可能作出的道歉毫无价值；相反，将其置于历史之河，更加让人感慨，这道歉背后发生的真实变迁——用《龙的传人》的话来说，这一切或许是因为，东方的巨龙正在擦亮眼。

二、确立“出生地原则”的华人身份之诉

说到依出生地获得国籍,最典型的例子就是美国。然而,美国法律亦不是自始奉行出生地主义的,而是在 1898 年“合众国对黄金德案”(United States v. Wong Kim Ark)之后,才彻底确立了“以出生地确立公民权”的国籍认定原则。这一经典判例,亦成为了美国移民法发展史上的里程碑和风向标。

“公民”并不包括华人

美国宪法最初并没有对公民权进行明确的界定。“公民”一词主要适用于自由人与奴隶的区别,奴隶的后代还是奴隶,是奴隶主拥有的财产而不是自由公民。在美国正式废除奴隶制和内战之前,许多奴隶曾经诉诸法庭争取他们的权益。1857 年,偏向南方的联邦最高法院在史蒂文森案中宣布,“所有被作为奴隶带进美国的非洲裔人和他们的后代不受美国宪法保护,永远不能成为美国公民。”这一判决加剧了南方蓄奴州和北方自由州之间的矛盾,成为了内战爆发的导火索之一。

内战结束后,新政府立即着手保护南方被解放的奴隶的法制工作。国会在 1866 年通过第一个民权法案,确定了所有公民的平等权利。两年以后,宪法第 14 修正案获得通过。该修正案开宗明义地第一次为公民权作出定义:“任何人,凡在合众国出生或归化合众国并受其管辖者,均为合众国及所居住之州的公民。”理论上,依据这一条款,在美国出生的、受美国管辖的人自动成为美国公民。但是,由于这一修正案主要针对的对象,是战前作为奴隶的黑人阶层,其普适性仍然存疑。特别是,由于受到 1882 年通过的《排华法案》的制约,华人是否符合第 14 修正案所书的“受美国管辖”范围,仍是众说纷纭。

法理上的混淆不明，导致了各移民口岸在适用法律时，存在因人而异、因时而异的情况。

根据1882年生效直至1943年12月17日才失效的《排华法案》，在美华人被从法律上排除了成为美国公民的可能，华人将一直被隔离居住在所谓的“中国城”自生自灭。不仅中国新移民不能再来美国，在美国的华人，其妻儿也不能来美团聚，华人更不能在美国组成新的家庭。任何离开美国的华人，也不能再自由地回到美国。即使华人一度成为公民，也会因离境而被剥夺了美国公民资格。“黄金德案”就发生在这个《排华法案》大肆剥夺华人法律上平等地位的时代。

一场诉讼保障华人在美繁衍生息

1873年，来自中国广东台山的一对夫妇在美国旧金山生下了黄金德。1890年，黄金德的父母回中国广东定居。同年，黄金德本人回到广东台山探视父母。返美入境时，移民官同意黄金德进入美国。理由是：根据宪法第14修正案，黄金德在美国出生，是美国人。然而4年后的1894年，黄金德再度回广东台山探视父母亲，可是返美入境时，却被海关以《排华法案》为由拒绝其入境，并被羁押于旧金山港。海关移民官的理由是：黄金德的父母不是美国人，即使他在美国出生亦不是美国人，也要受《排华法案》限制。

黄金德对美国移民局的决定不服，开始了为期4年的诉讼。由于此案关系到公民资格问题，属于联邦法院受理的事项范围，黄金德向加利福尼亚州联邦法院提出了诉讼。加利福尼亚州联邦法院根据之前的“路廷辛、吉福星诉美国”（Look Tin Sing，Gee Fook Sing vs. U. S.）案，认定宪法第14条修正案中“受美国管辖”的意义，是受美国法律管辖，而非受美国政治管辖，因此，裁定黄金德是美国公民。美国政府拒不认同这一裁决，上诉至联邦最高法院。此案一拖再拖，由于华人的身份地位始终未能得到本质的提高，黄金德案困难重重。1898年，美国海军亚裔中队在马尼拉战役中全歼西班牙海军舰队，而美方舰身只受到轻微的损伤。战功卓越的80多名华裔军人备受美国海军官兵的称赞。然而,这些服役美国海军的华裔竟然被拒绝入美国国籍。可想而知,要打赢黄金德这个官司阻力有多大。

在此期间,美国华人民权运动亦在不断兴起。著名华人民权工作者王清福1892年在纽约创立了“美国华人平等权利联盟”,又在1897年在芝加哥建立了同名的地区联盟。王清福的非暴力运动旨在保护美籍华人的公民权利不受侵害,特别是保障美国出生的华人的公民身份。根据后人推测,王清福的联盟很可能推动了此案的进展,因为黄金德当年只是一个厨师,就文化程度和财力都难以打起这样的官司。直至1898年,联邦最高法院才以6:2的决议,允许黄金德以美国公民的身份入境。其中大法官富勒(Justice Melville Fuller)为首的少数意见坚持血统主义(jus sanguinis)。他们认为,宪法第14修正案所规定的“受美国管辖”,是指不受任何外国势力影响,因此,外国籍的父母在旅行途中,正好经过美国时生下的孩子,不受美国管辖。他们认为,华人的情况和宪法第14修正案所针对的黑人的情况不同。华人有浓厚的文化传统,使他们无法融入美国主流社会性,而且如果华人拒绝对中国皇帝效忠,无论他身在何处,都是死罪。因此,应该将华人排除在宪法第14修正案的适用范围之外。

多数派意见则认为:“黄金德的父母之前是中国皇帝属民,但在美国有固定居所,并且不被任何中国官府机构和使团雇用。他们在美出生的子女,应该是美国公民。”判词强调,黄金德在美国出生、成长、有固定正当职业(餐馆厨师),符合“受美国司法管辖”的定义:“完全生活在美国主权法律辖制内,并不对其他任何国家保有效忠地位。”1868年生效的美国宪法第14修正案确实有关于出生地主义的例外规定,比如,(1)出生人的父母是外国国王或外交官;(2)出生在外国船上;(3)出生人的父母是占领美国的外国侵略军;(4)不用纳税的印第安人。然而,黄金德并不在这四类例外之内。此外,判决还认定,1882年生效的《排华法案》不具有追溯力,不应适用于1873年出生于美国的黄金德。因此,联邦最高法院判决黄金德胜诉。不仅黄金德本人,连他的三个儿子也都获得了公民资格。

这一场诉讼并不只是使黄金德和他的三个儿子获得公民权的个案。这一判决实际上明确了宪法第14修正案及出生地主义对于华人的适用。由于《排华法案》的存在,新的华人移民难以获得公民权利。在美华人的繁衍生息,受到严重的限制。黄金德案改变了这一局面,为华人的合法生存争取了空间。用国会众议员赵美心在2007年的话来说,"黄金德在114年前捍卫自己权利的行为创造了历史,自他的案子以来的114年里,每一位在美国的华人都因为他的勇敢而受益,因为正是他的抗争,确保了美国社会的多元与包容的文化。"赵美心议员没有说出口的是另一重意义:假如没有黄金德案所确立的绝对出生地原则,华人将在美国无法合法生存下去,更不用说培养出无数优秀的华裔后人了。可以说,这一场诉讼所保障的,不仅仅是某一代华人的生息,还对一百多年来华夏子孙在海外的发展、地位和尊严作出了意义非凡的贡献。

三、契约华工在南非的血与泪

在遥远的好望角，南非矿乱仍然枪声未平。然而鲜为人知的是，在这些矿工们被非法逮捕、囚禁和殴打的地方，一个世纪前也曾经有6万余名华工在此挣扎哭泣。被称为“契约华工”的他们，是中国近代史上劳务输出非洲的先驱，更是那段国弱家贫悲惨历史的亲历者和见证人。

天灾人祸下南非

早在18世纪中叶。好望角就出现过华工的面孔。当时，荷兰人在印度尼西亚推行排华政策，将一部分华侨流放到南非好望角。每年大约100名左右的华人开始被运往南非。当时的南非仍然是奴隶制社会，华人被运到这里，往往被卖做奴隶。1840年后，英法等列强开始从中国“出口”劳动力。这个时代外出务工的华人，被称为苦力。在英文中他们被称做“coolie”，便是苦力的音译。

1845年3月7日，从厦门开出了第一艘苦力船。200名苦力被运往法属波旁岛。这种苦力贸易一般是由各地殖民政府拨出专款，委派招工专员，或组织“移民公司”，由代理人、苦力贩子以及苦力船的船长，到中国口岸进行“招募”为名的诱骗和掳掠。1860年中国同英、法签订《北京条约》，其中第5款即允许“民人出洋承工”。由中英双方会订招工章程，在条约口岸设立招工馆。1866年，《续定招工章程条约》允许英法殖民者在中国任意招募劳工。这种看似合法的招工，实际仍是苦力贸易。招工馆往往雇有大批打手，收买拐子、人贩，到乡下掳掠苦力，送到厦门的巴拉坑（集中收容苦力的地方），待船运出。

在巴拉坑内，招工馆的打手强迫华工签订到外国劳动8年的卖身

一个世纪前,曾经有6万余名华工在南非挣扎哭泣。这个时代外出务工的华人,被称为“苦力”。在英文中他们被称作“coolie”,便是苦力的音译。在南非,他们被称为“契约华工”。作为中国近代史上劳务输出非洲的先驱,他们亲历与见证了那段国弱家贫的悲惨历史。

契约，不从者便施以酷刑，并在华工胸前烙上运往目的地的标记。1847～1853年，从厦门一带出口的苦力船共40艘，另有10艘是从汕头运出的。这种贸易发展迅猛，1855年，汕头还只有12艘苦力船，1857年猛增到120艘。据估计，1852～1858年，汕头运出苦力4万人，其中竟有8000人在未开船前即被虐待死，大多弃尸海滩。这种苦力贸易由各殖民地政府拨出专款开展，运到殖民地即将苦力们公开拍卖，售给种植园、矿山、铁路等处。

时至1904年前后，苦力开始被改称为契约华工(Indentured Labor)，但其实质并未发生改变，仍然以签署"卖身契约"的方式诱骗强掠上船，运往列强的海外殖民地。据统计，1904～1906年期间，南非德兰士瓦共招得华工63,811名。令人惊讶的是，尽管广东、福建两省素有移民传统，前往南非的契约劳工却并非主要来自粤闽二省，而是来自华北，尤其是河北、山东和河南地区。南非殖民当局亦曾一度把中国南方作为招工的首选地区。但一年以后，招募对象转向华北，香港站在1904年年底结束，改由烟台和秦皇岛两港承运华工出国。原因何在呢？

一方面，在英国资本家看来，中国北方劳工体格健壮，更加适合矿区劳动，而且山东、河北地理条件优越，烟台和秦皇岛两大港口便于承运华工。另一方面，此时的华北等地已经陷入了一种水深火热的局面。义和团运动1899年首先发起于山东、直隶两省，1901年被中外反动势力联合绞杀后，参加起义的农民四处逃亡，为躲避朝廷的追捕，不得不出国当劳工。1904年的日俄战争在中国东北爆发，造成千万百姓丢家弃所，颠沛流离。英国一家报纸幸灾乐祸地报道道："日俄战争虽亦大损商务，然招工往特之举，则因此而转易。盖有此战，而北方劳民，如西伯利亚之地无可工作，遂愿谋生海外……"

如果说义和团和日俄战争是人祸的话，20世纪初的华北饥荒，就是避无可避的天灾。光绪末年，华北农业生产的形势十分严峻，水利失修、灾荒扩大、收成下降构成这一时期农业生产的重要特征。灾荒的间隙缩短，频率提高，一些数十年一遇的大灾，当时几乎"无岁无之"，水灾、旱灾、虫灾接踵而至，大雷冰雹、地震土崩，灾难不断。频发的自然灾害使贫困人口的数量急剧增加，诸如广东、河北、山东这样的原农民起义地区，农业生产长期不能恢复，农业收成下降，迫使大批农民弃农离家，另谋生路。在此天灾人祸之时，与其在乡间"易子而啮"，不如干脆出洋讨个生路。带着这种想法，6 万余名华工踏上了前往好望角的不归路。

徒有其表的《保工章程》

引入契约华工，对于南非殖民地来说，是颇具争议的一件事。1888 年，在德兰士瓦发现金矿后，非洲的华人移民中出现了一股"淘金热"。他们纷纷由毛里求斯秘密迁往德兰士瓦，希望实现发财梦。然而，殖民当局始终对移居南非的亚洲人实行限制政策，规定中国人和印度人不得随意进入矿区工作。1903 年，随着南非经济危机的日益严峻，为了通过开发金矿，刺激德兰士瓦经济，殖民当局改变了策略。1903 年 2 月 14 日，兰德劳工协会派罗斯·史金纳(H. Ross Skinner)和赫伯特·诺伊斯(Herbert Noyes)前往美国、加拿大、日本、马来亚和我国香港等地调查获得华工的可能性、条件以及是否适合矿区工作等事宜。同年 9 月，史金纳回到南非，向德兰士瓦立法会提交拟招收华工的报告，认为在中国可以找到合适的劳工。德兰士瓦立法会根据这个报告制定了《输入劳工法令》，并于 1904 年 1 月经南非议会通过，送往伦敦审议。

然而这一过程并非一帆风顺。根据研究分析，当时南非社会反亚情绪渐渐高涨起来，白人社会对引入黄种人一直心存疑惧。史金纳的报告一发表，便在南非和英国社会中引起一片哗然。兰德的白种人集会示威，强烈反对输入华工的方案。因为他们——用当地媒体的话说——"害怕工资降低和劳动竞争，害怕中国劳工不会把钱花在当地，害怕限制和遣返华工的政策会有所松弛，害怕不合口味的异国风俗，害怕他们所未知的一切”。伦敦的公民在人道主义原则的号召下，也聚众向市政府请愿，反对中国劳工在“奴隶制”的条件下被引入南非。1903 年至 1904 年年初，招用华工问题成为英国和南非政治争论的中心，以英国驻南非高级官员兼总督密尔纳（Lord Milner）为代表的兰德矿主和英国官员坚决主张招用华工，以博萨（Botha）将军为代表的南非布尔农业主则不愿华工到来，以免产生“种族纠纷”。白人劳工和商人也坚决反对输入华工与他们竞争。

在殖民当局看来，契约华工的引入并不是为了让华工取代黑人劳工在南非的位置，而仅仅是把它看做一种为在短期内迅速补充劳动力所进行的“实验”，一种缓解德兰士瓦战后经济萧条的权宜之计而已。因此，英国议会在 1904 年 2～3 月对输入华工问题进行了 3 次辩论后，通过了对华工更为苛刻的法案。值得一提的是，当时的清政府代表也参与了立法过程。清朝庆亲王奕劻于 1903 年 10 月 23 日指令驻英公使张德彝，由他代表中方参与此项立法过程。张德彝提出了 5 条意见。其中包括，在德兰士瓦输入中国劳工，必须“中国派领事驻扎该处，保护工人利益”、“雇主不得责打工人”等保护工人的条款。然而，伦敦方面始终不愿将这些条款加入法案之中，并且在 1904 年的《中英会订保工章程》中规定，招募华工章程只做原则性规定，如宣明输入华工只是作为恢复生产的“临时权宜之计”，所有合同期满者“即回不得延迟”，不肯回者送官罚款、监禁，“勒令返回”等。而关于华工的劳工权益，如工时、工资、伙食医疗等具体条件则另订在契约合同中，由用工一方自行决定。这使得张德彝提出的保护意见和《保工章程》本身成了一纸空文。比如，德兰士瓦招募华工开矿合同中规定：华工“除粗工以外，不得另作别样工夫，此款工人切切记得，勿犯为要”。华工更不得经商，不得拥有土地，不得与白人竞争，还必须容忍种种确保白人利益的不平等条款。

一系列的立法终于使契约华工迁移南非的中间环节畅通无阻，英国人在中国境内招募华工赴非的工作也开始大张旗鼓地进行。根据《保工章程》规定，英方人员应在起运口岸的收容所（屯舍）内，在中国官员监督下，详细介绍南非金矿的工作情况、年限、工资待遇以及契约内各项规定的意义等。按章程，华工听了英方人员解说之后，如果不愿意出国，有权立刻走出收容所；愿意应募者，经体检合格，办理签约手续，登船前往。在梧州口岸，还曾发现过一份完整的1903年《南非招工合约》。上面写道：

"南非招工一节自政府与订章程，外间烦言萦引耳，现帅云因广西乱事复兴，英领事订立合同，许其派人来梧州招工往非，在岑帅苦衷盖欲使土匪游勇借此出洋而西患或可以未减也，兹将拟办章程照录于下：

(1)总督部堂竭力预备每月出洋人至少二千名，太古行每月接收四千为率，无庸预先通知，如下四千名之外，则须预期声明；

(2)在广西内地招工所有费用与太古行无涉；

(3)工人带到梧州由官出费；

(4)所有工人由中国官并梧州英领事官看验，同时并由本行医员验看注册，本行然后收受载往香港，由太古行出费；

(5)各工人姓名籍贯乡村等照后列式填注，以免混乱，照此事多填一张，交由该处代理人送交太古行，当即发给该工人条子一纸，与姓名籍贯牌票号数相符；

(6)在梧州不能预给工人银两；

(7)在港食用盘费由太古行供给；

(8)工人经过梧州到香港被退回梧州者，其费由太古行支给；

(9)中国官在梧州预备合用房屋作为办事处并厂舍之用，以便接收工人，察验注册并与木排越近越佳，旁留余地，以便太古行建设合宜工人房屋住候落船；

(10)所有告白同刊布一切由太古行支理；

(11)督部堂按照章程出示遍谕，劝励工人前往南非洲。"

然而事实上，由于招到工人可获得回扣，掮客们不择手段地进行诱骗，把南非描绘成金子砌成的天堂。在诱骗不成的情况下，他们甚至采用劫掠的暴力手段，以致“北京五城（内城）接连发生丢失人口事件，率多借口招工”。招募来的契约华工一律被投入“猪仔馆”签约画押，强迫装上苦力船，“自愿出洋”。运输途中，不少华工因不堪忍受船上的恶劣条件而死亡。

“一座赔钱的地狱”

被运往南非的契约华工为兰德矿业带来了充足的劳动力和滚滚的财富。与尚无华工到来的1904年上半年相比，1905年兰德的矿井数目增多了1500个，产值增加了2000多万美元。与之形成鲜明对比的，是远离家乡的6万契约华工遭遇的非人对待。

抵达南非后，华工们先要被剥光衣服进行体检，并在胸口盖上印章，编出号码，像奴隶一样被当众拍卖到矿区。在矿区，他们每天工作长达12小时，甚至经常连续几个月内终日在水里劳动。时人谢子修在《游历南非洲记》中记载：“按工约及工人合同，订每人每日做工以十点钟为度，工值至少一先令，讵工人到后，则限以每日凿一石孔，深英二尺为度，如不及二尺，工银分毫不给……此等工人，固有冤无路诉矣。”据说，兰德金矿“围以铁栅，华人从此不许再出，日用饮食、衣服，只许在围内购买，围内之货物，无论精粗美恶，其价格十倍于商店”，“其做工稍不如工头之意，则驱之于僻静之处，击其手足，吊于空中，酷刑毒打，此等惨苦之情形，令人闻所未闻矣。”

由于安全设备不足，矿井内时常发生爆炸事件，工伤、死亡层出不穷。根据统计，在1905年7月到1906年6月中，因患肺结核、胃溃疡、肝病和脚气等病症而死亡的华工共计353人。与此同时，华工的工资水平亦远比《保工章程》中规定的微薄许多。南非当局曾向英国下议院作出保证：“中国人在德兰士瓦尔的工资每天至少为二先令。”然而在与矿工签订合同时却规定“每工人每日给工银一个先令……”实际上，华工能拿到手的报酬通常比此还要低。谢子修发现，虽然南非当局也曾许诺，中国工人和英帝国公民享有同样的到法庭起诉的权利，合同中也注明"若工人有实情要去投诉监察官者（总监察官系华民政务府是也），则虽无东家人情纸，亦可随时去总监察官处诉情"。但实际情况是，"不得监工的许可，华工根本进不了法庭"。

矿主和监工还可随意处置和虐待华工，包括罚款、鞭打、禁食、延长工时、增加劳动强度、扣发工资和口粮等，对华工的体罚十分恶毒，令人惨不忍睹。英国记者波兰德曾亲眼目睹56名华工遭受鞭打的过程，他在伦敦《晨报》上这样描述："……一声令下，受刑者被剥下长裤，被按着平趴在地上……掌刑的人手里挥动一根有三尺长木柄的皮条"执行鞭打。如果受刑者企图挣扎，"第三名监工就一脚踩在受刑者的后背上，直到打完为止"。另一种常用的鞭打工具是一根短竹棍："受刑者脱掉上衣，跪在地上头挨着地面"，监工用竹棍猛抽其脊梁骨，"由于总打一个地方，那块皮肉立刻变成一片红肿"。而且，施行这些处罚的"罪由"可谓五花八门。从1904年7月兰德矿区公布的《鞭打惩罚触犯矿规劳工的法令》中可以看到，"凡犯小罪，用犀牛皮鞭笞五十"，"笞其臀，鞭竿断者再三"。甚至每天挖石不到36英寸进度也要挨鞭打，即使打裂了皮肉也要打到规定的鞭数为止。

有压迫的地方自然就有反抗。史料表明，从1904年6月至1905年6月的一年时间里，华工奋起反抗的暴动就达28次，而在1905年至1906年间，华工反抗尤为激烈。华工的反抗经常带有暴力恐怖的色彩，秘密结成具有严格纪律的"暴力团体"，"头磕在地下，团结如一人"。当华工欲向矿主实行武力报复（甚至杀人）时，便会由团体来为他筹集经费，甚至代他办理后事。用兰德矿主的话说，"中国人既不怕挨打，也不怕死，他们若不想干活，谁也拿他们没办法。"华工反抗斗争之激烈，引起南非以至英国党派间的激烈斗争。1906年以后，华工不断地反抗斗争使矿主的利润受到大大的损害，由于华工不断地罢工和四处逃亡，使每座矿山使用华工的成本都大大增加。当地报纸这样抱怨道："由于使用华工，已使德兰士瓦不仅变成一座地狱，而且是一座赔钱的地狱。”

毫无眷恋的返程

尽管如此，当时南非的一位记者仍然这样评论道：“不能不说是中国人挽救了约翰内斯堡、兰德和南非。拯救国家是我们引入华工首先所考虑的，至于这个‘实验’的负面效果是次要的。”英国政府也承认：“华工在南非采矿业最困难的时期作出了贡献。”兰德地区的33家金矿公司已从1903年的家家亏本，发展到1905年的家家赢利。从1904年起，仅仅在两年内，南非金矿的矿产值便蹿升到世界首位。用吴凤斌在《契约华工史》里的话来说：“约翰内斯堡及其周围的兰德矿区，曾经是一片莽莽野林，后来发展为南非的经济中心和世界上最大的黄金产地，这当中有着华工之巨大贡献和牺牲。”

契约华工在南非法律史上的留痕，最为重要的就是那部臭名昭著的《1904年排华法案》。这是南非历史上第一次也是仅有的一次“特别排华法案”。这部法案是专门针对契约华工的大量涌入而出台的。法案规定，除了生为英国属民，加入英籍者或获得总督特许证者外，任何华人不得进入或在殖民地居留，华人从殖民地一处前往另一处，哪怕是短暂的走访，也必须向当地官员报告，任何人不得与未持有总督特许证的华人有任何贸易往来，任何犯有两次赌博罪行的华人在服刑期满后被遣返回国等。

这部法案还规定了许多专门针对华人的歧视性条款。比如，地方官员有权搜查华人在殖民地的任何居所，地方法官有权传唤辖区内的所有华人。任何过往船只、车辆在进入殖民地之前必须报告是否载有华人；如有非法入境的华人，这些船只、车辆必须把华人送回原地。根据这部法案，警察和铁路官员有权阻止没有合法证件的华人进入殖民地，只检查火车票而不检查证件的铁路官员将被撤职查办，违反上述法律的官员，将被罚款或被判一年的监禁和被驱逐出殖民地。更为耻辱的是，对那些申请特许证的华人，必须留指印，要脱光全身后检查胎痣,并将指印和胎痣登记在特许证上。这些规定自然激起了华人的反抗。1904 年 9 月 14 日,97 名在德班的华人联名上书殖民者当局,对于要求华人在特许证上留指印并随时携带证件的歧视做法提出抗议,他们在请愿书上说:“在东方,留指印的做法只针对罪犯时使用,强行对华人居民施以此种措施无异于污辱。”

这部法案不但禁止中国公民继续入境,而且对已经定居的华人也进行严格控制,要求华人随时携带居住证明,否则将予以拘留。根据这些法律,那些取得了商业许可证的华人被吊销了证件,一些到殖民地辖区外经商的华人被拒绝再次入境——在法律的背后,显而易见的是当地人对于华人的恐惧、歧视和排斥。

在南非的劳动力逐渐补充、增长的情况下,殖民当局开始考虑停止契约华工的大量输入。德兰士瓦于 1906 年 12 月 6 日公布新宪法,明令废止输入契约华工。契约期满的契约华工被勒令遣返。这一宪法得到了英国议会的认可。1907 年 6 月,英国政府决定,在南非招募的华工,凡契约期满者一概遣送回国,不再招募;有关契约华工的法案,自 1908 年 3 月 21 日失效。1907 年,兰德华工还有 41,319 名,1908 年减至 21,027 人,1909 年减至 2000 多人,1910 年 3 月,兰德矿区最后一批契约华工离开德兰士瓦回国。1910 年年底,几乎全部华工被遣返。最后一批契约期满的华工撤离南非后,最终留下的华工仅有 305 人。对于他们而言,南半球的血与泪都终于成为过去。然而,回到国内时,迎接他们的仍然是风雨飘摇的清末危局,朝思暮想的故乡,仍然在苦难中踉跄前行。

四、华裔间谍科学家案始末

一转眼,沸沸扬扬的“华裔间谍科学家案”已经过去11年有余。李文和也回到了自己平静的生活中。然而,斯文的李文和仍然坚持美国政府欠他一个正式道歉。在狱中他曾说:“一个像我这样的中国人,不论多么聪明,多么努力,永远不会被美国社会所接受。”出狱后,他将回忆录取名为《我的祖国起诉我》,其苦涩难言之情溢于纸面。

祸从天降

李文和,1939年12月21日生于我国台湾地区南投。从小就是个勤奋好学的学生,自成功大学机械工程学系毕业后,24岁的李文和带着不多的美元,怀揣着美国梦,像成千上万的普通中国留学生一样赴美国深造。7年后,他在得克萨斯农工大学(Texas A & M University)获得了机械工程学博士学位。离开大学校园后,他于1974年顺利地加入美国国籍,1978年走进美国顶尖国家级实验室——洛斯阿拉莫斯国家实验室,这里曾制造出世界上第一颗原子弹。李文和在这里一干就是20年,靠天分和努力成了“洛斯阿拉莫斯国家实验室受拥戴的精英科学家之一”。他研究的多种核反应堆及其模式被许多国家所采用,为防止核泄漏立下赫赫战功。他计算出的一个常规武器形状和威力的方程式甚至被应用到了1991年的海湾战争中。

这种平静安宁的生活一直维持到了1998年。用李文和的话说,“生活中突然掀起了巨大的波澜,就像在大山里电闪雷鸣的暴风雨,使愉快的外出钓鱼活动突然变成了灾难”。正在筹划在第二年退休的李文和被抛入了凶险的政治深谷。由于被怀疑“向中国泄露核机密”,他接受了联邦调查局的询问和长达6个小时的测谎检查。在长

有关华裔间谍李文和案的辩护交易于2000年9月13日达成。法庭上,帕克法官在宣布结案之后,用深沉而权威的声音对李文和道歉:“李博士,对于执法部门在你被羁押期间对你的不公正待遇,我真心实意地向你道歉。”李文和侧过身问马克·霍尔舍律师:“法官是不是通常都这样说话?”“不,文和,这非常罕见。”马克·霍尔舍律师眼中含着泪答道。

达6个小时的询问中,毫无经验的他说了许多此后成为罪证的话。他回忆道:“我太迟钝了,没有看出他们的花样。”特工和善的外表欺骗了他。李文和不断地回想可能发生的事情,想证明自己的清白。比如,自己曾经在1987年夏天,为实验室雇用过一位来自中国的、在匹茨堡大学学习的学生,担任自己的实习生。又如,自己在1988年在中国开会时,曾经有一位名叫胡思德的科学家到下榻的饭店来拜访自己——而胡思德正是中国核弹小型化方面的带头专家,虽然李文和对此毫不知情。特工继续追问他,中国之行之后是不是还和这些科学家保持联系?李文和经过回忆之后,承认曾经收到过一两封信,向他索要他发表过的一些非涉密文章。他在不违反洛斯阿拉莫斯国家实验室规定的情况下,寄出了这些文章。此后的几年中,他和一些中国科学家互相寄过圣诞贺卡,不过之后这些联系就断了。

这一系列碎片组合起来,让联邦调查局认为已经“锁定”了其间谍的身份。于是,他们决定对李文和进行测谎检查。虽然有些恼怒,然而单纯的科学家李文和认为“测谎仪不会撒谎”。于是,他1999年2月10日,在运通假日酒店的房间里接受了这次测谎检查。他拿到一份文件,上面声明此项检查过程不录像也不录音,受检查人有权请律师,也有权拒绝检查随时离开。李文和带着华人“身正不怕影子斜”的天真逻辑,在未请教过律师的情况下在文件上签了字。紧接着,测谎检查就开始了。测谎问题由日常问题和目标问题穿插构成。两个目标问题“你有没有把W-88(核弹小型化技术)的信息给过未经许可的人?”和“你有没有把核心武器代码给过未经许可的人?”穿插在“你结婚了吗?”“你是否讨厌黑人?”“你违法进行过赌博吗?”之类的日常问题中进行测试。李文和回忆道:“整个上午,我们重复了好几套类似的问题。每一套都包括那两个主要问题,再加上其他一些问题……我右胳膊上的血压计皮囊绑得太紧,我的手指都麻木了。在回答问题的时候,我的手指好几次都出现跳动或者抖动。接在我大拇指上的线也太紧,紧得有点疼。”

看着测谎仪上显示的结果，一位名为里奇的特工皱着眉对李文和说："文和，你没有通过测试。"李文和对此结果毫无心理准备，顿时陷入手足无措的情绪中。"我想你大概无意中对中国科学家说了一些机密的东西。"里奇说道："你能不能想一想你是不是做过这样的事情？比方说，是不是无意中把引爆点的信息告诉了他们？如果你说了，那就告诉我，我会想办法帮助你的，因为对无意所犯错误的惩罚是很轻的。"在没有律师在场的情况下，李文和说出了更多对自己不利的"供词"。比如，1988 年在和中国科学家的会谈中，自己也许说过一些技术应用的话题，如起爆之后喷气形成的问题、有关拉格朗日算法和模拟黏质的方程等。但是，用李文和自己的话说，"这些都是非机密的话题，多数工程技术类的问题大二学生都能理解。"听他这么说，特工里奇摇了摇头道："文和，现在就承认吧，这是我能帮助你的最后一次机会了。如果不承认，你走出这个房间之后，我就帮不上你了，而且你也许会被抓起来。""可是我不能说这样的话，因为我从来就不是什么间谍。"李文和说道。"那我们等着看看吧。"里奇微笑着，富有深意地说。

寻求律师的帮助

果然，这张大网渐渐向李文和收紧。紧接着，不利的证据一再出现。一份录音谈话表明，李文和曾于 1982 年与一位来自台湾地区的、工作于加利福尼亚州劳伦斯利佛莫尔国家实验室的华裔科学家进行过交谈。此人是一个代号"老虎陷阱"的美国政府调查行动中被侦查的嫌疑人物。一个名为"志趣相投分析小组（KSAG）"的专业组织向联邦调查局提交了一份关于"李文和间谍罪嫌疑"的报告。报告称："虽然近几年来核武器研制进展突飞猛进，但中国若单凭自己核科学家的力量是根本完不成三级跳的，因此，这里必定有美国技术在助威……而台湾地区出生的核科学家李文和曾专门到过中国，与中国核科学家进行过研讨与交流，加之他还有'接触、下载和转移绝密情报的便利条件,完全有可能将美国最尖端的核武器技术资料透露给中国'。"这份报告提交到了能源部的前反情报主任诺托拉·特鲁洛克手中,并成为了启动对李文和进一步"侦查"的导火索。

1999年3月,洛斯阿拉莫斯国家实验室在时任美国能源部长理查森的重压下,被迫解雇李文和。解雇通知书上这样写道:"洛斯阿拉莫斯国家实验室立即中止对你的聘用,特此通知。解聘理由如下:你没有如实向实验室或者能源部的人事部门汇报自己与敏感国家的人员接触一事;你没有把带有机密信息的图纸妥善标明并放在安全的地方,而是把这些文件放在一只硬纸箱里;你在自己的笔记本上记录了保密的计算机密码,还记录了如何打开计算机系统的指令;你在这些以及其他一些安全保密问题上有意欺骗实验室管理部门。上述4个问题表明你无视安全规定、程序以及能源部有关命令,进一步说明你不具备保守机密信息安全的能力。"

与此同时,嗅到"新闻价值"而来的媒体也起到了推波助澜的作用。《纽约时报》头版报道称:"中国利用我们的核技术大大推进了核弹头小型化过程,他们的最新弹头和W-88有惊人的相似……这个洛斯阿拉莫斯的计算机科学家是个华裔美国人……嫌疑人没有按规定汇报他的香港之行。在香港……(联邦调查局)发现这个科学家从美国运通卡上取款700美元的记录。调查人员怀疑他用这些钱买了去上海的机票。"随着解聘消息的传出,各主要报纸、电视台和网站都大篇幅报道了这个"仅次于罗森堡夫妇的华裔间谍科学家"。李文和回忆道:"一夜之间,我们那条街上就冒出许多新闻记者、电视卫星转播车……他们在我家的园子里践踏……跟我们的邻居搭话:'你们知不知道你们的邻居是个间谍?'"

李文和在此时,才意识到问题的严重。他后悔地对女儿李纯宜说:"你是对的,我在接受询问时,应该请个律师。"此前,李文和身上的传统华人基因让他并没有采纳这个建议。"在此之前,我唯一聘请律师是为了立遗嘱。就那么一件很简单的事,就花了我两百美元,我觉得这一点点儿小事收费实在太高了……对于辛辛苦苦挣来的钱，我花起来也是精打细算的。在请律师这种非必需的事情上，我舍不得花钱。在我看来，律师的工作总是令人倒胃口——在别人倒霉的时候发人家的财。这不像搞科学研究那样堂堂正正——这是我遇到这些麻烦之前的想法。”直至被解聘，并被告知可能因之获罪后，他才开始意识到自己当时头脑过于简单了。

李文和的女儿李纯宜的一个朋友在纽约法学院学法律，帮助她和奥梅尔维尼—迈尔斯法律事务所取得了联系。李纯宜给一位名为马克·霍尔舍的律师留言时，几乎哭出声来："你看到那些说有人为中国从事间谍活动了吧？那个人是我的父亲，只不过他不是间谍，他是清白的。他需要一位律师。你能帮助我吗？"马克·霍尔舍律师后来说，他之所以回电，是因为李纯宜的声音非常恳切。他在回电中言简意赅地说："把电话挂上。如果联邦调查局找你们，告诉他们你们有律师。尽量避免与记者接触。到洛杉矶来找我。"在他的办公室里，华裔律师蒂娜·华和马克·霍尔舍律师共同接待了李文和。他们告诉他，事务所还未决定是否接受他的委托。因为事务所中的部分律师亦在为能源部工作，对手又是联邦调查局、政府和实验室。好在第二天，马克·霍尔舍律师带来了好消息，事务所允许他担任李文和的律师。用他自己的话说："你（李文和）与政府之间的麻烦显然需要律师来处理……因为之前你与他们的接触，给你带来的是更多的麻烦。"不过他亦约定在先，事务所在这件案件上的投入是很有限的。而且，一旦进入刑事诉讼阶段，事务所将退出代理。因为进行间谍庭审辩护的开销可能高达数百万美元。无论如何，有了律师的帮助，李文和与政府之间的差距显得不再那么悬殊。

图圄 270 天

1999 年 3 月 5 日，联邦调查局在搜查李文和的办公室时获得了"意外惊喜"。他们发现了一张打印清单，记载着李文和从 1989 年到

1994 年期间自机密计算机上拷贝到非机密计算机的文件记录。他们还在办公室内发现了一些文件备份用的磁带,尽管磁带上已经没有内容,却可以查到利用这些磁带进行文件拷贝的痕迹。这就是后来起诉书中所称的"李文和共移动和拷贝的 15 个秘密文件和机密文件"。这一证据的发现,使事件迅速升级。李文和回忆道:"现在我们受到了联邦调查局 24 小时的不间断监视。"联邦调查局向大陪审团提交的案件材料,将焦点集中于李文和下载文件和复制磁带的问题之上,并开始搜查其与中国内地或台湾地区之间的汇款与邮递往来。似乎这个间谍罪的证据链条即将"合拢"。

顶着巨大的政治压力,马克・霍尔舍律师前往华盛顿,与司法部的律师探讨这起案件。为了这次见面,马克・霍尔舍律师准备了一份长达 28 页的材料,内容是关于从保密计算机系统中把材料下载到非保密计算机系统的行为可能会导致什么样的起诉。他尽力将公诉方的注意力从间谍犯罪转移至私自下载和拷贝机密文件这项违法行为上来。他向公诉方说明,联邦调查局不过是想找李文和来做中国核间谍案的替罪羊,但是如果将李文和定罪为间谍罪,势必会引起对其他类似事例的调查,并追究整个军方安全系统方面的责任。这次会谈相当程度上影响了最终案件的走向。

1999 年 12 月 10 日,联邦调查局决定逮捕并起诉李文和。李文和回忆起当时的场景时说:"12 点钟左右……我正在切菜准备做午饭。他们(律师们)接到联邦调查局一个电话,说他们的特工已经出发,要到洛斯阿拉莫斯来逮捕我,15 分钟之后就会到我家……几个月来,我的律师一直在谈我可能遭到起诉的事,可是我却没有意识到我会被逮捕,被取指纹,被拍照,被戴上手铐然后被关进监狱——完全是对待罪犯的办法。我坐在牢房里,戴着冰凉沉重的手铐,等待法官传唤我到庭……到下午 3 点 30 分的时候,押解人员把我从牢房带进一部电梯,然后从后门进入法庭。在进去之前,他们取下了我的手铐。这很快就成为我的家常便饭——戴上和取下手铐和脚镣,显然司法部不想让记者和公众看到我戴着手铐和脚镣的样子。”

法庭审判期间，李文和被关押在康奈尔教化所。他回忆道：“我被带进一个小牢间，只有牢门上有一扇小窗。在看守人员的注视之下，我换上了粗斜纹布做的红色衣服。他们给我戴上手铐和脚镣。只让我留下两件内衣，把其他东西都拿走了……已经快晚上9点了，我实在饥饿难忍。从中午到现在，我是水米还没粘牙。我的家人还不知道我在什么地方……我获准打了进监狱当晚的第一个电话……此后1个月，他们再也没有允许我跟家人通过电话。”在教化所，新来的犯人通常都是到集体大监舍去。没有床，只有一条塑料垫子和一条毯子。犯人们大喊大叫，有时女犯人还会突然唱起歌来，完全无法睡着。“得到优待”的李文和被送进一间空着的6人间，然而仍然紧挨着大监舍，又冷又饿的他一夜未眠。

此时马克·霍尔舍律师面临着他执业以来最艰难的选择，是根据事先与李文和签订的合同，退出这件麻烦棘手的案件；还是继续下去，与能源部和联邦调查局对抗到底。律师事务所专门召开了一次管理委员会会议商讨此事。这场官司的费用将会高达上百万美元，而李文和的经济状况很可能承担不起。而且事务所的有些律师同时还是能源部的代理律师，李文和案无疑可能会对未来的业务产生影响。马克·霍尔舍律师和他的搭档丹·布津律师在这次会议上展现出了非凡的勇气和决断。他们向诉讼部主任说道，帮助一个处于困境的人，是一个律师能做到的最好的事情。而且，奥梅尔维尼－迈尔斯律师事务所一直有一个传统，那就是优先代表那些需要律师帮助的人。管理委员会的委员们商议了很久，最终同意了马克·霍尔舍律师继续免费代理李文和案的请求。当他把这个消息带给李文和时，故作轻松地说，“未来你要烧顿饭或带我去钓钓鱼来感谢我”——然而管理委员会并不这么轻松，他们要求马克·霍尔舍律师论证他将如何在极为不利的情况下，尽可能打赢这场官司，并且明确地告知他，如果诉讼失利，将会在很大程度上影响管理委员会对他的判断。

这场赌上了律师生涯前途的斗争，将继续到底。而此时，李文和已经在教化所里关押了9个月，整整270天。

迟到的公正

案件的转机出现在2000年3月。马克·霍尔舍律师查阅了无数文件后，有了一个重大发现。在李文和非法下载"机密"代码的1993年和1994年，这批文件仅仅是内部资料，还未确定密级。它们被改成机密文件和秘密文件的时间是1999年4月——当时，李文和已经被解聘一个多月了。在洛斯阿拉莫斯国家实验室的文件密级分类中，"内部资料"指的是一种非机密数据，科学家在使用它们时，无须将其锁进保险柜，也无须将其保存在保密计算机中。

这一发现直接动摇了起诉书的基础，也使公诉方感到受挫。与此同时，一些亚裔法律组织和人权组织开始发出自己的声音。随着时间的推移，抗议越来越多，声势也越来越大。2000年6月8日，旧金山的亚裔法律协调会、华人促进会、华美协会、日裔美国公司全国委员会以及其他一些组织发起了"全国愤怒日"活动。在示威中，他们列举了许多与李文和有着类似下载机密或内部文件的案例，那些人要么仅仅受到处分，要么仍然安然无恙。亚裔组织认为，李文和案背后存在严重的种族歧视。华人促进会还发动募捐，在《纽约时报》上刊载了整版的广告，标题是"李文和与核政治迫害：因系华人而被指控"。内文写道："为什么李文和博士至今仍然在受牢狱之苦？他并没有被指控犯有间谍罪。初期透露出来的消息恰恰相反，联邦调查局排除了李博士把核弹信息泄露给外国政府的嫌疑……不是由于国际阴谋，而是由于国内政治，李博士深陷于种族脸谱化和种族取人的经典政治迫害之中，面临着终身监禁。在去年的国会中，再度被煽起的20世纪50年代的核疯狂，使李博士成了替罪羊，因为他是华裔，而且仅此而已。"

舆论也开始渐渐倒向李文和一方。李文和在洛斯阿拉莫斯国家实验室的同事、著名核武器专家里克特博士站出来作证，李文和所下载的“秘密”至少有99%并非涉密文件，而是已经作为公开文献发表的资料。对于外国来说，这些代码也没有任何作用，因为这些代码被证明已经不能用于启动核武器，是完全错误的代码。美国3个最有名的科学学术团体——美国科学院、美国工程学院和美国医学院也开始公开批评控方，称李文和已经成了不公正待遇的受害者，这一案件“使美国司法体制丢人现眼”。

2000年8月30日，负责审理李文和案的帕克法官作出了同意保释李文和的裁定，理由是需要李文和与律师一起查找与辩护有关的证据。然而公诉方向第十巡回上诉法院提起上诉，声称释放李文和将会给国家安全带来无法挽回的危害。与此同时，公诉方和辩护律师开始就辩诉交易进行磋商——原来指控李文和犯有59条罪状、打算判他终身监禁的公诉方此时已经乱了阵脚，主动提出了辩护交易条件：如果李文和承认59项指控中的1项“非经批准获取并控制与国防有关的文件和文字材料”罪，那么公诉方愿意撤销其余58项指控。这一辩护交易很快于2000年9月13日达成并生效。

法庭上，帕克法官在宣布结案之后，用深沉而权威的声音对李文和道歉：“我认为你审前被羁押在圣菲县拘留中心，受到了莫大的屈辱和全无必要的惩罚，蒙受了极大的不白之冤……虽然执法部门对你进行了指控，但是根据法律你还是清白的……去年12月或者在对你进行审讯之前的任何时候，都没有必要将你羁押……李博士，对于执法部门在你被羁押期间对你的不公正待遇，我真心实意地向你道歉。”接着他宣布休庭。李文和侧过身问马克·霍尔舍律师：“法官是不是通常都这样说话？”“不，文和，这非常罕见。”马克·霍尔舍律师眼中含着泪答道。

然而，这并不意味着正义已经得到实现。李文和仍然被判定为有罪，这项罪责只给他带来9个月的刑期。虽然由于他此前已经被关押278天，超过了刑期而获得当庭释放，然而这两年多的折磨与不公,仍然给李文和与他的家人带来了重大的伤害。用他自己的话说:“我的美国梦幻灭了……美国是一个具有不同肤色人种的国家……如果美国宪法是正确的,我们都应当受到同等待遇,可是我们还没有。”明白这一点之后,李文和并没有因为被释放而沾沾自喜,而是开始了洗刷罪名的奔波。他开始起诉美国联邦政府和5家媒体,指控他们非法侵犯了他的隐私,破坏了他的生活,并且对他施加了不公的对待。这些艰难的诉讼,获得了积极的结果。2006年6月3日,美国联邦政府和5家媒体组织(华盛顿邮报、洛杉矶时报、纽约时报、美国广播公司和美联社)宣布它们会一起向李文和支付160万美元。然而这项象征性的赔款是否足以抚平李文和心中的不公与伤痛呢?恐怕只有他自己才能说清。

五、林肯会馆走出的中国面孔

1874 年,位于伦敦西郊文秘署巷(Chancery Lane)的林肯律师会馆迎来了第一张东方面孔,这就是后来成为亚洲第一位出庭律师的伍廷芳。38 年后,另一位样貌与他酷似的华人出庭律师从文秘署巷走出,披着长袍头冠假发。这不是旁人,正是伍廷芳之子伍朝枢。

林肯律师会馆是伦敦四大律师会馆之一。律师会馆(Inns of Court)的起源可以一直追溯至《大宪章》。1215 年,贵族们逼迫国王签署的《大宪章》中的一条规定就是:皇家民诉法庭不再跟随国王巡回,而是固定设置在威斯敏斯特宫。从此之后,诉讼当事人和他们的律师开始在这一法庭的周围居住。法庭附近的小客栈(Inns)渐渐聚居起一些法律教师和学徒。他们居住期间,在一个接一个的当事人和他们带来的案例中不断成长。法律教师和学徒们渐渐自愿地组织起来,并形成了一套约定俗成的规则,而他们居住的小客栈,慢慢发展成为行会,并成为未来会馆的起源。

律师会馆的根本使命,是培养能够出庭进行辩护的大律师(Barrister)——15 世纪以来,只有获得这种资格的律师才被允许在高级法院出庭,并代表诉讼当事人进行辩护。Barrister 这个词的词根是"Bar",一种将法庭和大厅隔开的横木,只有越过这道横木,才有资格"登堂入殿"出庭辩护。要成为一名真正的出庭律师,需要通过罗马法、英格兰法和宪政历史的考试。在 1870 年之后,甚至还需要通过拉丁文和英文的考试。此后,准律师们还要面对"由 8 名主管组成的委员会"进行演讲,来完成这个叫做"授予律师资格"(call to bar)的训练期。最终,当他们完成了所有的训练,获得出庭执业资格的那一天,将由他们的师父召集社会名流,举行一次盛大的晚餐。餐桌上,这位出师的律师将以律师会馆会员的名义宣誓。可以说,每一位从律师会馆走出的成功者，都将带着光荣与梦想，开启自己的光辉职业生涯。

第一位成功获此殊荣的亚洲人，便是近代史上的这位名宿——伍廷芳。他出生于1842年的新加坡。13岁时起赴香港圣保罗学院学习。接受6年的西式教会教育后，伍廷芳并没有像同学们一样成为牧师，却对法律产生了深厚兴趣。凭借良好的英文基础，他被选拔为香港高等审判庭的译员。每日接触各式出庭律师，满耳是形形色色法理判例，使他越发对普通法痴迷起来。1864年，伍廷芳与来自华人律师家庭的何妙龄小姐结婚。婚后不久，他升任香港地方审判庭首席译员。然而，事业的成功和家庭的幸福没有使伍廷芳忘记国家的命运。33岁的他目所触及，仍是国之危难和旧法之害。根据其子伍朝枢在《哀启》中的记载，伍廷芳"年三十三(1874年)，以为欲救国危，非赴欧美精研法学，举吾国典章制度之不适者，改弦更张不可。爰出十年撙节所得，以为游学资，奋发走英伦、入林肯法律学院(律师会馆)，习法律。华人之充外国律师者，以先严为第一人"。

在当时香港法律界，无不将林肯律师会馆视为培养法律贵族的摇篮。伍廷芳在香港高等法院的工作经验，对他取得入学资格起了重要作用。林肯律师会馆规章严格，学生必须住在学院里攻读12个学期，且必须在会馆餐厅内参加规定次数的晚餐方能毕业。出席晚餐的全都是伦敦法律界德高望重的权威人士，他们不仅在进餐时传给新入校者以种种学识，而且介绍其在实践中积累的各种经验。伍廷芳记录道："出席晚餐者皆伦敦最高地位、最有学术德望之人，每日在'吧'(Bar)中会议进餐，不仅授予新入'吧'者以种种学识，且每餐必会谈其有用之经验。"3年后，伍廷芳以顽强的毅力完成了学业。据说，在英国留学期间，他学习了合同法、刑法、宪法、行政法、民事诉讼法和国际法等课程，尤以刑律、国际法最为擅长。1877年1月的一天，林肯会馆小礼拜堂的钟声响起——这意味着又将有一位学徒律师完成训练，获得出庭律师资格。这一天将被林肯律师会馆载入会馆

1874 年，位于伦敦西郊文秘署巷（Chancery Lane）的林肯律师会馆迎来了第一张东方面孔，这就是后来成为亚洲第一位出庭律师的伍廷芳。根据其子伍朝枢在《哀启》中的记载，伍廷芳“年三十三（1874 年），以为欲救国危，非赴欧美精研法学，举吾国典章制度之不适者，改弦更张不可。爰出十年撙节所得，以为游学资，奋发走英伦、入林肯法律学院（律师会馆），习法律。华人之充外国律师者，以先严为第一人”。

史册:他们培养了第一位来自亚洲的出庭律师、香港第一位立法局华人议员、未来的驻美公使、晚清修律重臣、南方革命党谈判代表、历届政府外交总长——伍廷芳。

实际上,36 岁的伍廷芳还未获取律师资格之前,就已引起清朝驻外使节的注目。驻伦敦副使刘锡鸿对他印象是“明白俊爽、言貌温恭”。而驻美使节陈兰彬更是一听说伍廷芳入林肯会馆学习的消息,便电约他赴美领馆工作。驻英公使郭嵩焘先是聘请他为翻译,伍廷芳婉拒之后即“加码”为参赞,希望他留英任职。然而最终,无论是驻英使馆还是驻美领馆,都未能争聘成功。1877 年,伍廷芳因“丁忧”返回香港,并向港英官方申请在港执业的律师资格。5 月 18 日,香港律政司长官菲利浦·乔治正式公告作出了批准。香港按察司长官约翰·司马理则这样说:“考察伍廷芳先生的律师资格,完全是没有必要的,因为他在这里是如此著名。我们需要做的,就是宣布他在本港的法庭有权执行律师业务……我很高兴看见一位在圣保罗书院受教育的中国人,在香港地方审判庭从事多年传译工作之后,能够在林肯律师会馆的教育下,成为一名优秀的出庭律师。这实乃本港之光。”

相比之下,伍朝枢的求学之路显得平淡而顺利。1898 年,伍廷芳出使美国。11 岁的他随父赴美,先后就读于美京科士学校、美京西区高等学校、大西洋城高等学校。19 岁回到北京,学习国学。于 1908 年获得官费派送英国留学的资格。在父亲的建议下,他进入伦敦大学法院学习法律。值得一提的是,当他 1911 年毕业之时,其成绩位列全校首位。毕业后旋入林肯律师会馆,经过刻苦地学习和训练,顺利获得出庭律师资格。用当时报刊的话说:“(伍朝枢)应伦敦大律师考试,又获第一名,取得大律师资格,一时名震英京。”取得出庭律师资格后,伍朝枢应邀回国任湖北都督府外交司司长、外交部条约委员会会长。当时,民国初立,各国犹在观望,多未承认民国政府的合法地位。伍朝枢便在英国《泰晤士报》著文,以流畅雄辩的文风力陈国事,在某种程度上改变了各国的态度,使不少国家通牒承认民国国体。可惜的是，他同样没有继续从事法律工作，而是和中年伍廷芳一样，渐渐走上了外交政务之路，历任外交总长、商务部部长等职。

时光荏苒，这对先后任外交总长的父子，早已成为法律史和外交史上的传奇。只是不知在遥远的伦敦，幽静的文秘署巷里，林肯律师会馆的餐桌和坐席上，可还残有几缕他们彼时的法言笑语？而当小礼拜堂钟声响起时，那人头攒动的典礼上，可还记得他们当年的满志踌躇？斯人已逝，斗转星移，空留感慨馨香不绝。

六、一个中国记者亲历的纽伦堡审判

战争结束之后,对于战犯的审判并不是单纯的成王败寇,而是给予战争一个明确的结尾,并开启一个全新的时代。纽伦堡审判正是这样的战争休止符。在审判现场亲历这一切的中国记者萧乾,用其忠实而虔信之笔,记录下了这场伟大的历史审判。

寒家走出的战地记者

萧乾出身贫寒之家。14 岁的他找到了自己第一份跟文学有关的工作——北新书局的练习生。那时的北新书局是“五四”后期一家带点同人性质的新型出版社,出过鲁迅、周作人、刘半农、江绍原、徐祖正的作品,其刊物《语丝》更是在文学史占据一席之地。萧乾在自传中写道:“练习生的工作当然就是打杂。有时给作家们送稿费,有时跑邮局。经常干的是校对,尤其是校《语丝》和多种图书……我去过多少趟八道湾周家,还特别喜欢去中剪子巷谢家,因为我同冰心的弟弟谢冰季从小就是同班同学。她收下钱并不马上让我走,总留我坐上一会儿,喝口水,亲切地问长问短。”

经历一番周折,在汕头担任过国文教师、在福州担任过英语老师的萧乾,最终回到了北京,进入燕京大学新闻系学习。当时教授他们新闻通讯写作的,正是后来著名的红色记者、现在仍将衣冠冢留在未名湖畔的埃德加·斯诺。萧乾曾经与斯诺夫妇交往甚密,参与了他们翻译中国文艺作品的计划,并结下了终生的友谊。他在自传中写道:“1944 年,在刚刚解放的巴黎,我同斯诺最后一次晤面。那时我们同是随军记者。我正要随着美国第七军向莱茵河挺进,他则是前苏联准许在东线采访的六个美国记者之一……我们都穿着军装,佩戴着随军记者的肩章,在专门接待记者的斯克里勃旅馆下榻。我们是

1945 年暮秋，纽伦堡审判在德国开启。中国记者萧乾在著名的系列报道《南德的暮秋》中写道：“准 9 点半，主席法官领了 6 位法官入堂了（都是上校阶级）。就座后，主审官起立宣布开审，然后律师起立一旁介绍被告人。主审人与律师同时举右手宣誓。译官宣誓。审官问被告方面对审判人员有无质疑。最后台上法官站起，举右手宣誓：‘在上帝面前，大公无私；审判结果，在公布时绝不泄露。’于是，这雄辩会就告开始。”萧乾注意到了一个细节，控方一律是上校军衔，而律师则一律是上尉军衔。双方在法庭上起立、辩论之时，手枪都在腰间发出哗啷之声，声势颇为慑人。

在走廊里偶然撞见的。他老远喊我的名字——在那里我是唯一的中国记者。我们在酒吧间谈了整整一个下午。他指了指坐在一旁喝酒的一个高个子,告诉我那就是海明威。”

1935年6月,萧乾“戴着一顶黑绸方帽,身披黑袍”自燕京大学新闻系毕业,赴天津《大公报》工作。“八·一三事变”爆发后,他赴香港《大公报》任记者,曾经采访过滇缅路的抗战局势。这时,一个赴欧的机会从天而降:故人丁道泉在伦敦大学东方学院教书(老舍先生也曾经是那里的教员),学院有一讲师空缺,便向校方推荐了萧乾。萧乾有心前往,却苦于没有路费。消息传到报社,社长胡霖找到他说道:“这可是从天上掉下来的好事。你还犹豫什么!?当然马上回他们一信,接下聘书。至于旅费,报馆可以替你垫上,靠你那管笔来还嘛……希特勒已经吞并了奥地利,如今又进占捷克。这小子胃口大着哪。他这一点点蚕食,列强就能眼睁睁地望着?大战注定是非打不可了。从咱们干新闻的这一行来说,这可是个千载难逢的机会。现在我就是想出钱派个记者过去,英国也未必肯让入境。如今,他们请上门来了,你还在乎什么?”就这样,1939年9月1日,萧乾登上开往英国的远洋客轮,迈向战云密布的欧洲和未知的艰险。

刚到英国,萧乾便和其他中国人一样,被划为了“敌性华侨”。英国内务部的一条法律规定:晚上8点至早晨6点之间不许出门,也不准进入距海岸5英里的地区,每周还必须向所在警察局报到一次,证明自己并未潜逃。这项奇怪的规定并不是对中国人有所歧视,而是因为1902年英国同日本结盟协议仍然有效,根据这项协议,与日本处于战争状态的中国人,都仍然是“敌性华侨”。这一情况直到珍珠港事变后才得以好转,中国在一夜之间变成了“伟大盟邦成员”。英国官方和私人媒介眼里的中国人形象一下子也显得正面和亲切起来。出版社向萧乾约写介绍中国的书籍,电影公司邀其撰写一部《中国人在英国》的影片。英国广播公司(BBC)邀请他用中文向中国听众广播。当时邀请他进行专题广播的,是当时BBC远东广播组的组长乔治·奥维尔,他的《动物农庄》、《1984》等作品至今仍是中国法律人相当熟悉和喜爱的作品。在民间,萧乾还经常被各种团体邀去演讲,并参加文人雅士的茶会沙龙。据他回忆,“那时,英国知识界最热闹的话题是战后要个什么样的世界。罗素每次茶会必说,中国不要跟着西方走。物质文明是条死路,中国在战后应该致力于保存并提倡中国古老的精神文明。他还应我的邀请,专为《大公报》撰文阐述这一观点”。

见证对战争暴行的审判

在英国,萧乾经历了敦刻尔克大撤退、伦敦轰炸和盟军的反攻。尽管战事紧张,他仍然一边为《大公报》提供着战时欧洲消息,一边在剑桥大学攻读英国文学的硕士学位,直到1943年年底《大公报》社长胡霖来英,重新被推到了命运的十字路口。胡霖一点没绕弯子,坐下来拍了一下萧乾的手背说:“我不是来这个大学城看风景名胜的。我是要把你从这古老的学院里拉出来,让你脱下那身黑袍,摘下方帽,到欧洲战场上去显一显记者的身手……现在墨索里尼完蛋了,纳粹被红军在伏尔加格勒打得落花流水。我看西线不会沉寂太久了……你的机会到了。第一次世界大战给我赶上了。这回机会轮到你了。问题是:你是还迷信什么学位,当个无声无息的学者呢,还是抓住这个千载难逢的良机,大干它一场?”

萧乾几乎是立即决定,放弃学位,弃笔从戎。不过,为了取得战地记者的身份,还需要按英国当时的法律规定程序办理。他先向英国新闻部写申请,提交《大公报》的证明书。由于1939年以来,萧乾一直以驻英记者的身份写过大量通讯,所以很快获得了这份战时记者证。证上一面贴着照片,写着所属的报社。另一面写着:“此人如被俘,应按照国际联盟规定,享受少校级待遇。”萧乾在回忆录中幽默地写道:“看了这个‘优待’条款之后,我心目中立即浮现出一种不祥的景象:自己挟了个饭碗在铁蒺藜后面生活,不禁打了个冷战。”很快,他被安排随美军第七军开往欧陆前线。根据规定,他在动身前还写了一份遗嘱。穿着校级军官服,作为一名真正在枪林弹雨下冒死将报道发往国内的战地记者,萧乾坐上了开往巴黎的卡车。目睹盟军大反攻的场景,萧乾所思所想的仍是被日本侵略的中国:"当时,我设想远东大反攻时,中国军队可能也在日本本土登陆——当时,自然没料到美国会拿出原子弹,更没想到日本将由美军独家占领,中国只能坐在审判战犯的法庭上摆摆样子。"带着这种对战后审判的想象,萧乾于1945年暮秋来到德国,开始了他对战后审判的采访和记录。

他在那篇著名的系列报道《南德的暮秋》中写道:"经过纳粹十多年的暴政,今日美国占领下的德国不啻一座庞大法庭。希特勒在各地都盖了强固的集中营,今日那些囚笼正好用来关昨日的暴徒。"10月8日,萧乾记录了在威斯巴登市政厅举行的战后第一次对纳粹暴行的审判。被告是6男1女,都是海德玛精神病院的职员:1个主任,1个大夫,2个男护士,1个女护士,1个注册员,1个管抬埋的,他们的罪名是冒精神病院之名,以注射毒水残杀前苏联人和波兰人共计4400余人。

萧乾在报道中写道:"准9点半,主席法官领了6位法官入堂了(都是上校阶级)。就座后,主审官起立宣布开审,然后律师起立一旁介绍被告人。主审人与律师同时举右手宣誓。译官宣誓。审官问被告方面对审判人员有无质疑。最后台上法官站起,举右手宣誓:'在上帝面前,大公无私;审判结果,在公布时绝不泄露。'于是,这雄辩会就告开始。辩题是6男1女究否有罪,审官广征博引,要证明他们罪名昭然,律师要证明他们无罪。台上法官面无表情地垂视着台下的激辩,偶尔插嘴维持一下秩序,新闻记者在纸簿上哗哗写着,摄影员逼近拍照着,戎装旁听员嚼着口香糖(我至少看见一个打了盹),唯有那6男1女睁大了眼,用手心捧着耳朵倾听着。"萧乾注意到了一个细节,控方一律是上校军衔,而律师则一律是上尉军衔。双方在法庭上起立、辩论之时,手枪都在腰间发出哗啷之声,声势颇为慑人。

审判折射法律观差异

尽管如此,律师并未有过任何一丝胆怯,而是朗声反驳检察官和法官的控诉。这位年轻律师首先质疑法庭审判不合程序。因为被告并未谋害美国人,按照国际惯例,一国不能审他国人民。他引用美国法律说明,只有涉及美国籍人民的案件,才能由美方开庭审判。此外,俄国根本不是日内瓦国际公法签约国,因此无权受该约保障。检察官则站起来说道:“如果国际公法不能对 4400 人的谋杀案予以处治,则人类的悲剧真不堪设想。所幸,纸面的国际公法外,还有不成文法,譬如《陆军战律》,美国也曾签字。该法律明确禁止虐杀战囚。贵律师引《日内瓦公约》,说俄国并未签字,殊不知还有 1907 年的《海牙公约》,那约德、俄都是签约国。根据该约第 46 条对战囚的性命信仰应予尊重。美国目前既为德国的占领国,自有权审判谋害与美国联盟国家人民的罪犯。”

律师站起来说:“听了贵审官的旁征博引,只感觉国际公法之不完全而已。贵审官由道德立场的控诉很好,但由司法立场看却很坏。被告既都非军人,对战囚的条律根本施用不到。”然后律师引用《纽约客》文字一段,大意谓今日战犯审判,毫无国际法根据,因是以个人负国家行为之责任。审官气愠愠地说:“鄙人手边没有杂志可引,如有我也不屑在此大庭广众来引。”说罢突然厉问被告,到底是承认有罪,还是坚持无罪反驳。律师站起来顽强地代被告答道:“无罪!”这一幕令旁听席上的萧乾听得目瞪口呆。这样审判战犯和暴徒的程序,仿佛变成了控方和辩方律师的舞台,他们努力展示着自己对法律的理解和信仰。特别是辩方律师,不惧控方的官阶和声势,坚持以法律规定和正当程序为武器,为那些已经承认自己为杀人凶手者顽强地进行无罪辩护。这一场景让萧乾留下了深刻的印象。

相比此类小型、孤立的庭审,对于被俘高级军官和战犯的审判,则成了一个迫切的问题。商议战犯审判的议题时,前苏联和英美的法律观差异便体现出来。萧乾写道:“苏联最初主张分头各自处理,经有关各方研究,决定还是统一审讯为宜。这样量刑可以更公道,分开来有轻有重,不好向世人交代。更主要的是这样集中公开审讯的教育价值。让他们的罪行大白于天下,既对战犯本人及其家属,也对历史负责。通过审讯,可以让世人了解那帮纳粹战犯的罪行是何等严重,也让他们的同情者明白邪恶终有绳之以法的一天。倘若推到后院枪毙了事,那就会失去一个以儆效尤的大好机会……另外,苏联认为既然这些战犯手上都沾满人民的鲜血,剩下的只是个量刑问题。但是照英美法律,不管犯人的罪行多么严重而且昭然若揭,站在法庭上他开头也只是个被告。他的罪状只能通过逐项对证才能成立。而且不但准许被告自己当堂辩护,还得为他们聘请律师出庭帮助辩护……下一步就是在哪里审这批战犯。英方原建议在纳粹的发源地——慕尼黑,苏联则赞成在柏林,因那是苏联占领区所在地。飞机在整个德国上空盘旋,出现在机翼下的城市大多已成为一片瓦砾了。只有纽伦堡的这座法院当时基本上还完好无缺。于是,就确定它为审判这帮凶恶匪徒的地点。并确定这个国际法庭由美、苏、英、法各派一位法官,检察官也是4位。”

萧乾坦言,当时的自己对于纽伦堡审判大惑不解。作为战胜国的法、英、美等国家对纳粹战犯的审判,为何要如此守规矩。这场历时一年半的纽伦堡审判(前苏联人原认为这种审判有两周时间足够)动用上千万美金,1000多名证人出庭作证,上百个专家证人做鉴定,每个纳粹战犯都被指定了法律援助。审判的结果1/3人被判无罪,处于绞刑的纳粹战犯只是很少一部分。这样大张旗鼓的审判,难道不是太过善待这些刽子手了吗?直到多年之后,萧乾在“反右”和“文革”中被数次“打倒”,他再次想起这些繁复冗杂的司法程序,才感慨道:“我终于醒悟了……凡是‘二战’胜利之后在战犯法庭上审判的那些战犯,过了几十年之后,没有平反的。”而随意“打倒”和宣布为罪的,往往经不起时间的考验。而审判者假如恣意妄为、滥审滥判,很难不保证终有一天也站上被告之席，受到历史、良知和公义的审判。

用审判让刽子手心服口服

“记得那是一所4层的楼房。一楼中央即是法庭，两旁走廊里尽是些木牌，都是一间间办公室，主要是从事分析案情、核实罪证以及文件存档的。二楼有一所教堂，三楼有医务室。我去参观时，看到单人监的面积约6英尺×12英尺。进来后，犯人都隔离囚禁，相互间以及同看守一律不许说话。我在食堂看到他们缸子里是热腾腾的咖啡、麦片粥和面包。中午有肉菜，晚上是炖土豆、面包和茶。就这样，据说大块头戈林每个星期体重都掉2磅。大厅两旁，一边是关囚犯的地方——几步一个岗哨；另一边是证人的住所。他们大都是劫后余生的纳粹的受害者。”萧乾在“纽伦堡审战犯”一文中回忆道。

时至1945年5月，盟军共逮捕了20万名纳粹战犯。通过将战犯分级，“精选”出23名最主要者，都是纳粹军政要员。其中有希特勒的副手、空军司令兼“四年计划”主持人戈林，有外交部部长里宾特洛夫、劳工部长罗伯特·李、内务部长弗里克、盖世太保负责人希姆莱、波兰总督弗兰克等。对于这些手上沾满鲜血的战犯，纽伦堡法庭并未省略司法程序的任一环节，让被告自选律师。例如，戈林，法庭为他开具60人的律师名单，各附有本人履历，其中既有外国人，也有德国人。戈林提出，希望向纳粹政权下的司法高官、巴伐利亚省司法部长弗兰克咨询一下，法庭同意了他的请求。最终，他选择了一位奥地利人担任自己的律师。海军上将杜尼兹则提出，要求一位懂海军事务的律师替他辩护，法庭通过多方寻觅，满足了他的这一要求。最终确定的律师名单中，有48名是德籍律师。他们中的18名曾与纳粹分子有瓜葛，然而他们在调研案情搜寻反证时，始终都享有充分自由。除了为律师提供食宿之外，还由盟军支付律师费。根据市场标准，每位律师的辩护意味着3万~4万马克——约合7500~10,000美元的费用。法庭先付4000马克，以后按月付2500马克。法庭上备有英、俄、法、德语的同声翻译。萧乾记录法庭审判实录时写道:“如对方讲得太快,可按黄灯要求放慢。如按红灯即表示暂停或重复。总之,盟国就是要通过这次审讯,让被告口服心服,绝不捂着盖着,让真相大白于天下。”

希特勒的副手戈林作为头号战犯受审。当他受俘时,还手持一根镶了 24 只金鹰的短仗,并说:“战争就像踢一场足球。谁赢了就该握握输家的手,一切就忘记了。”战后,戈林被关在一座古堡里接受预审。用餐时,美国军官弹起钢琴,他也马上回屋取来他的手风琴合奏,保持着故作镇静的风度。然而,随着审判的深入,许多与他相关的骇人听闻的罪证浮出水面。通过控辩对质、证人作证和证据甄别,他的暴行越来越多地被证实。在他主持的计划下,奥斯威辛、布痕瓦、贝尔森、达豪这数座集中营里,惨死者多达几百万。当戈林听到死刑判决而且没有可能减刑时,他最终决定服毒自杀。经过纽伦堡审判,包括戈林在内的 23 名主犯被判决了死刑。萧乾记录道:“审理完毕后犯人准许每天可同家人相聚 1 个小时。老婆们多带着儿女来探视,心里相互明白这也许是最后的一次相聚……然后,凡判死刑的就一个个地上了绞刑架。

50 年后,年届 87 岁高龄的萧乾老人在给后辈的信中写道:“承你提醒,我才想起一晃就来到二次欧战结束五十周年这个大日子了。从 1940 年希特勒的狂轰滥炸到‘四人帮’的暴政我都经历了,而至今还安然无恙地活在人间,不能不有股自我庆幸之感。第二次世界大战对我的启示首先是,凡想奴役旁人的是枉费心机。”谈起纽伦堡审判,萧乾说道:“那本身就是本极好的历史教科书。”

其实,萧乾撰写的那些通讯报道、采访记录,又何尝不是记录了那些伟大的历史瞬间,并给予后人启发呢?作为一名战地记者,他并没有评判是非对错,而是真实地将战犯审讯的过程呈现出来。而这,既是在尽一个记者的本分,亦是一件最了不起的事。1999 年,这位枪林弹雨下驰骋于战场、忠实记录纽伦堡审判、屡遭挫折而不倒的老记者,于家中安然辞世。

第四章　血泪难凝的瞬间

形形色色的惨案、杀戮与血光，是历史上无法遗忘的悲哀片刻。然而，同时也是迸发出人类勇气、美德和正义感的“试金石”。在这些瞬间，法律扮演的角色显得分外微妙。有时，假如法律能够完备些许，法律人能够尽职半分，悲剧或许都能得以避免。然而有时，这些悲剧又似乎是注定了一般，任谁也无法避开。法律亦只能成为事后弥补公道、给予救济的出口。然而有时，法律连直面真相都不愿或不能，从而连同悲剧一起，被钉在耻辱柱上。

一、刺杀梅第奇事件

中世纪的贵族,荣享着无上的权威,也同时生活在步步惊心的危机之中。统治佛罗伦萨城数百年、主宰文艺复兴走向的梅第奇家族,就曾遭遇过大大小小十余次的刺杀。其中最声势浩大的,莫过于1478年4月26日那一次险些让正处巅峰的梅第奇家族夭折的刺杀事件。

这是一个无风的周日。意大利佛罗伦萨城钟乐齐鸣。洛伦佐·梅第奇和他的弟弟朱里亚诺·梅第奇在亲信们的陪同下,朝圣玛丽大教堂走去。人群中还有该城的另一望族——帕奇家族的两位贵族,他们陪着洛伦佐和朱里亚诺,表情严肃地进入教堂。

然而,在唱诗班的歌声静下来的瞬间,圣坛上的牧师放下圣杯,未如人们预计那样划个十字诵读圣经,却从长袍里擎出匕首,向洛伦佐扑来。几乎在同一瞬间,帕奇家的弗朗西斯科也抽出佩剑,转身刺向朱里亚诺。这电光火石的片刻之后,朱里亚诺已经倒地身亡,而洛伦佐也颈部受伤,在侍卫的保护下逃进圣器室。圣玛丽大教堂里乱作一团。

与此同时,大主教萨尔维亚提率领一群雇佣兵,假托传达教皇的口谕,要觐见市长——该城名义上的统治者彼特鲁奇。大主教的手紧张地发抖,读着教皇的口谕,面无血色,声音结巴,随后沉不住气地呼唤他的雇佣兵近前听命。脸色大变的市长反应过来,一场搏斗随即在市政厅展开。市政厅外,这场阴谋的头领,帕奇家族的家长杰克普·德·帕奇亦隆重登场,率领全副武装的骑士自帕奇宫向市中心袭来,高喊:"人民与自由!"佛罗伦萨城混乱成一片,杀声四起——这就是著名的"刺杀梅第奇"事件。

此时的佛罗伦萨,名义上是共和政体,市长是其名义上的最高行政长官。然而，梅第奇家族已经建立该城的僭主统治。梅第奇家族自银行业起家，通过经济、政治和宗教等渠道，实际控制着佛罗伦萨城。这个家族共诞生过 3 位教皇、2 位法国王后和无数政要。在 1532 年，更是直接将佛罗伦萨改为公国，由梅第奇大公登基即位。不过，在发生刺杀梅第奇事件的 1478 年，他们还未实际获得这样的绝对的控制地位。罗马教皇西克图斯四世意欲将梅第奇家族除而后快，那不勒斯国王则是帕奇家族刺杀阴谋的背后支持者，梅第奇家族危机四伏。

然而，当时的市民却站在梅第奇家族一边，制服了袭击者的洛伦佐缠着绷带，站在阳台上对广场上的市民做演说。他告诉市民们，帕奇家族策动了一场针对城市合法政府的阴谋，现在已经被挫败，不会有任何人影响佛罗伦萨的光荣、和平与伟大。市民们在欢呼声中开始寻找帕奇家族和大主教乱党，并将他们绞死在广场上。愤怒的洛伦佐聘请画家波提切利将叛乱的场景画成壁画，留在市政厅的外墙上。在画中，那些叛乱者被倒吊着，接受市民的嘲弄。消息传到罗马，教皇听说大主教身着袍服被吊死，愤怒异常，声称这是对神的亵渎；于是联合那不勒斯国王向佛罗伦萨宣战。

一场教权和世俗权之间的战争开始了，教皇要求佛罗伦萨市民交出洛伦佐，否则开除全城市民的教籍，并宣布“由宗教权力机构没收他们的全部财产”，查封梅第奇家族在罗马的所有财产，其中包括梅第奇银行——而当时，教皇正拖欠着银行一大笔债款，这笔款项也顺便被宣布为无效。

佛罗伦萨城作出的反击是强有力的。他们拒绝交出洛伦佐，并且印制相似的法令，宣布教皇的罪恶，将教皇也开除出教会。与此同时，城市组织军队，由费拉拉公爵率领，对抗教皇和那不勒斯国王的军队。这场对峙一直持续了两年，直到土耳其的穆罕默德攻入意大利，教皇呼吁全基督教世界暂停争端，对抗外敌，才达成了与佛罗伦萨城之间的和平协议。然而此时，波提切利的壁画已经完成，和平协

统治佛罗伦萨城数百年、主宰文艺复兴走向的梅第奇家族，曾遭遇过大大小小十余次的刺杀。其中最声势浩大的，莫过于1478年4月26日那一次险些让正处巅峰的梅第奇家族夭折的刺杀事件。

议中专门要求将大主教的形象抹去。波提切利将修改壁画的工作交给一个叫做达·芬奇的年轻人。于是这幅壁画得以成为两位大师的合作作品，竟成为后世美术史上的佳话——而刺杀当天的血腥、对叛乱者的审判与绞刑、教俗之间自法令至军事的斗争，则已被世人淡忘，不留余痕。

二、宗教裁判所的历史遗憾

宗教裁判所又被称为异端裁判法庭,它因逮捕、审判和处死宗教上的异见分子,而长期被视为中世纪最浓黑的暗色之一。然而,近年来学者们开始重新检视宗教裁判所。在一部长达 800 页的报告中,学者们得出的结论是,宗教裁判所并不像人们想的那么恶劣。换句话说,与宗教裁判所长期捆绑着的"人性之恶",其实在人类历史的其他场合里,也有着相似乃至更甚的表演。

历史学家为宗教裁判所翻案

美国密苏里州圣路易斯大学历史系系主任托马斯·F. 梅登教授(Thomas F. Madden)近来撰写了一篇关于宗教裁判所的文章,引发了法律史界的震动。这项"翻案"行动可以追溯到千禧年之前。当时的教皇约翰·保罗二世主动提出,希望学者们弄清宗教裁判所在中世纪到底做了些什么。于是,1998 年梵蒂冈向来自世界各地的 30 位学者开放了圣职部(Holy Office,宗教裁判所的现代继任者)所保存的档案。学者们最终写出了长达 800 页的报告,并在罗马召开新闻发布会将之公之于众。他们的结论令人震惊:那些被送到西班牙宗教裁判所的人,不少都受到公正的审判,刑讯逼供并不常见,他们中只有大约 1% 被执行了死刑。

这一报告试着传递这样的信息:"大众关于宗教裁判所的看法是虚妄的。"凡是提到宗教裁判所,难以避免地,人们就会想起火刑和鞭打,想起那些身穿长袍的教士,不由分说地驳斥异端,不分轻重地判处极刑,不恤老弱地刑讯鞭笞。一切敢于挑战权威的人,都会被送上绞架或火柱。比如 1582 年,乔尔丹诺·布鲁诺就因为坚持太阳中心说,在囚禁 8 年后被烧死于罗马鲜花广场。因此,"宗教裁判所"这个词既代表一个机构,也代表一个历史时期和一种蛮横专权的权力体制。用梅登的话来说:"如果自己主持的听证会被称为'宗教裁判所',这对大多数议员来说绝不是一种恭维。"

然而,根据那30位学者的研究报告,这种心理感受似乎是有点夸大了。要理解宗教裁判所,还是要回到中世纪的语境。对于那个时代而言,宗教是一种根本的存在方式,关乎科学、哲学、政治、个人身份和世界的根本真理。异端邪说并不是一件可有可无的小罪,而是会破坏整个社会结构的灭顶之灾。因此,在罗马帝国的《查士丁尼法典》中,宗教上的异端信仰是一桩死罪,因为这挑战了皇帝的权威。而在各个领地上,被控为异端的人将在当地领主那里接受审判。不论对于皇帝还是地方领主,要从神学上判断"被告"到底是不是异端,这是非常困难的事。用梅登教授的话说:"欧洲各地有无数的人被世俗统治者处死了,既没有公平的审判,也没有任何上诉的机会……因此,与其说宗教裁判所是一种铲除异己或是压迫人民的淫威,不如说它是一种阻止不公正死刑的尝试。"

公元1184年,教皇卢西乌斯三世(Pope Lucius III)决定给那些被指控的异端分子获得公正审判的机会,审判将由知识丰富的法官主持,并按照教会证据法的规则进行。根据当时的世俗法律,异端背叛了上帝和国王,死不足惜;而在宗教世界看来,异端们只是离群的迷途羔羊。主教有责任按照耶稣基督的教诲把他们带回正途——当然,这也是与世俗世界争夺司法权的一个大好机会,真正能做到"凯撒的归凯撒,上帝的归上帝"。用梅登教授的话说,"中世纪的世俗领袖们汲汲于捍卫自己的王国,而教会则在努力拯救灵魂。宗教裁判所为异端分子提供了一种逃脱死刑并重返社会的方法。"但是,一旦那些审判法官确定,某只"羔羊的离群"是出于故意,宗教裁判所就只能"别无选择"地将不知悔改和顽固不化的异端分子逐出教会,或交由世俗统治者处理。尽管如此,从总数上来看,宗教裁判所仍然拯救了许多无辜(甚至是不那么无辜)的人,而他们本来可能会成为世俗

凡是提到宗教裁判所，难以避免地，人们就会想起火刑和鞭打，想起那些身穿长袍的教士，不由分说地驳斥异端，不分轻重地判处极刑，不恤老弱地刑讯鞭笞。一切敢于挑战权威的人，都会被送上绞架或火柱。比如1582年，乔尔丹诺·布鲁诺就因为坚持太阳中心说，受囚禁8年后被烧死于罗马鲜花广场。因此，“宗教裁判所”这个词既代表一个机构，也代表一个历史时期和一种蛮横专权的权力体制。

领主或是暴民统治的牺牲品。

“宗教裁判所”无所不在

事实上，这个世界上曾经存在过不止一所宗教裁判所。审判布鲁诺的那所由多明我会创立的异端法庭并非“独一无二的邪恶”。早在公元2世纪，欧洲就开始有这种以异端为审判对象的宗教法庭。220年，教皇洪诺留三世认为地方主教镇压异端不力，通令建立直属教皇的宗教法庭。这个法庭设在意大利西南部的一个修道院内。审讯一般秘密进行，根据这个法庭的审讯条例，有两人作证，控告便能成立。证人如果撤回证词，就会按异端同谋犯处理。被告如不认罪，可以采用刑讯。被告不仅自己认罪，还须检举同案犯和异端嫌疑犯。为异端辩护者应受罚绝。被告认罪之后，如果翻案，按异端处理。被判为异端者，没收其全部财产。这个宗教法庭一直存在了500年左右，将数以千计的异端送上绞刑架。

1229年，教会在图卢兹召开了一项会议，为了对付当地正在崛起的迦他利派与瓦勒度派的势力，决定除了圣经《诗篇》和《日诵祈祷书》的经文之外，禁止销售其他的《圣经》译本。这个会议的第二项议程，就是成立一个针对迦他利派异端的法庭。这个法庭判迦他利派与摩尼教同为异端，得以处以死刑。他们迅速采取行动，逮捕迦他利派教徒，并处以异端狠毒的刑罚，使得这个教派于百年后绝迹，而瓦勒度派也大受摧残。不久，这个法庭将视线转向辖区里的阿拉伯人和犹太人，开始了新的残酷审判。

14世纪以后，王权日益增强，宗教裁判所的主宰从教皇开始变为国王。根据梅登教授的判断，比较完善的宗教裁判体系，可以避免使“打击异端”成为一项“群众运动”。这也是为何当16世纪的女巫大恐慌席卷欧洲时，这股歇斯底里的狂热正是在那些拥有完善的宗教裁判所的地区得到遏制的原因。在西班牙和意大利，受过训练的审判官对女巫集会和盗食婴儿之类的指控进行了调查，并认定它们毫无根据。而在其他地方，尤其是德国，世俗和宗教法庭，以形形色色的理由和罪状烧死了数以千计的“女巫”。而最早设立的西班牙宗教裁判所，则一直受到普遍的赞扬，被认为是欧洲最好、最人道的法庭。当时还有这样的有趣记录：有些在世俗法庭受审的罪犯，故意作出亵渎神灵的行为，以便被移入西班牙宗教裁判所的监狱。

令人惊讶的，是在世界的另一端，也出现了类似的宗教裁判所。早在1539年，墨西哥的宗教法庭已开始将抨击教会的唐卡洛斯·奥梅托奇秦（特斯科科的酋长）判处火刑烧死。1571年，来自西班牙的唐佩德罗·莫亚·孔特雷拉斯主教在墨西哥正式成立了一个名为“异端裁判所圣职部仲裁法庭”的机构，并自任第一届裁判长。这个法庭在遥远的南美不遗余力地维护着教会的权威和正统，并将无数“异端”送往“炼狱”。

1692年，波士顿东北方向的塞勒姆镇成立了女巫审判的特别法庭。镇上的一些女孩集体生病，医生诊断她们受到了巫术的蛊惑。在草率的指控和粗略的审判之后，共有20名“女巫”被处以绞刑和石刑。然而这些刑罚并没能使病症减轻，几乎每个人都被指责为恶魔，必须送上宗教法庭受审。迫于这种压力，波士顿总督克劳德·菲普只得下令解散特别审判法庭，并特赦那些疑为巫师的嫌犯。然而，整个美洲的宗教法庭，一直到1820年才停止审判——那一年，奥斯特以“关于磁针上电冲突作用的实验”一文宣告了电磁时代的到来。科学和革命，正在欧洲刮起摧毁旧秩序的飓风。与此同时，19世纪中期，西欧各国宗教裁判所先后被撤销。1908年，教皇庇护十世才把罗马最高裁判所改为圣职部（Holy Office），其主要职能从异端审判转变为“监视和处罚”参加过激活动的教徒，查禁各种极端书刊，革除教徒的教籍和罢免神职人员等比较温和的行动。然而，作为机构的宗教裁判所成为历史尘埃的同时，作为一种“人性之恶”的宗教裁判所，是否也同样消失了呢？恐怕并不尽然。

《戈雅之魂》:宗教裁判所在哪里复活?

2006 年,捷克导演米洛斯·福尔曼执导的《戈雅之魂》(Goya's Ghosts)在美国和西班牙同时上映。他借西班牙画家弗朗西斯科·戈雅之名,对于"宗教裁判所"和其所指代的蛮横权力进行着重新思索。这部电影是根据弗朗西斯科·戈雅的名画《裸体哈玛》、《宗教裁判所》和《5 月 3 日的枪杀》,杜撰出的一个残忍的寓言。

这是 1792 年的西班牙。法国的革命事业引起西班牙国内的骚乱,天主教当局决定重新启用令人畏惧的宗教裁判所。教士洛伦佐负责着这个宗教裁判所,并且以司法和上帝之名,不断地扩张着自己的权利和私欲。他的朋友弗朗西斯科·戈雅是当时西班牙最著名的画家。弗朗西斯科·戈雅的一名模特,美丽的犹太少女哈玛(由娜塔莉·波特曼饰演)被指控为"宗教异端"。因为根据"密报",哈玛在一家餐馆拒绝吃猪肉,宗教裁判所于是指控他们秘密信奉犹太教。洛伦佐教士在狱中使用滑轮刑(宗教裁判所的 6 种刑讯手段之一)对赤裸的哈玛进行逼供,甚至强奸了她。当弗朗西斯科·戈雅为哈玛求情,说"在肉体折磨之下,我会承认一切荒谬的指控,哪怕指控我是一只非洲大猩猩"时,洛伦佐却傲慢地说:"如果一个人没有罪,上帝会保护他不受折磨之痛。凡承认的,一定是因有罪而被上帝抛弃的恶人。"这正是宗教裁判所肆无忌惮地使用刑讯的理由所在。

然而世事难料,十余年后,拿破仑的军队越过比利牛斯山,占领了西班牙。废除了宗教裁判所,并且释放了仍关押在宗教监狱里的"犯人们"。曾经年轻美丽的少女哈玛走出监狱,已憔悴不成人样。她的家人在战事中殆尽,唯有几乎全聋的、陷入半疯狂状态的老戈雅成为她唯一的亲人。弗朗西斯科·戈雅此时已经失魂落魄,"几乎成了自己的一个幽灵"。他得知哈玛曾在监狱中产下一女——洛伦佐的女儿——于是帮助哈玛找到这个女孩。悲哀的是,这个女孩已在艰难时世中堕落为一名妓女。与此同时,长袖善舞的洛伦佐却摇身一变,成为西班牙新政权的检察官,开始“审判”那些宗教裁判所的同事们。在那个“布拉格之春”里,逃亡于苏军坦克的辗轧之下的导演福尔曼,借洛伦佐的躯壳在此登场亮相:卢梭和伏尔泰已取代了耶稣和使徒。革命者砸毁教会,开枪打死做弥撒的神父。“革命检察官”洛伦佐口若悬河地宣判红衣主教死刑,其义正词严之状和当年审判宗教异端时一模一样。

如同一场激烈的反讽,法军迅速溃败。洛伦佐被捕,再次站上了宗教裁判所的被告席。红衣主教宣判其为背教者,应移交世俗法庭处以绞刑。曾与洛伦佐共事、在革命中受他折磨的神父们,举着十字架站在刑台前,等待他的死前忏悔。用福尔曼的话来说,他借了戈雅之名,想追问的是,那个少女哈玛可以安然居住的世界,到底在哪里?福尔曼说,既不在天主教的世界里,也不在革命者的世界里。因为这两个世界中的男人,都有一个相同的名字叫伪君子。于是电影的最终一幕,精神分裂的哈玛跟在运送洛伦佐尸体的马车后面,失聪半疯的老弗朗西斯科·戈雅也远远跟着她。

当然,如同那篇颇受争议的影评《集中营、疯人院或宗教裁判所:电影〈戈雅之灵〉》的作者王怡所说,谁都无意为中世纪的宗教裁判辩护。“消灭宗教裁判所,解放西班牙人民”,这正是拿破仑推销大革命的口号。然而革命法庭在西班牙的罪行,却远远超过了西班牙的宗教法庭。美、艺术,以及正直与纯洁之爱,该在哪里栖居?这令福尔曼灰心丧气。他的另一个追问则是,这样不由分说的强势审判,胜者对败者的道义裁决,为何总在世间复活,不论是宗教的名义或是革命的名义——当洛伦佐戴着高帽接受红衣主教的审判之时,难免令人心有余悸地想起“文革”时的公审大会。而当高帽隐形,审判者穿上制度和程序的外衣,权力的狂欢和哭泣的火刑柱又在哪里复活登场?或许这才最令福尔曼——以及那些坚称“宗教裁判所并非世间唯一的恶”的学者们——所忧心和警惕。借用王怡的话说,宗教裁判所是一个现成的集罪恶之大成的象征。但导演并没有将其放大到极限，而是将宗教裁判所的罪恶与后世所谓的正义文明的罪恶并列。而这，亦是为何两百年前的弗朗西斯科·戈雅在画完《宗教审判所》后，不惮以同样的血笔绘述《5 月 3 日的枪杀》的原因所在。

三、Bloody Sunday 四十周年祭

爱尔兰乐队 U2 在《Sunday, Bloody Sunday》中唱道:"是的,我不敢相信今天的新闻。我不能闭上双眼,让它就这样消失……碎瓶散乱在孩子的脚下,尸体遍布于死亡的巷道……星期天,血腥的星期天!"歌中的血腥星期天,距今已经 40 年。1972 年 1 月 30 日的那场街头惨案,以及在惨案中丧命的冤魂,却始终未寻得真相和慰藉。

血痕未冷的北爱尔兰

2007 年,一次偶然的工作机会送笔者来到北爱尔兰。站在贝尔法斯特北城街头,听朋友介绍这个社区:这里是新教徒与天主教徒的混住区——虽然混住,但亦彼此分隔,而且互相对峙仇恨。平时年轻人忙着上班、上学,到了周末,他们一般要互相扔石头、侮骂、互殴,作为消遣。这时我忽然瞥见,一个 8 岁左右的男孩,很熟练地往邻居家扔石头。我问朋友道,这么小的孩子,仇恨从哪里来?宗教隔离与仇恨,似乎一直是北爱尔兰呈现在世人面前的标签。战火、叛乱、欺骗、斗争、恐怖主义、人体炸弹,时不时地出现于报端。历史课本上所描述的画面,同样是同胞互残,族群分裂,甚至赤裸裸地表现为巷战:一个少年躲在墙角,另一个少年则一挥手,向他扔去一颗手榴弹。

然而,这个仿佛文明边缘的国度,并不是世界的尽头。早在公元前 6600 年,最后一次冰川期结束后,爱尔兰岛上已经有定居的居民。公元前 6 世纪时,凯尔特人到达爱尔兰。100 年后,基督教经圣·帕布里克之手在爱尔兰生根。因为未经历中世纪早期的蛮族入侵,所以,在 6 世纪和 7 世纪,以寺院为中心的爱尔兰艺术、学术和文化得到了空前繁荣。在公元 800 年左右,爱尔兰的教士甚至为欧洲的很多地方带去了基督教。从 9 世纪开始,爱尔兰受到其他民族入侵,最

先来到这里的侵略者是斯堪的纳维亚人。12 世纪,苏格兰和威尔士的诺曼底人抵达爱尔兰,并掌握了大部分地区的控制权。此后 400 年,诺曼底人在爱尔兰和英国同时握有统治权。爱尔兰的盖尔族人发动一系列反对新教与不列颠移民的叛乱,然而收效颇为有限。1603 年,最后一个盖尔族堡垒——Ulster 城被攻破。

17 世纪,英格兰内战爆发。克伦威尔铁蹄碾过爱尔兰。17 世纪末,新教徒垄断了政治权和土地所有权,并制定了歧视天主教的刑法。继 1800 年《合并法》、1801 年《英爱同盟条约》之后,爱尔兰正式并入英国版图。直至第一次世界大战后,英国才通过 1921 年的《英爱条约》给予爱尔兰独立的地位——然而这一条约的结果是,南部 26 个郡后来成为爱尔兰共和国,多数信仰天主教;北部 6 个郡仍留在联合王国内部,多数宗教为新教。此后至今,北爱尔兰境内的天主教徒主张独立或加入南部爱尔兰共和国,而新教徒坚决效忠联合王国。南部的爱尔兰共和军一直到 2005 年都不肯放下武器,反复制造恐怖袭击,在英国驻都柏林大使馆和伦敦地铁站都制造过爆炸事件。自 1968 年至 2002 年 7 月,在英国、北爱尔兰地区以及爱尔兰共和国境内共有 3600 人在暴力冲突中丧生,爱尔兰共和军及其他组织至少应对其中 2000 人的死亡负责。

这个令英国人头疼的小岛北部,有一个叫做德里的城市。它曾经叫做伦敦德里。1972 年 1 月 30 日,举世闻名的"血腥星期天"事件就是在这里发生的。而那之前,1967 年 8 月,以天主教知识界及中产阶级为主体成立的北爱民权协会,发起了一系列的不服从运动和声势浩大的集会游行。1969 年,英国军队进驻北爱尔兰,爱尔兰共和军主张用暴力驱逐英军。双方流血事件不断升级。

南、北爱尔兰分治之后,原本是多数派的天主教徒在北爱 6 郡一下子由多数派转变成少数派。而新教徒由原来岛内的少数派一下子成为北爱的多数派。双方在利益分配、宗教纲领、亲英还是联爱等问题上争议不断,仇恨时常升级为武装冲突。代表天主教徒的武装力量

爱尔兰乐队 U2 在《Sunday，Bloody Sunday》中唱道:“是的,我不敢相信今天的新闻。我不能闭上双眼,让它就这样消失……碎瓶散乱在孩子的脚下,尸体遍布于死亡的巷道……星期天,血腥的星期天!”歌中的血腥星期天,距今已经 40 余年。1972 年 1 月 30 日的那场街头惨案,以及在惨案中丧命的冤魂,却始终未寻得真相和慰藉。

是临时爱尔兰共和军(Provisional Irish Republican Army,认为自己是爱尔兰共和军的直接继承者,以实现南、北爱统一,保护天主教徒为目标)。而代表新教徒的武装力量叫做乌尔斯特民兵(Ulster Volunteer Force,取名于前面提到的 Ulster 城,盖尔族的最后一个堡垒)。这两支武装力量经常针对对方的平民进行宗教袭击,并互相栽赃,制造恐怖袭击以引发世界对于对方的指责。双方一度都宣称自己的政治目标是推动北爱的政治和解与改革,却比赛似地持续使用着暴力和恐怖手段。

和平示威升级为暴力冲突

事实上,"血腥星期天"(在爱尔兰语里读做 Domhnach na Fola)在爱尔兰历史上不只发生过一次,在 1972 年之前,许多个星期日里都发生过为自由独立而流血的事件:1887 年在伦敦、1913 年在柏林、1920 年再次在柏林等。从和平示威走向过激冲突,在这个名为德里的城市也不是第一次。1968 年 8 月 12 日,德里市举行一年一度的"学徒男孩游行"时,15,000 名新教徒游行经过天主教徒聚居的伯格赛德地区,街头的气氛变得极为紧张。这场学徒男孩游行开始时非常和平,但没有持续多久。德里工党和青年社会主义者的成员在街道上尝试阻止来自伯格赛德的年轻人攻击游行者,但面对已被点燃情绪的民众,任何劝解都无济于事。石头被扔向游行队伍,打斗接踵而至,北爱皇家警察队在伯格赛德对人群全力殴打予以回应,一时死伤无数。

这起事件引发更为强力的镇压。1971 年 8 月,英国政府开始在北爱执行"未经审讯即可羁押"政策,同时禁止游行和示威。这些政策遭到了北爱民权协会的抗议。然而抗议归抗议,这一政策生效后,整个北爱共 342 人未经审讯即被捕入狱,其中多人为争取独立自由的"过激分子"——他们被新闻报道称为"蒙面人",因为他们都未在法庭上露面,即被羁押收监。据传,这些被捕的"蒙面人"受到虐待,包括强迫劳动、剥夺食物、禁止睡眠等。消息传出,北爱民权协会和天主教徒团体均愤怒难抑,决定在德里举行一场示威以示反对。当局收到申请书后,决定允许游行在天主教徒聚居区举行,但禁止游行队伍前往市政广场。北爱地面部队指挥官罗伯特·福特下令第一空降营前往北爱,应对游行中可能发生的骚乱。

1972 年 1 月 30 日下午 2 时 50 分,声势浩大的游行队伍在德里的天主教区集结,共有 1.5 万人到 3 万人名示威者向市政广场进发。由于在通往市中心的路上受到军队阻拦,下午 3 时 45 分,游行组织者决定改道前往自由德里纪念碑,大多数示威者听从了指挥,直到此时游行活动完全是和平的。但是此时,一群青少年离开了游行队伍,执意要冲破英军的路障前往市政广场。他们用石块袭击英军士兵,对方则用高压水枪、催泪瓦斯和橡胶子弹还击。据目击者回忆,此时的对抗尚不激烈,当时如此规模的冲突也很常见。

形势的转折发生在下午 4 点左右。英军指挥部突然得到一条消息,一名爱尔兰共和军的狙击手出现在伯格赛区。下午 4 时 7 分,指挥部下令空降营进入该区,并允许士兵开枪。一位名为达米安·唐纳的青年是在这起事件中第一个中弹的人,当时他年仅 15 岁。事后,达米安·唐纳承认自己曾向英军投掷石块,但士兵们朝他射击时,“我手上没有炸弹或拿任何东西”。游行的组织者表示,虽然队伍中确有爱尔兰共和军的成员,但他们均没有携带武器,而且在游行开始前就承诺不会让示威者持有武器。

第一个在英军枪口下丢掉性命的,是一名叫杰克·杜德的年轻人。根据目击证人的说法,当时他看到前进的军队后转身逃离,但不幸后背中枪当场身亡。随后英军又得到命令,逮捕游行者。游行队伍一直被逼到今天被称为“自由德里之角”的街角。在人群的尖叫声中,英军向手无寸铁的示威者扫射。被杀死或打伤的游行者身上,均未发现武器。而且,多名受伤者均被装甲车撞伤,大多数受伤、死亡者是从背后、脑后中枪。尽管英军总部下令停火,但部队在一位叫

Ted Loden 指挥官的“个人”命令下,仍然对游行队伍进行扫射。在停火令下达后,又有 12 人死亡——他们中的好几位都是为了救助那些受伤倒地的人而被射杀。

消息传出后,举世皆惊。英国政府受到国际社会的谴责。在爱尔兰首都都柏林,愤怒的民众在英国大使馆前举行抗议,并焚毁英国国旗。爱尔兰外相专程赴纽约联合国总部要求联合国干预。但是,由于英国拥有联合国安理会否决权,爱尔兰的要求没能得到满足。对于如此血腥的结局和全世界的口诛笔伐,英国军方和内政大臣不得不作出表态。事件发生后的第二天,英国官方发表声明,称军队遭到爱尔兰共和军成员的枪击后才进行了反击,士兵开枪前几分钟,还遭遇了两次钉子炸弹袭击。但是,包括示威者、当地居民、多家通讯社的记者在内的现场目击者表示,英军是在对没有武器的游行人群射击。现场没有找到任何武器遗留的证据,也没有一名英军士兵遭到枪击或受伤。

被掩盖了 38 年之久的真相

“这是一个血腥的星期日,当他们向人群开枪时,13 名烈士的声音在自由德里的天空回荡。当棺材被牢牢钉上,你们还会责怪孩子吗?因为没有一个士兵流血……”甲壳虫乐队主唱约翰·列侬在他的《血腥星期日》中这样唱道。然而,惨案发生后,英国政府一方面迟迟未给出交代;另一方面将“脏水”全都泼到游行者身上。“血腥星期日”发生两天后,英国议会通过决议,要求最高法院首席法官韦杰瑞负责调查此事。这一调查被称为韦杰瑞调查(Widgery Inquiry)。据韦杰瑞法官称,调查中,由于一些目击者的不信任和拒绝配合,难以获得充分的证据材料。然而,另一些史料则表明,韦杰瑞法官在调查过程中并未保持中立的立场。调查过程中,英国首相爱德华·希思秘密约见了韦杰瑞法官,叮嘱他务必尽快完成调查。因为爱尔兰共和军正在抓住机会,进行“军事战与宣传战”。这次秘密会面很大程度上影响了报告的进展方向。韦杰瑞法官决定,调查的问题应该是弄清楚“军队并未不辨良莠向群众开火,而是针对了特定的危险目标”。至于被射死、射伤的群众身上是否带有武器,则不应是调查主要关注的问题。调查的范围应该予以限定,仅观察事件发生当日——“由第一枪起到最后一枪为止”的时间段内。在目击证言残缺不齐的情况下,经过短短 10 周的调查取证,韦杰瑞法官便向议会提交了一份调查报告。这份报告和军方的说法大致吻合,称军方并非盲目开火,而是向已经确认的危险分子和武装暴徒射击。一些死伤者手上或身上还有武器的残留物(如铅粉),可以证明他们曾持有武器。

这一报告甫一公布,就遭到目击者和德里市民的强烈质疑。他们指出,一位名为杰拉德的年轻人被送进医院时,一个英军士兵故意往他的口袋里放进一些弹药,以欺陷他于“武装暴徒”之名。这个细节在 2002 年保罗·格林格拉斯执导的电影《血腥星期天》中得以重现,并得到了几位不肯透露姓名的军方人士的承认。这份调查报告非但未能平息民愤,反而激起了爱尔兰全民族更强烈的抗议。受难者家属更是无法接受“第二次的伤害”,并且提出由“英国法官调查英国军队,何来公正之有”。北爱尔兰的紧张局势达到了 20 年来的最顶峰,连锁的暴力冲突迭起。至今在德里市区仍保存着一幅纪念壁画,其中一位神色悲哀的神父正向士兵们挥动着一条沾满血迹的手绢,他身旁,一名中弹的受害者已经不省人事。这名神父叫爱德华·达利。在他看来,这场血腥的惨剧成为北爱尔兰局势的分水岭。在此之前,德里的民权运动虽然高涨,但爱尔兰共和军得到的支持十分微弱。然而从那一天以后,年轻人排队加入爱尔兰共和军。达利神父前往监狱探望被关押的“暴徒”时。很多人都声称,是因为“血腥星期日”和英方后续掩盖事实、颠倒黑白的所谓调查,才逼他们走上暴力反抗的道路,最终被捕入狱。

在此后的 20 多年间,尽管德里和北爱的民权组织多次要求再次对“血腥星期日”进行公开调查，均遭到英国政府拒绝。直到工党领袖托尼·布莱尔上任后，才于1998年下令重新开始调查。托尼·布莱尔首相表示，1997年他亲手接到长达178页的、来自受害者家属的证据档案目录，其中有韦杰瑞调查所故意忽视的证据，也有能够直接证明枪击过程的影像资料。托尼·布莱尔首相称，重新进行调查的目的“不是要起诉或指责任何人，或招惹新的一轮对骂。而是要确定，当日所发生的真相。这件事距今已过去26年，是时候直面那个时刻了。”新的调查由最高法院萨维尔法官牵头负责，3位资深法官参与其中。他们对2500多名目击证人取证，其中邀请到922名证人出庭作证，并对160本证供、121卷录音带和110卷录影带进行深入调查。调查报告耗时12年，总花费接近2.93亿美元，成为英国法律史上最大规模的一宗调查。

调查进展得并不顺利。起初，法官们估计这项调查应该能在1年内完成。孰知战线越拉越长，证据和线索错综复杂。法官们共找到当天在现场的610名士兵、729名市民、30名记者与摄影师、20名政府官员和53名警员。寻找当日在场的士兵，说服他们提供证言，并处理他们匿名作证的技术问题，就用了两年多时间。原定于2002年1月听取最后证供，并确定公开报告时限的计划一再拖延。直至2005年，萨维尔法官宣布：由于材料数量太过庞大，报告何时可望完成，目前尚无确切的估计。随着调查的进展，越来越多的真相浮出水面。萨维尔法官初步认定，当日确实出现了一名爱尔兰共和军成员向英军士兵开枪的情况，但是这一幕是在英军打死两名游行示威者之后发生的。在此之前，虽然示威者向英军投掷石块，但并未对英军造成威胁。相反，英军士兵失去控制，在射击之前没有进行任何警告，亦未区分目标人群，进行了盲目射击。最终，直到2010年6月，这份长达5000页的报告才得以公之于世。此时，离那个“血腥的星期日”已经过去了38年之久。

艰难的和平重建之路

2010年6月15日，德里市举行集会。38年前亲历血案的市民和受害者的家属聚集在一起。受害者家属还带来了韦杰瑞调查的报告，并在集会上当众撕毁。同一天，英国首相戴维·卡梅伦向议会呈交了长达5000页的萨维尔调查的报告，并为这一事件公开致歉。他说：军方向手无寸铁的抗议民众开枪，这一行为是无可辩驳的错误。当这一画面出现在德里市的大屏幕上时，集会人群中爆发出了掌声和欢呼。萨维尔法官随后出现在屏幕上，他说，之所以会造成死伤，首先是指挥官本来就不应该下令部队进入示威地点，这使得许多英军错误地以为他们受到了爱尔兰共和军的猛烈袭击。在某些情况之下，士兵虽然明知没有受到任何袭击，仍然开枪。他形容士兵们在事件中失去了自我控制，而且普遍没有遵守使用枪械的纪律。不过萨维尔法官也表明，当时也参加示威的共和派领导人、现任北爱尔兰副首席部长麦金尼斯可能那个时候手上有把冲锋枪，但是由于证据不充分，不能确认麦金尼斯是否开了枪。

不能证实的细节还有很多。目前还有约1000张军用直升机拍摄的照片和一些录影片段，仍然属于绝密文件，尚未公开。尽管如此，北爱尔兰这个争议频起的硝烟之地，正在渐渐走向和平和秩序的重建。2008年3月，笔者有幸于都柏林三一学院见到了利姆瑞克大学的Dermot Walsh教授。他利用部分解密的文档，于2000年撰写了《血腥星期天和北爱尔兰的法治》一书，除了质疑英国司法调查团的调查结论，他更多地关注这一事件对法律制度层面的影响。例如，1998年托尼·布莱尔首相决定重启"血腥星期天"事件的二次调查。以此为契机，新一轮和谈在北爱尔兰主要政党之间展开，旨在达成政治协议。这些对话最终产生了1998年贝尔法斯特协议，又称受难节协议（Good Friday Agreements）。这个协议在权力共享的基础上恢复了北爱尔兰自治政府，在1999年建立了由4个主要政党（包括新芬党在内)组成的执行会议。其他改革措施包括警察机构改革——更名为北爱尔兰警察与要求招收最低限额的天主教徒。共和军的武装在 2005 年 9 月已经令大多数人满意地完全解除,和平谅解的曙光开始出现。

另一种重建和平秩序的尝试也在进行。北爱尔兰教育委员会于 2007 年开始启动一项名为"起飞"的方案,试着在孩子身上消解仇恨。学校对于 11 岁以下的孩子,在其课程教育里增加"和平"课程。向孩子们介绍另外一些家庭里,也有和他们一样(尽管宗教不同)的孩子们。不过,这一计划的进展亦不顺利,因为学校对于是否选择这一教育方案,有着完全的决定权——教育委员会不过只有制定方案并建议采用的权力。在北爱尔兰,两大族群的学校还是完全分开的,天主教的孩子上天主教学校,新教徒的孩子上新教学校。而这其实是仇恨与敌对滋生最关键的环节。特别是占有主流话语权的新教徒阵营,对和平课程的反应相对平淡。要消弭孩子间的隔阂和仇视,避免未来再出现血案,这项努力和自治政府的接轨、和平秩序的重构以及其他社会制度的发展一样,将可能还有很长的路要走。

四、猎鹿引发的血案

每年秋天,成千上万名美国威斯康星州居民纷纷涌入森林,进行为期9天的猎鹿行动。捕猎在林间奔跑的野鹿,既是对传统林耕时代的纪念,又是一种对血性和勇气的褒奖。然而,不幸的是,如同迈克尔·西米诺执导的那部《猎鹿人》,"狩猎者最终将被猎",在2004年的秋天,几位猎鹿人反而成了猎枪下的牺牲品。

这起血案发生于2004年11月21日。一个由14名猎人组成的猎鹿小组进入森林。这片森林是罗伯特·克罗图拥有的400英亩私产。他们搭建了一个猎鹿平台,准备以之为高地,展开捕猎行动。等他们巡逻归来,却发现平台上站着一个陌生猎人,手持一把7.62毫米口径的SKS步枪,这是一种非常便宜,但却威力强大的半自动步枪。猎鹿小组的两名成员要求这位名为柴旺(Chai Vang)的亚裔猎人离开平台。双方口角几句之后,竟然互相枪击起来。该片森林的主人罗伯特·克罗图和另外数人闻讯坐着山地越野车赶来,他们做梦也想不到的是,前方等待他们的会是这场血腥的"猎"人行动。

事后,威斯康星州检察长劳登希拉吉(Peg Lautenschlager)在交叉询问中问柴旺,为何没有逃走而留在原地开枪。柴旺答道,他当时根本就没有想到要逃走。那天上午,他在树林里打猎,沿着一条鹿走的小径来到一片树林之后迷了路,然后他爬上一个平台观察方向。这时一伙白人猎人走过来,其中一名白人说他进入了私人林地。柴旺回答道,他迷了路,并表示道歉。然而当他从平台下来后,那个叫柯洛托的白人骂他"中国佬"(Chink)和一系列脏话,还威胁要揍他。由于感觉受到威胁,他不停地转身注视对方的动作。这时他看到有人举起步枪向他瞄准,立即匍匐在地。一颗子弹飞过来,击入50英尺外的泥土里。于是柴旺开枪还击。

当森林主人罗伯特·克罗图赶来时，枪战还在继续。他们很快加入战阵，没想到柴旺枪法不错，将枪口对准车上下来的人疯狂开火。附近小屋中的其他猎人听到枪声后，全部赶来救援，他们将受伤者匆匆抬到车上，开车亡命般地冲出密林深处。负责调查此案的梅尔警官说："他们尽可能多地抢了一些躺在地上的伤者和死者逃离现场，因为在他们救人时，仍然遭遇枪手的火力射击。"

这场枪战中，柴旺共杀死 5 人，打伤 3 人。待猎鹿小组逃散后，他也匆匆离开现场，由于他身上没带罗盘，很快就在森林中迷了路。他遇到了另外两名猎鹿人，而这两人竟对他刚才的屠杀行径一无所知，让他搭乘他们的车离开森林。然而此时，当地警方已经派出飞机、直升机和警车封锁了当地所有进出森林的要道。其中一名受伤的猎人此前已经记下了挂在枪手衣服上的狩猎执照号码。警方彻查一切进出森林的车辆，检查每名猎鹿人的狩猎执照。柴旺随后被捕。

这位年仅 36 岁的亚裔是一名来自东南亚国家老挝的"洪族"移民。他所在的部落在越战期间曾帮助过美国兵，因此他们许多人后来都流亡美国。据亚太明尼苏达人委员会负责人伊琳·赫称，柴旺是一名狂热的打猎爱好者，"他的熟人们都说他爱好打猎，是一个打猎狂"。柴旺的哥哥桑旺认为，他弟弟应该是迷了路，误入了私人领地，登上了错误的猎鹿平台，事实上在事发地区附近，就有数千英亩的公共狩猎场所。据桑旺所说："也许有人激怒了他，平时他是一个通情达理的人。我仍然难以相信发生的一切，我们现在彻底被摧毁了。"

这起血案送至法院后，柴旺被控 6 项一级谋杀罪和 3 项企图谋杀罪，可能将在监狱中度过终生。而鹿林里的枪声仿佛还在耳边，如同宿命一般地，在西米诺执导的那部《猎鹿人》里，喜欢猎鹿的青年死在西贡的枪声下。遥远神秘的越南、受到压抑的华裔、奔跑林间的鹿群和染红天空的鲜血，在电影和现实中的不幸里重叠。

五、慕尼黑的血色奥运

举世瞩目的第30届奥运会正在英国伦敦举行。圣火再度点燃，激情、友谊、和平之花绽放。然而人们无法忘记的，是在40年前的慕尼黑。1972年慕尼黑奥运会，拥有太多“第一次”：第一次有了裁判员宣誓仪式，第一次有选手以7破世界纪录的成绩拿下7枚金牌，第一次有了16岁的个人项目奥运冠军，第一次有了官方的奥运吉祥物……但是再多旷世的欣喜，也掩盖不了那场同样旷世的悲剧——慕尼黑惨案。

奥运村不设防

1972年慕尼黑奥运会想努力淡化“二战”后的政治色彩，却遭遇到了最极端的暴力——杀戮。1972年的9月5日，巴勒斯坦恐怖分子持枪袭击了慕尼黑的奥运村，当场杀害两名以色列运动员，劫持9名人质，致使比赛全部停止，奥运村一片混乱，而全世界都可以通过各大电视台的直播看到这一切。整个事件的全部人质没有1人获救，最后以5名恐怖分子和1名德国警察死亡而告终。“奥运会被恐怖分子利用，我想这是头一回，当时我们的警察对这种事情也非常没经验。”发生惨案后，时任慕尼黑市长的汉斯·福格尔这样说道。

这一切发生的时候，作为市长的汉斯·福格尔只能无奈地站在电视机前：“当时，联邦政府和州政府的警察部队负责执行任务，我无能为力。”汉斯·福格尔只能一遍遍地回想他在奥委会面前承诺的一切：“慕尼黑是最后一个做陈述的，我用英语做了6分钟的发言：慕尼黑愿意为国际奥委会提供一个绿色的、自然的环境；我们并不好大喜功，要超越罗马、东京什么的，我们就做一个小城市，欢迎所有运动员和游客。我想告诉大家，这个德国不再是1936年那个德国，可是现在……”面对恐怖分子的时候，汉斯·福格尔曾经提出自己作为人质，换回被劫持的运动员。但恐怖分子拒绝了这一要求。因为他们仇恨的对象，是与他们有着世仇的以色列人。

事情还要从当时的国际矛盾，尤其是中东阿以矛盾日益激烈的大背景说起。一方面，阿拉伯国家在同以色列的对抗和冲突中处于劣势，而西方国家大多偏向、同情和支持以色列一方，为此，阿拉伯国家民众普遍感到不公正和不平衡，继而衍生出许多企图以爆炸、暗杀、绑架等极端手段实现政治目的的组织；另一方面，巴勒斯坦不但在以色列的强力打击下建国无望，设立在其他阿拉伯国家的流亡政权也受到排斥和打击，以“黑九月”为代表的极端派别纷纷成立。“黑九月”这个名字，来源于 1971 年 9 月，巴勒斯坦解放组织在约旦境内被武力驱逐的事件。原巴勒斯坦解放组织成员和极端分子，组成了这个专门在海外从事暗杀和破坏活动的秘密组织。1971 年 11 月 28 日，他们刺杀了约旦总理泰奥后，真正地成为了恐怖组织。

慕尼黑奥运会人质劫持事件有两条直接的导火索：一是事件前 3 个月，2 名“黑九月”恐怖组织成员在以色列特拉维夫机场劫持了载有 97 名乘客和机组人员的比利时航空公司的客机，但在 20 小时后被以色列突击队以武力击败，该组织急于发起新一轮恐怖袭击；二是巴勒斯坦一直希望争取到与以色列同等的国际地位和待遇，希望能够以一个国家的身份参加 1972 年慕尼黑奥运会。然而，参赛请求最终被拒绝，为巴勒斯坦极端组织进行报复提供了又一“理由”。

与此同时，慕尼黑奥运会安全保卫工作却处处都是漏洞。联邦德国政府希望利用本次奥运会，重树战后德国政府国际新形象，特别将本届奥运会的主题定为“和平与欢乐”。同时，为避免引起人们对纳粹的回忆，负责奥运会场馆、驻地的军警和保安大部分没有配备枪支。各国代表团居住的奥运村的安全保卫措施亦不严格，时常有逾时归队的运动员，翻越奥运村围栏入内。保卫人员看见了，也通常不加盘查。奥运村内没有照相机，没有探测器，没有路障，一切都是防

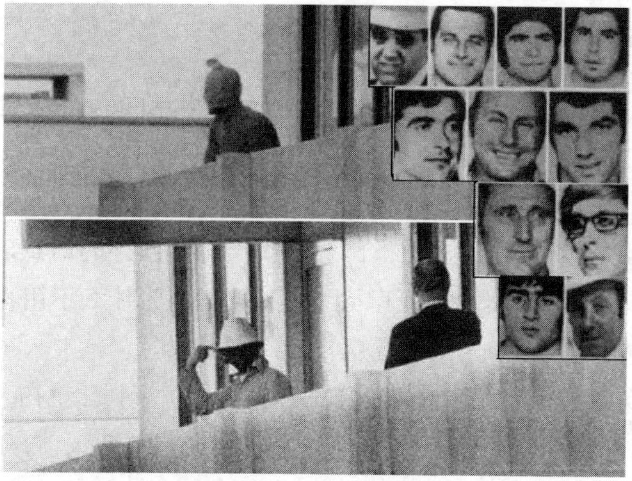

1972年的慕尼黑奥运会，遭遇到了最极端的暴力——杀戮。9月5日，巴勒斯坦恐怖分子持枪袭击了慕尼黑的奥运村，当场杀害两名以色列运动员，劫持9名人质，致使比赛全部停止，奥运村一片混乱，而全世界都可以通过各大电视台的直播看到这一切。整个事件的全部人质没有1人获救，最后以5名恐怖分子和1名德国警察死亡而告终。

君子不防小人的象征之举。此外,对国际政治不够敏感的德国政府,向刚结束战争赴会的以色列代表团只派了 1 名特工人员随队保护。这些都给有预谋、有准备的巴勒斯坦"黑九月"恐怖分子提供了可乘之机。

精心策划的凌晨枪声

1972 年 7 月 15 日,罗马。阿布·达乌德、阿布·伊亚德与另一位"黑九月"领导人阿布·穆罕默德在罗马一家咖啡馆会面。他们手上的一份阿拉伯报纸上登载着巴勒斯坦青年联盟两次要求组织代表团参加慕尼黑奥运会,却都被国际奥委会拒之门外的消息。此时阿布·穆罕默德说:"既然他们不让我们去,我们为什么不用自己的方式去?"两天后,阿布·达乌德就出现在了慕尼黑。他混入了尚在建设中的奥运村,成为了一名打短工的建筑工人。到奥运村完工时,整个奥运村的地形布局他已了然于心。奥运会开幕两天前,阿布·伊亚德带着 1 男 1 女和 5 个一模一样的皮箱从阿尔及尔飞抵法兰克福。海关官员打开了女士的箱子,没有发现什么异样。在法兰克福的饭店内,阿布·达乌德、阿布·伊亚德等人将其余几个皮箱打开,并麻利地组装起来。6 只 AK－47 步枪和两支冲锋枪很快出现在他们面前。当天,阿布·达乌德乘火车将武器运到慕尼黑,寄存在火车站。此后,又有两支 AK－47 和一批手榴弹送抵他们的手中。

很快,阿布·达乌德和一个到慕尼黑探亲的叙利亚女子出现在奥运村。他们谎称一群巴西运动员中有熟人,骗过了奥运村的门卫。两天后,阿布·达乌德再次用同样的伎俩混入奥运村。他在回忆录中写道:"开头非常顺利,但更好的还在后头。5 分钟后我们到了 31 号楼,我看到以色列代表团一位褐色皮肤的姑娘走出来。"一番攀谈之后,姑娘陪他们参观了这栋复式套房,却不知他们记下了每个房间的细节,包括电话和电视的位置,每个窗户的视线。

8 月 25 日,利比亚。从黎巴嫩难民营挑出来的 6 名巴勒斯坦青年正在训练,重点是徒手格斗和实弹射击。奥运会开始不久,他们两人一组,利用假护照抵达慕尼黑,但直到袭击前夕才了解了任务细节。当夜,在火车站附近的旅馆房间内,阿布·达乌德给8个绘有奥运标志的行李袋装满了子弹、手榴弹、食物和急救用品,还准备了蒙面的尼龙长袜、绳索和保持清醒用的安非他命。晚上21点,他们在火车站附近一家饭馆集中,小组负责人伊萨对这6名青年说道:“从现在起,就当你已经死了,已经为巴勒斯坦事业阵亡。”

9月4日,慕尼黑。趁着奥运会的间歇,前来参赛的以色列队员们出去休闲了一个晚上,回味着刚刚听过的小提琴表演,他们有说有笑地返回奥运村,谁也没有注意到,身后那8双寒光四射的眼睛。几个小时后,9月5日4时30分,一名例行打扫的保洁女工看到她早习以为常的一幕:几位身穿运动服、手提运动包的男子,从奥运村外归来,身手矫健地越过围栏,进入村内。她不知道,这群看似运动员的男子,即将令世界错愕震惊。

这8名“黑九月”恐怖分子用运动包携带着冲锋枪和手榴弹,越过形同虚设的奥运村25A门旁的栅栏,直奔以色列运动员居住的31号楼。对于地形异常熟悉的他们几乎没有遇到任何阻碍,就来到了31号楼下。他们用事先准备好的钥匙打开了楼门。这时,未睡熟的以色列举重教练约瑟夫·罗曼被开门声惊醒。他块头很大,体重124公斤。虽然他一时还无法断定这响声是不是室友摔跤教练摩西·温伯格发出来的,但是,门后低低的阿拉伯语的谈话声使他立刻确信将大祸临头。于是,他跳下床,一面用粗壮的身体顶住渐渐被推开的房门,一面用希伯来语高喊:“有危险! 孩子们快逃!”在尔后的几秒钟内,8名恐怖分子试图将罗曼抵住的门推开,双方使出的力气扭弯了金属门框和铰链。他所争取到的时间,让几位以色列运动员和教练员得以从后门仓皇逃出。这时,摔跤教练温伯格也正好回到房间,他也是个大块头,要制服他绝非易事。温伯格一踏进房间,立刻挥拳打倒了一名恐怖分子,另一名恐怖分子急忙开枪,子弹打穿了温伯格的面颊。但他仍然猛击对方的脸部,那人的上颌骨被打碎,昏倒在地。另一个恐怖分子举枪就打,温伯格胸部连中数枪,他才像堵墙似地塌倒下去。举重运动员约瑟夫·鲁马努在恐怖分子要捆绑他时,操起桌上的一把菜刀,朝着恐怖分子的前额砍去,剧烈的疼痛使这个恐怖分子无法开枪,只好退避。但从他身后跑来的另一名恐怖分子,用冲锋枪扫了一梭子,约瑟夫·鲁马努的身体几乎齐腰断成两截。最初用身体顶住房门,为同伴争取逃生时间的约瑟夫·罗曼教练,也在和恐怖分子争夺手枪的搏斗中头部中弹身亡。在短短半小时内,2 名教练员、1 名运动员被杀害,9 名运动员则被绑住手脚,成为了人质。他们居住的 31 号楼被整体占领,成为恐怖分子对外僵持的掩体。慕尼黑人质事件,在枪声中震惊了全世界。

颇受争议的应急营救

值得一提的是,当时在 31 号楼居住的,不仅有以色列代表团,还有中国香港代表团。香港代表团的两名教练亦一度被困,与恐怖分子近身接触。其中柔道教练蔡德培后来对媒体说:“当时我们只有不足 30 人,住不满整座楼,隔壁的以色列队地方不够住,就与当时香港的副总领队杨俊骧商量,借了 31 号楼底层的房间居住,我们住楼上。”蔡德培回忆道,在 9 月 2 日、3 日的中午,在宿舍附近都见过阿拉伯人出没,曾有阿拉伯人用英语问他以色列队的落脚位置,他当时并未在意。到 9 月 5 日凌晨 4 时许,正在熟睡的他被楼下传来的枪声吵醒了。邻房的卢彼德跟我说:“‘那声音很不对劲。’他是当年的射击队代表,能够分辨枪声。卢彼德后来走到楼梯口往下望,见有人从室内将两具尸体拖出走廊,立刻知道事情不妙,就爬出窗户逃走。当时他有叫我一起走,但我困顿地说,人家可能是饮醉酒打架,就回到楼上睡觉。”

比蔡德培还迟钝的,是奥运村治安部门。负责治安的工作人员接到过一些路人打来的电话,但没引起足够的重视。搏斗时断时续,几声枪响和撕心裂肺的呼叫过后，一切又重归平静。麻痹大意的保安人员更是糊涂地认为，这不过是奥运村夜夜都有的各种庆祝活动的延续。枪声大概是有人放爆竹焰火，喧闹取乐罢了。直到4时55分左右，1名没带武器的德国治安警察才前来察看情况。他看到站在31号楼下、戴着头套的1名恐怖分子，才惊呼道："这到底是怎么回事?"5点钟，慕尼黑警察局局长曼弗雷德·施赖伯才在睡梦中被报警电话惊醒，于是慌忙组织人力处理危情。

5时10分，联邦德国当局开始了拯救人质的行动。6时，此次奥运会保安工作志愿者—— 42岁的女警安妮丽丝· 葛瑞丝成为双方接受的中间人。对峙中，"黑九月"下达了最后通牒，他们要求释放被关押在以色列的234名囚徒和西德监狱中的2名"组织"领导人，并派飞机把他们送到一个安全的地方。值得肯定的是，联邦德国政府充分认识到了这起国际人质事件涉及面广、协调难度大，处置需要充足的时间。因此，在谈判中显示了坦率、诚意和灵活性，各级政要轮流同恐怖分子谈判，说服恐怖分子5次延长了最后期限。此外，联邦德国政府通过积极寻求国际协调。他们希望有潜在影响力的阿拉伯国家领袖出面调解，但由于埃及等国的不愿介入，使国际协调陷入僵局。此时，联邦德国的官员们展现出了惊人的勇气。巴伐利亚州的内务部部长、慕尼黑市市长、慕尼黑警察局局长、奥运村村长等官员，都表示愿意以自己作为恐怖分子劫持的人质，换回那些被劫持的以色列运动员。然而这些请求，都遭到了恐怖分子的拒绝。

此时，在场的国际奥委会主席阿弗瑞·布伦戴奇向警方建议，可否仿效20世纪20年代芝加哥警方的做法，向建筑物内灌入致晕毒气来制服歹徒。这一建议被德方拒绝。下午，警方又提出派13名警察沿暖气管道爬进楼去的计划。然而令人啼笑皆非的是，全世界直播奥运会的媒体全都集中在附近的楼顶上，直播着劫持事件的事态进展。当穿着运动服的警察刚爬上暖气管道、准备拆开屋顶通风口时，这一幕就通过卫星电视向全世界直播——而观众自然也包括了

31 号楼内的恐怖分子。奇袭计划再告失败。

晚上 18 时 35 分，双方进行了第一次直接接触。内政部部长、慕尼黑警察局局长和奥运村村长进入 31 号楼，亲眼目睹了劫持者孤注一掷的决心，于是决定改变原定冲入大楼营救人质的计划。警方答应歹徒提出的要求，将恐怖分子和人质一起运到开罗，并派出 3 架直升机把他们从奥运村送往菲斯滕菲尔德的布鲁克军用机场。与此同时，警方在机场埋伏好了狙击手，准备在机场实施营救行动。

伤痛不已，奥运精神不灭

然而此时，德国警方对营救行动并无把握。他们甚至始终没有得到恐怖分子的详细资料，不知道恐怖分子的模样和人数。以至于安排狙击手前往机场伏击恐怖分子时，把恐怖分子的总人数少算了 2 个人。这一纰漏使得最后的营救行动完全失败。营救行动更为深层的失败原因，恐怕还在于以色列方面的强硬态度。劫持事件发生后，联邦德国总理维利·勃兰特在电话里与以色列总理果尔达·梅厄磋商了 10 分钟，其结果不出所料，以色列总理果尔达·梅厄这位头发花白的女总理重申了以色列对恐怖主义人人皆知的立场：无妥协可言，在任何情况下都不会让步。以色列特工头目扎米尔迅速来到慕尼黑，全权代表以色列政府。扎米尔在了解德方的营救计划后，虽然感觉行动组织粗糙、准备草率，但也没有提出什么异议——毕竟，他的主要使命不是确保人质的生命，而是坚持以方的强硬态度。

晚上 10 时，扎米尔在德方军官的陪同下，登上了机场控制塔，“有幸”亲眼目睹了机场跑道上发生的这场悲剧的最后一幕。10 时 20 分左右，9 名以色列人质和 8 名恐怖分子搭乘一辆大巴，来到机场上停放的两架直升机旁。警方并未在恐怖分子下汽车后向直升机走去的时候实施伏击，从而失去了行动的最佳机会。恐怖分子强迫直升机的驾驶员站在前面，然后 4 个恐怖分子走向直升机进行检查。机场的灯光造成许多阴影，使人难以辨别谁是人质，谁是恐怖分子，然而,不到 5 分钟,5 个狙击手便接到命令,在昏暗中匆忙向远处开火。

枪声一响,恐怖分子迅即举枪还击。直升机的驾驶员见势不妙,拔腿就跑,其中两人安全脱险,另两人被交叉火力击中,负了重伤。以色列人质则无法动弹,他们还坐在直升机内,眼睛被蒙住,手脚被紧紧地捆着。双方对射了足有一个多小时,恐怖分子狂傲地拒绝了联邦德国警方的几次劝降,尽管他们明知这是免于一死的唯一出路。联邦德国方面因为直升机内还有人质,因此火力受到限制。于是,便临时决定在 6 辆装甲车的掩护下,突击队员直接向上冲。然而,就在装甲车开动的同时,1 名恐怖分子向一架载有 5 名以色列人质的直升机里投了一颗手榴弹,直升机顿时化为一团烈火。紧接着,另外两名恐怖分子枪杀了第二架直升机内的 4 名人质。

令人痛惜不已的是,倘若装甲车攻击推迟几分钟,第二架直升机上的 4 个人质或许就能幸免于难,人们发现,捆绑他们的粗绳结上留有牙痕。这表明,这 4 个以色列人用不了多久就能挣脱绳索,出其不意地袭击守在直升机外的两名恐怖分子,他们很有可能会活下来。直到凌晨 2 点 30 分,警方才击毙了最后 1 名负隅顽抗的恐怖分子。战斗结束后,一共有 9 名以色列人质、1 名德国警官和 5 名恐怖分子死在机场上。

慕尼黑惨案成为奥运史上永远无法褪去的悲恸。9 月 6 日,国际奥委会主席宣布当天为哀悼日,慕尼黑体育场比赛暂停一天,改成 8 万人参加的追悼会。就是否继续举行比赛,奥组委和慕尼黑市政府商议了许久。最终达成一致意见,正是因为有种族仇杀和宗教冲突的存在,奥运会所代表的和平、宽容和交流,才分外可贵,分外需要坚持下去。一位记者悲痛地写道:"第二天,奥运会继续举行。那一年,苏联赢得 50 块金牌,美国名列第二,获得了 33 块金牌,以色列则运回去 11 具尸体。然而,人们一刻都没有想过要放弃这次奥运会。"

直至今日,在慕尼黑奥林匹克体育场外,仍有一座小小的纪念碑,上面用德文和希伯来文刻着遇害者的名字。人们却无法遗忘40年前的慕尼黑奥运惨案——那一刻,原本应该消弭肤色、宗教、种族和地域差异的奥运会,却遭遇了恐怖与仇恨的袭击。40年过去了,曾经鲜活的生命已化为灰尘,唯有血痕与教训以及对和平宽容的向往,仍然常绕人们心间。

第五章　奇诡荒诞的瞬间

各种奇案、怪案甚至荒唐之案，构成法律的另一重神秘魅力所在。法律习惯于板起理性的面孔，而现实世界却不买账，以形形色色难以预测和不合常理之怪现象，挑战法律呆板的框架。而这从另一方面说明，法律从来不是庙堂之高的说教，而是不断回应现实的灵活艺术。

一、裸体“阿佛洛狄忒”受审记

以铁面冷血的法律来裁断艺术与亵渎的界限，在人类文明的早期，就曾经有过相似的案例，其中最著名的莫过于古希腊的“芙丽涅”案。

不同的是，在这个法庭上受审的并不是胴体的记录描绘者，而是裸模本人。公元前4世纪，雅典最美丽的模特芙丽涅被指控犯有渎神罪，走上了法庭。这事还要从一个叫科斯的城邦说起。根据史家普林尼的记载，科斯向雕刻大师普拉克西特利斯定制一尊阿佛洛狄忒的雕像。阿佛洛狄忒是希腊神话中的爱与美之神（也就是后世尊崇的维纳斯）。在当时，她的形象是高贵而稳重的，一般都身着长裙。雕刻大师普拉克西特利斯另辟蹊径，请一位名为芙丽涅的女子作为裸体模特，进行创作。一尊前所未有的裸体阿佛洛狄忒问世了，神采动人、体态优美，处处展现着美神的华彩。然而科斯人拒绝接受这一作品，要求雕刻师重新提交一件着衣的阿佛洛狄忒。无奈之下，普拉克西特利斯只得重雕了一尊身着长袍的美神。那一尊“退货”则由另一个名为尼多斯的城邦收下。尼多斯人很是欢迎这尊华美绝伦的神像，将她供奉在岛上森林中一座特地为它建造的小庙里。没想到，各地前来参观者络绎不绝，人们都想一睹裸体阿佛洛狄忒的风采。尼多斯岛一举成名，数百年间竟成为一个有名的聚会场所。与此同时，《尼多斯的阿佛洛狄忒》也在古代世界中被誉为最美的雕像，几乎整个希腊世界的人都来观赏，名声之大，以至于其他优秀的雕像都为人所忘却，唯此雕像却被尼多斯人铸到钱币之上。裸体女神的形象被充分认可，希腊世界也接受了这个新的审美准则，然而裸模芙丽涅个人，则遭受了不幸。这或许与她的身份有关，据史家猜测，她是一名女祭司，在祭祀海神的节日里，必须执行洗礼仪式，赤身裸体地从海水中走出，进行朝拜。她的裸体应属于神，而不属于凡间。雅典市民对于自己的祭司担任裸模、化身为美神雕像并供全希腊观赏一事感到不满，于是以渎神罪起诉了芙丽涅。陪审团由501位市民组成，他们神情严肃地审理此案。由于证据确凿，无论雕刻师还是芙丽涅都没有否认此事，还有多位参观过尼多斯岛上阿佛洛狄忒像的市民出庭作证，证明芙丽涅的确担任了阿佛洛狄忒神像的裸体模特，眼看芙丽涅要被定罪处刑，她的辩护士（相当于律师）希佩里德斯进行了一次惊心动魄的非常规的辩护。最后一次出庭，芙丽涅一言不发地听完了所有的指控和抨击。希佩里德斯让身着长袍的芙丽涅站在陪审团面前，猛地扯下长袍，并向目瞪口呆的陪审员们大声质问道："这样美丽的身体，难道会渎神吗？以这样的美雕刻为美神雕像，难道不正是一种敬神之举？难道诸位，要看着这样美丽的胴体消失在这世上吗？"

受到视觉和心灵双重冲击的法庭，最终判定芙丽涅无罪。尽管随后元老院马上颁布法令，禁止辩护士再采取此类辩护措施，否则一律定为干扰法庭审判罪，然而芙丽涅的无罪释放已成定局——这一事件成为古希腊法庭史上的经典一幕，流传甚远。19世纪，法国画家热罗姆还以此为题材画了一幅名画《法庭上的芙丽涅》。画面上，芙丽涅处于中心突出位置，以臂遮脸表现了刚被掀开衣裳的一刹那。芙丽涅显得异常洁白、妩媚、完美无瑕。她的动作呈现出典型的希腊风格，微微扭动的身子，使曲线的韵律更加丰富。由于当众裸露，她下意识的遮掩动作显得楚楚可怜，且有几分羞涩，反而格外娇媚动人。一旁的辩护士异常严肃、坚定，眼中只有美的高尚和不可亵渎之志。而众法官的怜悯、领悟、贪婪、呆滞的目光，则充分显示了人生的诸相与人性的复杂。而希腊时期所崇尚的美的纯洁、神圣以至美的不可战胜主题，更是洋溢于纸面之上。这幅名画将那个奇异定格的场景永远地记录下来了，成为人类历史上的经典瞬间之一。而法律在这个瞬间，在美与人性面前的溃败，更是无法辩驳、心悦诚服。

雅典市民对于自己的祭司担任裸模、化身为美神雕像并供全希腊观赏一事感到不满，于是以渎神罪起诉了芙丽涅。眼看芙丽涅要被定罪处刑，她的辩护士（相当于律师）希佩里德斯进行了一次惊心动魄的非常规的辩护。他猛地扯下长袍，并向目瞪口呆的陪审员们大声质问道：“这样美丽的身体，难道会渎神吗？以这样的美雕刻为美神雕像，难道不正是一种敬神之举？难道诸位，要看着这样美丽的胴体消失在这世上吗？”

二、东京法庭上的真假赵碧琰

迄今为止,“赵碧琰在日产权案”仍是我国涉案金额最大、案情最为曲折离奇的跨国民事财产纠纷案,案情扑朔迷离,疑点重重,经历了20年的审判才最终于1984年9月7日在东京家庭裁判所作出终审判决。

赵碧琰本不姓赵,她是中国第一位留日法学博士、伪满洲国立法院院长赵欣伯的遗孀。1938年,赵欣伯夫妇旅居日本期间,以妻子之名购置大量不动产,并藏有大量珍宝。至终审时,这些财产已升值至两兆日元。1942年赵欣伯夫妇携其独子赵宗阳回国生活,再未返回日本。1951年,赵欣伯去世后,赵碧琰与在日的财产托管人失去联系。直至1964年,她才重新向日方提出了收回财产权的请求。这时她才得知近几十年内原来已经有二十余位自称为赵欣伯家人的“权利人”向法庭主张过这笔巨款。因而直至1976年,法庭才决定正式开庭,经重重筛选,留下了5位都自称为赵碧琰的女子。她们分别来自马来西亚、新加坡、中国香港、泰国和北京。主审法官津村洋介需要从这5位老妇中找到真正的巨富遗孀。

这一天,离第三次正式开庭还有5分钟,5位老妪都到齐了。津村洋介精心准备了几个问题,来确定真正赵碧琰的身份。“我想请问各位,你们能确认自己是赵碧琰吗?”津村法官问。泰国赵碧琰抢先答话:“当然,我自小就叫这个名字,难道还会有错?”香港赵碧琰和新加坡赵碧琰也相继这样说道。“我的祖籍是中国辽宁,1921年嫁给赵欣伯先生后随夫改姓叫赵碧琰。”马来西亚赵碧琰的回答言简意赅。轮到来自北京的赵碧琰了,她第一句话就语出惊人:“我不是赵碧琰,真正的赵碧琰已经死了。我的真名叫耿维馥,是在出嫁后应丈夫的要求改用他前妻的名字,所以我和赵欣伯结婚以后使用的名字符

这是年轻时的赵碧琰。赵碧琰本不姓赵，她是中国第一位留日法学博士、伪满洲国立法院院长赵欣伯的遗孀。1938 年，赵欣伯夫妇旅居日本期间，以妻子之名购置大量不动产，并藏有大量珍宝。至终审时，这些财产已升值至两兆日元。1942 年赵欣伯夫妇携其独子赵宗阳回国生活，再未返回日本。1951 年，赵欣伯去世后，赵碧琰与在日的财产托管人失去联系。直至 1964 年，她才重新向日方提出了收回财产权的请求。

号是赵碧琰。”

法官沉静了一会儿,继续问道:“那么,我想知道,赵欣伯的太太生过几个孩子? 现在都在哪里?”除了来自北京的赵碧琰外,另外四位老妪的回答都是“1 个孩子,已经亡故或下落不明。”唯有那位真名为耿维馥的老人说:“我嫁给赵欣伯后一共生育过两次,第一次是个男孩,叫赵宗阳;第二次早产生下一个女儿,只活了 4 个小时。后来我因为子宫切除无法生育……赵宗阳目前在北京,和我住在一起。”举座皆惊中,法官再度问道:“赵宗阳用过其他名字吗?”3 位老妪均表现出了疑惑,只有来自马来西亚和北京的赵碧琰异口同声答道:“赵重光。”

津村洋介法官思索之后,提出最后一个关键问题:“请说出赵欣伯死亡的原因、时间和地点。”这一次,前 4 位赵碧琰的回答是一致的:先夫 1951 年因政治原因受到折磨,死在监狱中。只有来自北京的赵碧琰在这个众所周知的问题上给出了一个最不可思议的答案:“赵欣伯是病死的,1951 年 7 月,脑出血。他不是被折磨死的。”津村洋介看着手中的卷宗,在她的名字后面画了一个大大的问号。日本媒体对于赵欣伯的死因众说纷纭,但是大部分媒体认为他是死在监狱中。这位来自北京,声称和赵宗阳生活在一起的赵碧琰,却给出了不同的说法。津村洋介和助手商量了一阵,决定暂时休庭,再进行更为理性的判断。他需要找到一把钥匙,走出这个复杂的迷宫。

这枚钥匙很快出现了,这就是一位名为板垣喜久子的女士。津村洋介法官拨通了这位自称认识赵碧琰的女士的电话。板垣喜久子向他提供了另一条线索:赵碧琰是不和生人吃饭的。“为什么呢?”津村洋介法官问道。“她是个左撇子,但是赵欣伯不让她在生人面前表现出来,所以要是来了生人她就得用右手吃饭,她觉得别扭。”“那么,她写字和用剪子都是左手吗?”法官问道。板垣喜久子揣摩了一阵说:“写字应该不是,听说从小被扳过来了。拿剪子吗? 我没太见她干针线活儿,不过在生人面前很少有人拿剪子啊,她没必要再扳这个习惯。”

很快,第四次开庭的日子到了。津村洋介法官不再询问那5位赵碧琰,而是让书记官给她们各发了一个小托盘,里面有一把小巧的袖珍剪子和两张光滑的白纸。他轻敲法锤,解释道:“赵欣伯的夫人喜欢女红,恳请各位动手展示自己的才华,帮助法庭更好地判别身份。”5位老妇人相继拿起剪子和白纸,津村洋介很快发现,唯一左手持剪的,正是那位来自北京的赵碧琰。不到1分钟,她又放下剪子。其他4位赵碧琰剪的或拙或巧,大多是花案剪影。唯有她剪出的,是一大一小两张长方形。法官问道:“请问这是……”“金条”,老太太清晰平静说,“我和我丈夫藏在成城町168号地下室里的金条,放在一个铸铁箱子里,上面有印记和编号。”说着将两张长方形纸片一叠一拼,呈现出一个长方体的模样。津村洋介法官长出一口气,可以结案了:在造币局东京分局所保管的那些珠宝,其中大部分正是这种形状的金条——这一点,只有藏宝的这对夫妇能够知晓。

那么,赵欣伯之死是否真如真正的赵碧琰所说,并非死于牢狱呢?后来史家考证,确系如此。警方正打算以战犯之名逮捕赵欣伯时,却发现他因过于紧张猝发脑出血。而事发蹊跷,加之日本媒体的反华情绪,以讹传讹便走了样。冒充的几位赵碧琰,大多知悉赵欣伯案的一鳞半爪,出于贪欲便出面诈财,最终在繁复巧妙的司法验真流程中,露出了马脚,粉碎了美梦。而那位真正的巨富遗孀,在从东京带回两兆日元的巨款后,将其中的80%捐给了国家,自己和家人继续着平静的生活,仿佛这一切没有发生过似的。

三、难解之谜：周璇遗产案

1957年9月22日，一代歌后“金嗓子”周璇在北京不幸去世。香消玉殒，年仅39岁。长子周民和次子周伟已经早早地送到了赵丹的夫人、著名演员黄宗英家中。两个孩子由黄宗英抚养长大。谁也想不到的是，1986年11月初，已在北京工作的周伟一纸诉状将养母黄宗英诉上了法庭。

周伟的诉讼震惊了当时京沪两地的文艺界。他诉请黄宗英返还所代管的周璇遗产12万元。在1986年，12万元并不是小数目——更不用说周璇存下这笔钱的20世纪50年代。周伟说，自己是在偶然情况下才了解到有这笔巨额遗产的。他接受采访时说了3点：“我打这场官司是经过慎重考虑的……是为母亲正名。过去的说法一直认为她是在香港因贫困潦倒、分文皆无才回到内地的。但事实上母亲是基于爱国和追求光明才回到新中国的。新中国成立初期，她还几次捐款，支援新中国的建设，说明她是爱国的。她在香港留下了一笔财产，可以证明她并非贫困潦倒。”

对此，周璇的长子周民非常气愤。他提出：“关于周伟的来历大致有两种说法：其一，完全是假的，即他不是周璇的儿子，当然也不是我的弟弟。没有任何原始的文字、图片能证明他是周璇的儿子。其二，有这种说法，1952年周璇病情很重，她的一个女佣人的丈夫叫做唐棣的借故常来，与周璇生下个儿子（此事是真是假仍搞不清，因当时周璇头脑已不清醒了）。这么个小孩取名叫唐启伟，一落地就由唐棣抱着东家走、西家串，说是周旋的孩子，要钱要东西……人民政府将唐棣捕去判刑14年……唐启伟被送进了孤儿院……大概是想到黄宗英那里已有一个我，就将唐启伟送到了黄宗英那里，她也就收下，这才易名周伟。”

1957年9月22日，一代歌后“金嗓子”周璇在北京不幸去世。香消玉殒，年仅39岁。长子周民和次子周伟已经早早地送到了赵丹的夫人、著名演员黄宗英家中。两个孩子由黄宗英抚养长大。谁也想不到的是，1986年11月初，已在北京工作的周伟一纸诉状将养母黄宗英诉上了法庭。

周民说："如今，上海市中级人民法院民庭已受理周伟诉黄宗英关于周璇遗产一案。我以为首先总得验明正身，先得搞清周伟这个人的来龙去脉。"1986年11月19日，被告黄宗英委托上海第一律师事务所王珉律师为返还财产案诉讼代理人的全权代表，她本人不准备出席法庭的开庭，她说：作为一个母亲，在法庭上是很难控制自己感情的。这起遗产诉讼案，由于牵涉的时间跨度很大，从1957年9月周璇病故算起，已长达29年，而且其中有些情况比较复杂，需要花费大量的精力去查证、核实。因此，直至两年后法庭才开庭审理此案。

1988年12月15日上午，上海市中级人民法院开庭审理周璇遗产纠纷案。法院经过审理，认定周璇遗产有四部分：第一部分，由上海电影局保管的金银首饰、红木家具、钢琴、衣服及寓所内的其他物品。第二部分，1959年12月调回的周璇在香港上海银行的港币。第三部分，周旋在香港汇丰银行保管箱内的财产，有美元、港币、银元硬币、金元硬币。第四部分，周璇依合约享有的香港百代唱片公司所支版税款。周璇的这些遗产兑成人民币125,841.29元，存在中国银行上海分行周璇户和黄宗英户上。黄宗英作为周璇儿子的监护人负责保管。

黄宗英没有出庭，她写了两份书面材料《我扶养周璇遗孤的前前后后》、《我的态度》，由委托代理人王珉律师在法庭上宣读。她通过律师表示："当年，我收养了周民，后来又受组织委托收养周伟，并保管周璇遗款，用以抚养周璇遗孤。在抚养周民和周伟期间，基本上没有动用此款。在他们成年后，因周民一直不承认周伟确是周璇之子，故无法处理周璇遗款。后为妥善保管才将该款转移至一个安全的地方。现周伟要求归还此款，应首先确认周伟是周璇之子，才能将钱款分割归还，但应扣除其领带期间所支出的教养费用及利息。如果周伟不能出示他确是周璇遗孤之法律证明，也许到某一天，忽然又冒出另一个周璇遗孤来，我将何以作答？"

在法庭上，一份北京市公证处〔1985〕京证字第1734号公证书，认定了周伟的身世。这份公证书和其他一些证人、证物，确定了周伟确为周璇次子。法庭认为，周璇死亡后，所遗财产已归其法定继承人周民和周伟所有，故其中一半应归周伟所有。黄宗英为他们的监护人。作为监护人，黄宗英保管周民和周伟所有的财产，他们成年时，黄宗英既未将财产返还，也未将财产情况告知原告或有关组织，侵犯了周伟的财产所有权，应负民事责任。最终，这起扑朔迷离的周璇遗产案，最终以黄宗英败诉、周伟获得 8 万余元的赔偿告终。然而，究竟真相如何、谁是谁非，那份公证书的证明效力如何，当年黄宗英为何收养周伟，周伟将养母诉上法庭到底是否理亏……这一切疑团到了最后，也没有水落石出。

四、推理侦破炸弹疑案

1940 年 11 月 16 日，纽约爱迪生大楼里，不知何时出现了一只工具箱。里面装着雷管和炸药，外裹着一张纸条，上面写着："爱迪生公司的骗子们，这是给你们的炸弹。"署名为 F. P.（签署）。安保人员赶忙报警，警察前来后发现这个土制炸弹其实无法爆炸，加上罪犯也没留下指纹，难以追查。几个星期后，爱迪生公司又发现一只塞满炸药的短筒羊毛袜，同样留下了相似的纸条，同样是无法爆炸的土制炸弹。公司这次没有报警，只是开展了内部调查，发现对公司提交过怨言的人有好几千人，无从查起。这桩恐吓案也渐渐搁置下来。

然而，这位名为 F. P. 的疑犯并未就此放弃。自 1941 年和 1946 年，16 封相同的信，在一些报社以及旅店和店铺等部门出现。然而炸药的"工艺"始终没有改进，一颗炸弹也没有爆炸。直到 1950 年 4 月 24 日，情况才开始发生变化。F. P. 放置的一个炸弹炸毁了纽约的大众图书馆边的电话亭。随后，暴徒又设置多颗炸弹，其中几颗得逞，几颗未遂。然而，他除了一张剧院的椅子外，并没有造成任何破坏。与此同时，他写信的内容也开始改变："我是一个病人，是爱迪生公司使我生病的，我将使用 54 枚炸弹，直到爱迪生公司的卑鄙罪行受到审判。"落款还是 F. P.。

1956 年 12 月 12 日，又一颗炸弹爆炸。这次的炸弹杀伤力巨大，炸飞了布鲁克林地区一家剧院的整个座位，炸伤了 6 个人。然而，除了那些信件和一些弹片，警方始终找不到其他线索。无计可施之际，警方聘请心理学家霍华德 · 芬尼博士和詹姆斯 · 布鲁塞尔博士，对案情进行推理。詹姆斯 · 布鲁塞尔博士注视着那几片没有爆炸的炸弹照片，开始提出假设：这个人认为爱迪生公司害得他生病，逐渐成为一种偏执狂。偏执狂病症一般在 35 岁后会发展得不可收拾，F. P.

放炸弹已有16年的历史。所以年纪应该在50岁以上。第二个假设,从他的清秀字迹看,他受过良好的中等教育。詹姆斯·布鲁塞尔博士继续提出第三个假设,这种人要面子,平时行为检点,不做任何他认为有失体面的事,因此,他不大会到过精神病院。所以人们难以从档案里发现他。根据统计,偏执狂患者有85%属于运动员体型。据此得出第四个假设,这个F.P.应该不胖不瘦,中等身材,体格匀称。根据F.P.在信件中的用语,"卑鄙罪行"的措辞不怎么美国味儿,倒有点像维多利亚时代的英国人的语言。博士提出了第五个假设,这个人要么不是美国人,要么住在外国人的社区。

紧接着,两位博士分析F.P.实施炸弹袭击的动机,得出第六个假设:他与爱迪生公司的纠纷恐怕不是他放炸弹的唯一原因。他应该受过某种心理创伤,这种情绪潜入他的意识深处,一旦遇到爱迪生公司对他的不公正处置,心头创伤就又复发。第七个假设是,虽然F.P.没有友谊和爱情,但他应该是礼貌可亲的人,八九不离十是个衣着整齐,风度翩翩的人。第八个假设是,由于他的心理创伤和偏执习性,他不会喜欢公寓,而宁愿住在独门独院。而且,制造炸弹必须有一个实验设备完备的工作室,因此,他应该是独自居住。第九个假设,是关于他的地址的:由于F.P.的匿名恐吓信不是在纽约就是在韦斯特切特投寄的。第十个假设,由于F.P.声称自己是个病人,他患有的疾病与偏执狂习性之间应该有所关联,最有可能的是心血管疾病或肺结核。如果是肺结核,由于现代医疗技术的进步,他很可能早已痊愈,因此,布鲁塞尔推测,F.P.应该患有心血管方面的疾病。

根据这十个假设,两位心理学博士从不同方面给F.P.画了像。警方于是采取如下的策略:"把这10个假设公之于众,如果推理正确的;那么,他的邻居会将他识别出来;反之,如果推理有误,以他的偏执性格,无疑会找上门来。"于是,1956年圣诞节前夕,《纽约时报》和美国各大报纸都刊登了这10个可能性。果然,报纸编辑部收到了3封信,内容全部是痛骂爱迪生公司的。其中一封信这样写道:"我没有因为困难和不幸得到1分钱——这是一种虐待。”信件中提到了一个他非常恼怒的日子——1931年9月5日。一天深夜，詹姆斯·布鲁塞尔博士突然接到一个电话：“我是F. P.，你仍然摸在门外，后悔了吧！”这个电话为警方提供了追查的线索。与此同时，爱迪生公司动员了大批人力，翻到一份名为乔治·梅特斯基的人事档案。其中有关这位职员和公司的一场纠纷的记录中，梅持斯基用了“卑鄙罪行”之类的字眼。他原是爱迪生公司的电机保养工。1931年9月5日——和F. P.所说的“不幸日”吻合——锅炉发生回火事故，他被烧伤后公司付给了一笔病伤津贴。1934年1月4日，他说自己染上了肺结核，要求终生残废津贴，被公司拒绝。根据同事的描述，乔治·梅特斯基是模范职员，办事勤快而谨慎，性情温和而行为端正……锅炉出事那年他28岁，照此推算，1957年时应为54岁。根据这些线索，进行保密调查发现，乔治·梅特斯基未婚，和两位姐姐住在一栋独立的住宅里。因慢性病不工作，没有犯罪记录，对人总是彬彬有礼，但与人保持距离，很少往来。这与两位博士的描述几乎吻合。

果然，1957年1月21日，侦探在乔治·梅特斯基家中发现了制造炸弹的车间。他对罪行供认不讳。恐吓信落款的字母缩写“F. P.”代表的意思是“Fair Play（公平游戏）”。1957年4月18日，犯罪嫌疑人被认定为精神病送入了马特旺医院进行治疗，直至1973年，他被认定病愈并予以释放。这起案件成为推理断案历史上的经典案例，芬尼和布鲁塞尔两位心理学博士更是从此名满天下，成为纽约警察局最为信赖的刑侦专家。

五、不了了之的毒糖奇案

1984年的一个夜晚，蒙面怪盗绑架了糖果业巨头江崎腾久，紧接着以在糖果中下毒为手段，勒索固力果和森永等糖业大亨。离奇的是，当警方严阵以待，如临大敌之时，犯罪分子竟提出休战，并前往欧洲度假消暑。度完假之后，继续他们的毒糖勒索计划。其行踪之隐蔽，态度之嚣张，均令警方头大如斗。28年过去了，这个案件仍然毫无线索，只能不了了之。

1984年3月18日深夜，3个蒙面大汉手持无声手枪，悄悄地潜入大阪市附近的一所别致、豪华的别墅内，从容地避开了屋子里暗设的先进防盗系统，闯到房主的卧室，用枪逼住正在洗澡的主人江崎腾久，强行将其押到外面接应的汽车里，驶向茫茫的黑夜。这起被日本新闻界称为毒糖奇案的序幕拉开了。

被绑架的江崎腾久时年42岁，是日本首屈一指的糖果企业——江崎固力果食品公司的老板。他平日为人谨慎低调，于公于私都没有什么不共戴天的仇敌。日本警视厅十分重视，成立了兵库、大阪联合搜查本部，并下令兵库县出动2500名警察，大阪出动3700名警察，四处蹲坑设点，张网搜捕。正在此时，江崎固力果公司的人事部部长腾江新弘接到一个电话，让他到住所以南3公里处的电话亭中取一封信。警方随即赶到，果然在那个电话亭中发现了一张勒索函。勒索函用打字机打成，要求索款10亿日元和100公斤黄金，否则“将对江崎糖果造成毁灭打击”。

警方正在筹划营救方案，并大力搜寻罪犯的线索之时，突然接到消息，被害人被无故释放了！3月21日晚，大阪府警察通讯指令室的匪警电话响起，一个惊慌的男声说道：“我是被绑架的江崎，请快派人来！”警方立即出动，赶到现场接走江崎腾久，又根据江崎的指点，迅速包围了监禁江崎的地点——大阪府摄津市的水防仓库。理所应当的，当他们赶到仓库时，已经人去楼空。警方显然中了绑架集团的声东击西之计，当晚，公司两家存着糖果的货仓却被烧毁，损失达数千万日元。

为了嘲笑警方的无能，罪犯马上给日本警视厅写信，以“怪人21面相”集团的名义将绑架江崎腾久的行动过程和细节详详细细地告诉警方，并讽刺“警察都是些蠢材”。5月1日，这个“怪人21面相”集团又向日本各大报社驻大阪的分社分发了一封公开信，公开宣布他们要向江崎勒索3亿日元，并声称如不照办，他们将在江崎固力果公司生产的糖果、饼干中投放氰化物。恐吓信一出，许多超市和商店都不得不将江崎固力果糖果和饼干撤下货架。江崎固力果公司的销售额一落千丈，被迫减产，400多名工人遭到解雇。就在“怪人21面相”集团宣称下毒的同一天，江崎固力果公司的化验人员发现有18包巧克力糖已经过氰化物处理，另外在一家超级市场又发现两块有毒的雪糕，幸好及时发现，才避免造成毒害。

正在警方焦头烂额的时候，案情起了戏剧性的变化。“怪人21面相”集团突然发表宣言称：“鉴于日本的气候一天比一天炎热起来，打算前往欧洲避暑游玩，明年一月回国，继续作战计划”等。面对这啼笑皆非的结果，警方自找台阶发布声明说，这是因为警方全面戒严，保护江崎腾久及江崎固力果公司，严密监视零售商店，使“怪人21面相”集团自知无机可乘，就此罢休。然而也有媒体分析，“怪人21面相”集团并没有任何线索落到警方手里，何以突然停战，其原因必定是江崎固力果公司已经妥协，支付了款。因为江崎固力果公司如果再僵持下去，损失会更加惨重。

然而，令警方再次颜面扫地的是，“怪人21面相”集团一个多月后宣布，他们度假归来。向媒体公开声明他们已在森永公司出品的20包巧克力和糖果内下毒的消息。经过排查，警方果然在超级市场中发现了11包混毒糖果。之后，“怪人21面相”集团连续发出几封恐吓信,扬言如果收不到勒索款,绝不善罢甘休,并再次嘲笑警方无能。12 月 7 日,他们向东京《读卖新闻》社寄去恐吓信,表示他们将继续打击森永公司,并声称他们在警界有若干“同谋”等,极力刺激警察。

无奈的日本警方,为侦破这一案件,先后投入 5 万名警察(相当日本警察的 1/5),并动员 4 万多名警察参加了这次“二战”以来最大规模的通缉行动,在全国各处设点盘查,拘留了大量嫌疑罪犯,然而至今仍一无所获。“怪人 21 面相”集团不知又到哪里休假,或是在哪里和糖果业作战到底了吧?

六、德国乳品巨头“毒豆奶粉”丑闻

近年来,劣质奶粉令父母们闻而色变。即使是一贯以食品安全著称的日本,也因明治奶粉的安全问题而蒙羞。无独有偶,在世界的另一端,以严谨科学闻名的德国乳品工业,也曾在以色列闯过类似的“毒奶粉”之祸。

2003 年 11 月,以色列一家儿童医疗中心先后收治了 3 名患病儿童,他们的症状相似:呕吐、痉挛、神志不清。医生马上怀疑发生了某种新的流行病。但接下来的调查发现,这 3 名患儿虽来自同一个城市,但彼此之间并没有过直接接触。不过,他们都在吃以色列婴儿食品公司雷美迪亚公司进口的婴儿豆奶粉,该食品的生产厂家是德国著名乳品巨头胡玛娜(Humana)公司。这种雷美迪亚豆奶粉在以色列属于名牌产品,其配方符合犹太教的饮食规定,是以色列年轻妈妈们的首选婴儿食品,在市场上占有多达 37% 的份额。紧接着,国内数家医院传来消息,多名同样食用此类豆奶粉的婴儿出现了类似的症状。消息传开,举国震惊,甚至连以色列特工都介入调查,担心是否源于敌对势力的蓄意破坏。

以色列卫生部立即对这种婴儿食品进行化验。结果显示,该食品中维生素 B_1 的含量严重不足。而维生素 B_1 是人体必需的一种元素,对脑神经的生长和发育特别重要,缺乏此种维生素将导致婴儿的心脏和神经受损。以色列卫生部和以色列食品产业协会经过检测,最终认定,胡玛娜公司生产、雷美迪亚公司进口的这款标明“适合犹太人食用”的豆奶粉,是造成 17 名儿童中枢神经受损、3 名婴儿死亡的罪魁祸首。

然而,胡玛娜公司的态度则令人很是失望。他们坚决否认自己生产的豆奶粉存在维生素 B_1 含量严重不足的问题,更不要说它会导致婴儿死亡。该公司甚至公布了数据来证明自己的清白。不过即便是这样,公司的信誉仍然受到了致命的打击,局势变得越发难以控制。几天内就有2万余人拨打公司热线进行质询。此外,这场风波还影响到其他一些国家,如在纽约的商店中,该家公司的产品就被从货架上全部撤下。胡玛娜公司迫不得已,再次清查豆奶粉质量问题。几天后,公司总裁格罗斯·弗里耶终于承认,在开发这种豆奶产品时,相关的分析数据在翻译过程中出现了误译的情况。而一家独立的实验室在复查配方时,也没有检查维生素的含量——他们想当然地认为大豆中富含维生素 B_1,因而错过了修正错误的机会。这最终导致按新配方生产的产品中维生素 B_1 含量不足。

这一丑闻传出后,胡玛娜公司采取了积极的行动修补公共形象。公司专门派员前往以色列,成立了由公司高管、律师和进口商(雷美迪亚公司)代表组成的特别小组,对每一户受害者进行"一对一"的赔偿谈判。胡玛娜公司还启动了保险公司赔付程序,由保险公司先赔付每一户受害者100万谢克尔(相当于22万美元),超出的部分由胡玛娜公司据情况再行赔偿。与此同时,格罗斯·弗里耶总裁宣布,4名隶属于胡玛娜公司化学实验室、产品研发部门和质量管理部门的负责人均因此被解雇。德国国内刑事司法程序随后介入,对其中3名主要负责人立案侦查,罪名是"过失致人死亡"。

值得一提的是,以色列方面除了指责胡玛娜公司和雷美迪亚公司之外,还积极地进行了反思。以色列媒体和官方声音都表示,此案还折射出"以色列这个法制健全的国家在食品卫生监督机制上的漏洞"。本应统一负责监督食品的生产、加工、进口和投放市场的卫生部存在失职之咎;本应独立地对食品标准化、进出口和质量进行监督的半官方机构以色列食品产业协会及其来自食品各行业的120名代表,也需要检讨自身的疏忽和懈怠。

经过长达两年的庭外调解程序,胡玛娜公司终于与所有以色列受害家庭达成了赔付协议。据悉,赔偿总数额高达1.26亿美元。胡玛娜公司还宣布,他们将继续对受害儿童负责,承担起帮助受害家庭的责任。用格罗斯·弗里耶总裁的话说:“我们如释重负……现在终于可以又向前看了,胡玛娜公司历史上最黑暗的一页,终于翻过去了。”

七、颁给荒诞诉讼的年度大奖

史特拉奖（Stella Awards）是为纪念 Stella Rebecca 而设的一项“荒诞诉讼奖”。1992 年，79 岁的斯特拉太太坐在自己车内，不慎被一杯 49 美分的外带麦当劳咖啡烫伤，经过诉讼，从麦当劳获得了 100 万美元的天价赔偿。此后，一个名为 Real Stella Awards 的民间组织成立，每年评选出类似的维权之诉，其中不乏奇异滑稽者，损害分明是由原告咎由自取所致，却成功地博取被告的高价赔偿。这一奖项也成为某种荒诞之诉的代名词。

这里没有“咎由自取”

自 2002 年以来，史特拉奖入围和获奖的诉讼越来越呈现出滑稽和荒诞色彩。在 Real Stella Awards 的网站主页上，赫然写着他们选取案例的原则：原告——“投机主义者和自说自话的受害人”——起诉被告——“任何可能的、有钱的口袋和美国司法制度”（Opportunists and Self-Described Victims Plaintiffs vs. Any Available deep Pockets and the U. S. Justice System Defendants）。

比如，2002 年入围史特拉奖第 7 名至第 2 名的诉讼分别如下。

第 7 名：在得州，有位叫 Catherine 的妇女告赢一家家具店，得到 78 万美元的赔偿，原因是她在该家具店内奔跑时，被一小孩绊倒而扭伤了脚关节，店员没有制止小孩在店内玩耍。但该小孩不是别人，正是她的儿子。

第 6 名：在洛杉矶，19 岁的 Carl Truman 得 78,000 美元外加医疗费用的赔偿，因为他的邻居开车压过他的手。这一事故为什么会发生？因为那位邻居开车时，没有注意到这位青年正在偷他汽车轮胎上的车盖。

第 5 名:在宾州,一位名叫 Dickson 的梁上君子,入宅行窃欲从车库离开时,车库的自动开门装置坏了,门打不开,而回到房屋的门又自动锁住。不巧屋主在外度假,于是 Dickson 被困在车库达 8 天之久,只靠一罐可乐和一袋狗食度日。事后他怒告屋主的保险公司,竟赢得 50 万美元赔偿。

第 4 名:在阿肯色小岩城,有位 Jerry William 屁股被隔壁邻居家的狼狗咬伤。狗为何咬他? 因为他拿棍棒不停地打它,激怒了它。最终法庭判决邻居赔他 14,500 美元,并承担一切医疗费用。

第 3 名:在费城,一家餐馆输掉官司,被迫付给来自宾州的 Amber Carson 113,500 美元的赔偿。因为餐馆地板湿滑,Amber Carson 跌碎尾骨。然而,地板湿滑的原因是,大约 30 秒前,她因争吵而将饮料泼向男友。

第 2 名:还是在得州,Walton 小姐为了逃避夜总会 3.5 美元的门票,想从厕所窗户爬入,结果摔倒跌破门牙两颗。她起诉夜总会,竟得到 12,000 美元赔偿,并向夜总会报销了补牙的费用。

当年度的大奖,最终颁给了俄克拉荷马州的 Marv Gresinski。他买了一辆崭新的旅行车。在回家的高速公路上,他把自动驾驶时速定在 70 英里,就离开驾驶座到后面去煮咖啡,最后发生重大车祸。幸好 Gresinski 还活着,他状告该车制造厂,理由是车子的说明书上没有说不可以离开驾驶座到后面去煮咖啡。法庭最终判决,制造厂赔偿他 175 万美元,外加全新旅行车一辆。过后,该制造厂真的把这一条加在了说明书上,聊以安慰自己"吃一堑,长一智"。

不过,入围史特拉奖的也不全是成功的案例。有些案例也会因其荒诞有趣或具典型意义,而入围甚至获奖。比如,2006 年获奖的就是这样一个案例:俄勒冈人 Heckard 和篮球明星迈克尔·乔丹长得几乎一模一样,尽管他比乔丹矮 3 英寸,瘦 25 磅,但他仍然时常被认做乔丹。他并未以此为荣,而是打算状告 Nike 公司,原因是 Nike 公司使用乔丹肖像的行为对自己"构成诽谤并造成永久性伤害"。他提

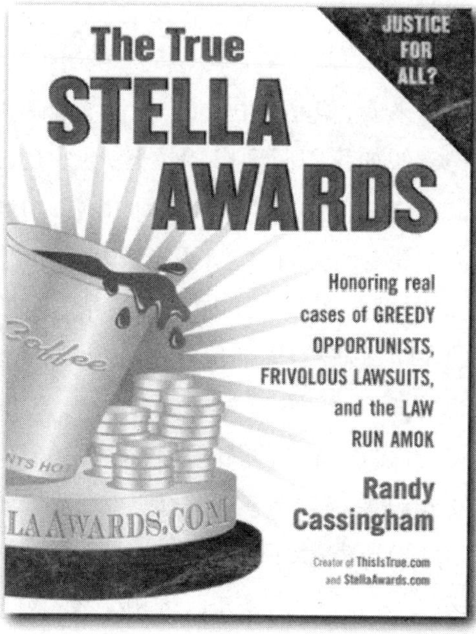

史特拉奖（Stella Awards）是为纪念 Stella Rebecca 而设的一项"荒诞诉讼奖"。1992 年，79 岁的斯特拉太太坐在自己车内，不慎被一杯 49 美分的外带麦当劳咖啡烫伤，经过诉讼，从麦当劳获得了 100 万美元的天价赔偿。此后，一个名为 Real Stella Awards 的民间组织成立，每年评选出类似的维权之诉，其中不乏奇异滑稽者，损害分明是由原告咎由自取所致，却成功地博取被告的高价赔偿。这一奖项也成为某种荒诞之诉的代名词。

出了5200万美元的补偿和3.64亿美元的惩罚性赔偿诉求，就连见多识广的Real Stella Awards组织也目瞪口呆，只能将当年的大奖颁给他——尽管最后他在律师的劝说下撤诉，未坚持这场空前绝后的诉讼。

荒诞诉讼的内在理性

从前面的判例来看，似乎美国的陪审团只能用"葫芦僧断葫芦案"来形容。其实，假如我们回到史特拉案，会发现该案本身并不是那样荒诞不经，自有其内在法律规则和理性逻辑。1992年，史特拉太太的孙子开车带她到麦当劳，在窗口买了一杯外带咖啡后，她将杯子夹在两腿之间，试图打开杯盖往里加糖和奶精，没想到杯子翻了，滚烫的咖啡将她的大腿、腹股沟等部位烫伤，大部分受伤部位达到3度烫伤的程度(1度为表皮受伤，2度为真皮受伤，3度为皮下组织受伤)。经住院治疗并多次植皮，两年后才得以重新下地行走。最初，史特拉太太的女儿只要求麦当劳赔偿他们2万美元医药费及护理费。而麦当劳则傲慢地表示，只肯赔偿800美元。一怒之下，史特拉家聘请律师，将麦当劳起诉到了法院，理由是麦当劳出售的咖啡"具备不合理的危险性"，并属于"粗制滥造产品"之列。

当时舆论普遍支持麦当劳，甚至对史特拉太太冷嘲热讽。陪审团也认为这个案子滑稽可笑，很快可以结案。但是，当律师在庭上展示老太太受伤的照片时，满座震惊，遂开始认真考察麦当劳的咖啡是否具有缺陷。经查证，麦当劳当时出售咖啡温度的确偏高，为80～90摄氏度，高于其他几个快餐连锁店的70～75摄氏度。更严重的是，杯子上也没有任何明显警示。史特拉太太请来的烫伤专家证实，如果麦当劳的咖啡和其他快餐店的咖啡温度相当，则老太太在同样的情况下最多只能造成二度烫伤，受到的伤害会小得多。

那么，麦当劳为什么要提供高温咖啡呢？据说，当时麦当劳的代表在法庭上侃侃而谈，说他们咨询了咖啡专家，96度冲泡的咖啡，递到顾客手中时在82度到86度之间,口味最为醇厚。史特拉太太的律师马上追问:贵店难道没有从消费者人身安全角度咨询过烫伤专家的意见吗?答案是,没有。陪审团当下有了决断,判决麦当劳对于史特拉太太的烫伤承担80%责任,须赔偿16,000美元。然而,法庭此时考虑到另一个问题:史特拉太太被烫伤这件事,是偶发事件还是可能经常出现呢?通过查阅公司内部的秘档记录,发现在1982年至1992年10年期间,麦当劳总共收到700余起咖啡烫伤事故的投诉,而麦当劳只是私下给受害者一点补偿了事,并未实际考虑改善这一问题。当庭,麦当劳的律师甚至说,参照10年间共卖出的100亿杯咖啡,事故率仅为0.000007%,几乎可以忽略不计。

然而正是这一看似“科学理性”的概率,使陪审员愤慨至极。商家看到的,只有冷冰冰的数字,而不是那700多名消费者被咖啡烫伤所致的重大痛苦。无独有偶,1999年通用汽车公司也因为类似的情形,受到过重罚——某款汽车存在安全隐患,通用公司早已心知肚明,却进行了一番计算:发生车祸的概率乘上每个死者需要赔付的款项,远小于进行召回和技术改进的成本,于是决定置之不理,任由这一隐患夺去一家又一家的生命。事实公开后,陪审团给予通用汽车近乎天价的罚单,以惩其草菅人命和冷酷残忍。在史特拉案件中,陪审团所无法忍受的,也正是商业巨头这种冷漠傲慢和敷衍塞责。所以,他们一致决定,判决麦当劳必须支付270万美元的惩罚性补偿。不过,主审法官认为,陪审团过于意气用事,将惩罚性赔偿金减至64万美元。原、被告双方均不服膺,双双上诉,最终实现庭外和解,赔偿金额定格为100万美元。

谁在为史特拉奖撑腰?

史特拉案重新定义了消费者与商家之间的权利义务关系。此案过后,为避免付出惩罚性赔偿的代价,商家开始不得不将消费者的安全视为自身的重要义务——尽管有时法律未做规定,但由于存在潜在的、“不按牌理出牌”的消费者,商家只能采取积极预防和“消极买单”两种方式来承担产品和服务的安全责任。

积极预防,就是努力提高产品和服务的安全性能,或对产品说明进行更为严密的设计。前者的例子,如汽车制造商受到史特拉案的启发,在车上安装了放饮料杯的装置,使得在汽车上因饮料翻倒而引发的事故大大减少。而后者的例子,则显得更为有趣:商家要么将说明书写得更浅显易懂,如麦当劳在咖啡杯上用显著大字标明“小心咖啡很热”或“热饮勿用吸管”的字样。要么写明各种各样令人啼笑皆非的提醒语;如 Sears 吹风机的说明上写道:“睡眠时请勿使用”;Swanson 冷冻食品的说明上写着“食用方法:建议先解冻”;某饭店提供的浴帽外盒写着:“只适用一颗脑袋”;某儿童穿的玩具超人服上更是很有先见之明地写道:“警告:此服装无法让你飞起来”。

消极买单,则体现为对消费者投诉的高度重视,以及对赔偿请求的言听计从。在史特拉奖的榜单上,消费者仅因商家的一点小瑕疵就获得高价赔偿的情况比比皆是;甚至商家所为已经无可指摘、反而是受害者行事乖张才导致的最终侵害,也屡屡由商家“买单”。比如:2006 年度入围史特拉奖的 Marcy Meckler 案,事主走出商场时,Meckler 受到灌木丛中一只松鼠的“袭击”。她疯狂地想把松鼠从腿上甩开,结果摔倒受伤。她因此获得商场 5 万美元的赔偿,理由是商家“没有警告外面有松鼠”。又如前面提到的梁上君子 Dickson,因入室行窃被困车库 8 天,最后将承保房屋设施的保险公司诉上法庭,原因是他们未能维护房屋功能完备、致其逃脱未遂,竟最终获赔 50 万美元。商家之所以愿意为此类赔偿诉求买单,一方面是为了息事宁人,消除影响,避免损及商誉;另一方面则是吸取了史特拉案中麦当劳的教训——假如受害者将赔偿之诉提交到法院,法院假如查知其过去有过类似的“冷漠”记录,完全有可能给出大额惩罚性赔偿的判决。

史特拉案确立的商家安全义务和消费者的优势地位,是由美国司法体系秉着一种保护弱者、惩前治后的精神，为原本处于劣势的消费者“撑腰”的。那些入围史特拉奖的诉讼和美国联邦和州各级法院日常受理的诸多案件相比，只是沧海一粟。我们看到的，是荒唐诡谲的案情和无理缠讼的原告；然而支撑他们“缠讼”的，除了史特拉案的“榜样”力量，更重要的，还是完善的实体和程序规则，俯拾可得的律师服务，以及陪审团和法官的亲和可信。因此，当史特拉奖每年的入围名单让人哂然失笑的同时，恐怕也足以发人深思。

八、科州的食人恶魔案

在科罗拉多州，阿尔弗雷德·帕克(Alfred Parker)是一个恐怖的代号。虽然他并不像人们所声称的那样，是“美国历史上唯一被判定犯有吃人罪的人”——因为在美国，只有俄亥俄州规定了“吃人罪”，在科罗拉多州并没有这项犯罪——他仍然因涉嫌谋杀同伴并吃掉他们而令人又恨又怕。

故事要从1873年秋天说起。31岁的阿尔弗雷德·帕克靠着做苦力或行骗勉强餬口。一天，他打听到一个由二十多人组成的淘金队即将前往位于落基山中的金矿区，并正在寻找向导。尽管他对这一地区并不熟悉，但还是前去应聘，并鬼使神差地得到了这份工作。淘金队出发了，迎接他们的是严寒与暴雪。1874年2月9日，阿尔弗雷德·帕克和淘金队的5名成员消失在一场巨大的暴风雪中。直到4月16日，看上去疲惫不堪的阿尔弗雷德·帕克才孤身归来。他说他在暴风雪中与其他队员失散了。警察相信了他的说法。

然而很快，有人发现了阿尔弗雷德·帕克的可疑之处。他从山上回来后，将大把的钱用于赌博和饮酒。还有人发现，有人从失踪队员的账户里提取了一笔钱。当阿尔弗雷德·帕克喝醉的时候，他的朋友注意到他所讲述的山中遇险的故事总是自相矛盾。更可疑的是，尽管他在山中待了两个月，似乎营养和健康并没出现什么问题。这些疑点传到了当时任执法官的亚当斯将军的耳中，后者派出一支搜救队，要求阿尔弗雷德·帕克作为向导前往山中寻找失踪人员。

阿尔弗雷德·帕克似乎并不情愿当向导，出发后他们在山里转了3天后，精神防线崩溃的阿尔弗雷德·帕克向亚当斯将军坦白了经过：当时，暴雪将6人小分队困在圣胡山中，队员们几乎饿得发了疯，只好吃一些草根、蜗牛和软皮鞋维持生命。一天他从外归来，看到了一幅可怕的景象:年纪最大的成员斯旺已因冻饿而死,而其他几个人正在用刀切他的肉吃。饿昏了头的阿尔弗雷德·帕克也毫不犹豫地掏出小刀,加入了这桌人肉宴席。随着气候的进一步恶化,其他成员一个接着一个地死去,并被吃掉。最后只剩下阿尔弗雷德·帕克和贝尔两个人,他们之间的关系越来越紧张,直到有一天——根据阿尔弗雷德·帕克的说法——贝尔发疯似的向他冲了过来。为了自卫,阿尔弗雷德·帕克抓起一支枪打死了这位精神错乱的伙伴。当然,最后他还是吃掉了他。阿尔弗雷德·帕克最后还承认,他将他的旅行伙伴的钱财全部据为己有。

案件并不复杂,只是这邪恶的魔鬼站在执法官亚当斯面前时,他竟然不知应该如何判决此人。他写信给华盛顿求助,同时将阿尔弗雷德·帕克逮捕入狱。两周后,人们在山里发现了五具男性尸体,正是小分队的5个倒霉队员。然而当人们打算回过头来审判阿尔弗雷德·帕克时,才发现他已经悄然越狱,直至9年后才被捕归案。归案的过程充满了戏剧性。那个淘金队中有几位成员未随着阿尔弗雷德·帕克出发,却也熟知这位狡诈的向导。一天,一位名为卡巴宗的队员在一个酒吧中饮酒时,突然听到一阵熟悉的笑声——他立即认出了这张令他们恐惧后怕的脸。当时的《萨沃奇时报》写道:“在逃避法律制裁长达9年之后,这个谋杀了他的同伴并且靠吃他们的肉养肥了自己的披着人皮的食尸鬼最终落入法网。”

然而,阿尔弗雷德·帕克仍然坚持自己并没有谋杀其他同伴。他杀死的唯一的人,是发了疯向他冲来的贝尔,应该属于自卫。而迫于饿死的危险,吃掉已经死亡的同伴的尸体,虽然恶心却不应构成犯罪。不过,陪审团和主审法官格里都不相信他的故事,他们判定阿尔弗雷德·帕克犯有谋杀罪。据传格里法官是这样作出判决的:“在这个县一共只有7名民主党人。而你,你这个贪吃的狗杂种,竟然一次就吃掉了他们中的5个!我要判你绞刑!”

不甘于受刑的阿尔弗雷德·帕克提起了上诉。科罗拉多州最高法院的判决令所有人惊讶不已。他们撤销了对阿尔弗雷德·帕克谋杀罪的有罪判决。原因是当阿尔弗雷德·帕克的罪行发生时,刚刚成立的科罗拉多州立法机构还未颁布关于谋杀的法律,从而意味着这段时间内的谋杀无法可究。舆论顿时愤怒,人们几乎要采取暴力冲进监狱对阿尔弗雷德·帕克"执行私刑"。在经过法律研究后,原审法院终于找到一根救命稻草——在那段时间里,该州存在有关非预谋杀人罪的法律。于是,1886 年 8 月 5 日,阿尔弗雷德·帕克被判犯有 5 项非预谋杀人罪,并被判处 40 年监禁。15 年后,他得以假释出狱并于 6 年后去世。有趣的是,他死后每年都有成千上万的游客去参观他在利特尔敦的简陋坟墓,去看一看这位"科罗拉多州吃人恶魔"的长眠之地。

然而,100 多年后的一项调查,使阿尔弗雷德·帕克案件重新回到人们的视野中。2001 年 2 月,几位一直坚信阿尔弗雷德·帕克证词并力图证明他无罪的科学家,从当时事件发生地的一块石头下面找到了一些衣服碎片。他们对这些碎片进行分析,发现了铅的碎片。通过比对这块碎片和阿尔弗雷德·帕克手枪中未发射的子弹,发现完全匹配——说明阿尔弗雷德·帕克确实向贝尔射出了子弹,而非像当时验尸官所认定的"阿尔弗雷德·帕克用斧头砍死贝尔"。综合现场一具尸体骨盆上发现的一个洞——验尸官虽然发现了,却只是称这是由野狼啃咬而致,恐怕需要重新研究当时发生的情景。尽管这并不能成为翻案的证据,却使得一些疑点重新浮出水面:那位食人恶魔到底是否仅仅出于自卫杀死同伴?他到底是不是杀人凶手?另外,阿尔弗雷德·帕克的行为能不能构成"紧急避险"呢?这个问题早在康德那里就被提出,为了保全自己的生命,阿尔弗雷德·帕克的行为是否值得宽宥?虽然当时的法律和舆情对此不加异议,然而将他的举动放在人类历史的长河里,我们是否能够毫不犹豫地宣称阿尔弗雷德·帕克为恶魔呢?这个问题恐怕永远也不会有明确的答案。

九、失窃两次的《蒙娜丽莎》

100年前,巴黎卢浮宫的镇馆之宝《蒙娜丽莎》被盗,惊动世界。当前,对于纪念日越发有娱乐精神的意大利人,竟然以这一名画盗窃案为名,要求卢浮宫在《蒙娜丽莎》被盗百年之际,将这幅名画再"借还"给佛罗伦萨展览一回。

故事要从100年前那桩"完美"到啼笑皆非的盗窃案说起。1911年8月21日是周一,依惯例卢浮宫闭馆休整。维护总监皮奎特巡视经过《蒙娜丽莎》时,还官腔十足地提醒助手,这幅卢浮宫最值钱的画市值至少已达到150万法郎。然而皮奎特刚离开不久,一扇壁龛的门打开,走出一个年轻人。这就是受人之托前来盗画的温琴佐·佩鲁贾。温琴佐·佩鲁贾是住在巴黎的一个意大利玻璃装镶工,他曾被卢浮宫雇用,为多幅世界名画镶嵌玻璃防护板。他在前一天扮作普通游客,躲进壁龛内过了一夜。此时他穿着工作人员常穿的白色罩衫,娴熟地将《蒙娜丽莎》从4个挂钩上取下,塞进自己的工作服内。作案过程简单轻松,唯一的破绽发生在下楼离开时,他事先配制的钥匙竟打不开大门。然而此时,一位友善的水管工帮他打开了大门,让温琴佐·佩鲁贾轻松地携画潜逃。

具有讽刺意味的,是卢浮宫并未在第一时间发现这件盗案。温琴佐·佩鲁贾携画离开后,维护总监皮奎特再次经过大厅,发现《蒙娜丽莎》不在墙上时,他却对助手胸有成竹道:"上头把它挪走了,大概他们觉得我们会偷走它!"直到周二开馆时,一个画家向保安抱怨,怎么《蒙娜丽莎》没在它该待的位置,保安也不过是耸耸肩:"大概是给摄影工作室拿走了吧。"而这位画家的执着起了关键作用,他追问什么时候会归还。保安只好边嘀咕边去找摄影师,但摄影师说自己没拿走,或许是哪位馆员送去清洁了。几番推诿拖沓,保安才将此事通报上去——寻找工作从漫不经心变调为歇斯底里，人们终于发现：《蒙娜丽莎》丢了！

在那个还没有监视录像的时代，警察局虽然深感压力重大，但也无计可施。他们在墙上发现了盗窃者的一个指纹。虽然温琴佐·佩鲁贾曾在警察局录有指纹，但留档是右手指纹，而墙上留下的是左手指纹，因而调查不出任何结果。一年多后，卢浮宫宣布放弃寻找《蒙娜丽莎》，原来悬挂《蒙娜丽莎》的地方挂上了拉斐尔的《巴达萨尔·卡斯蒂利奥内》。这一令卢浮宫灰头土脸的盗案，却为市面上的赝品《蒙娜丽莎》创造了奇绝的商机。一个叫瓦尔菲尔诺的画商，一共卖出6幅赝品，所有买主都深信自己买到的正是从卢浮宫失窃的那幅真作，因为瓦尔菲尔诺向他们出售的画作背面，有着专属于卢浮宫的特殊的编号和印戳——一般的赝品不大能仿制这些细节的。然而，也正是这些特殊细节，最终出卖了瓦尔菲尔诺——原来他就是指使温琴佐·佩鲁贾盗画的幕后黑手，他拿到了真作，并依样仿制了编号和印戳。他的意图很简单：将《蒙娜丽莎》从卢浮宫偷走，这样客户就会确信自己拿到的是来自卢浮宫的"失窃真品"。

然而，这并不是案情的真正突破口。《蒙娜丽莎》失踪两年后，意大利收藏家格里在佛罗伦萨收到一封信，发信人自称雷昂纳多，他说《蒙娜丽莎》正在他手上。他自诩是意大利爱国分子，被一种强烈的"归还国宝的热情"驱使，下定决心至少要"夺回"一幅被法国人掠走的国宝。他提出，虽然不愿高价"出卖"《蒙娜丽莎》，但是他作为一个负资产者，也不会拒绝意大利对于一个爱国者的补偿。

验货当天，一个衣着整洁的瘦小男人出现在格里的画廊。当格里在《蒙娜丽莎》背面发现卢浮宫编号和印戳时，激动地他强迫自己平静下来，向"雷昂纳多"提出，《蒙娜丽莎》需要到乌菲兹美术馆进一步检测。检测的结果令所有人又惊又喜：通过对照卢浮宫拍下的《蒙娜丽莎》中的细微裂纹——由于风化与老化在特定部位形成的小裂纹是很难精确仿造的——最后得出结论：这就是卢浮宫失踪的《蒙

过去，在卢浮宫内，人们可以离《蒙娜丽莎》很近进行欣赏。直到1911年8月21日那起令人啼笑皆非的失窃案。意大利人温琴佐·佩鲁贾盗画既是为了钱，又是为了所谓的"爱国之情"。水落石出后，竟然出现一派声音支持温琴佐·佩鲁贾的"义举"，甚至称他为一位"真正的爱国者"和"民族英雄"。他们都赞同所谓的"国宝系被法国人掠走，应物归原主"之语。是将《蒙娜丽莎》留在意大利，还是将这件"国宝"送返卢浮宫？是将温琴佐·佩鲁贾交给法国警方，还是对他进行庇佑？议会坊间均激辩不断，难以达成共识。

娜丽莎》!“雷昂纳多”旋即被捕,他正是当天潜入卢浮宫行窃的温琴佐·佩鲁贾。他从幕后黑手瓦尔菲尔诺那里拿到一大笔佣金后,将画交给瓦尔菲尔诺。然而挥金如土的他很快又成为“负资产者”,于是再度潜入瓦尔菲尔诺收藏《蒙娜丽莎》的秘库,第二次盗走了这幅画,打算以“爱国者”之名向佛罗伦萨乌菲兹美术馆出售此画。

案情水落石出,意大利人却陷入纠结之中。“雷昂纳多”的那封信公开后,竟然出现一派声音支持温琴佐·佩鲁贾的“义举”,甚至称他为一位“真正的爱国者”和“民族英雄”。他们都赞同“雷昂纳多”所谓的“国宝系被法国人掠走,应物归原主”之语——事实也正是如此,达·芬奇晚年在法国宫廷为法国国王作画时,随身就带着这幅他自己最深爱的作品。他客死法国宫廷后,包括《蒙娜丽莎》在内的多幅名画被法国国王据为己有。是将《蒙娜丽莎》留在意大利,还是将这件“国宝”送返卢浮宫?是将温琴佐·佩鲁贾交给法国警方,还是对他进行庇佑?议会坊间均激辩不断,难以达成共识。

最终,议会决定将《蒙娜丽莎》留在佛罗伦萨展览一百天后,“返还”给卢浮宫——毕竟,这幅画作虽出自意大利人之手,其法律上的所有权仍属于作为法人的卢浮宫。而温琴佐·佩鲁贾之举虽然荒唐贪婪,却从一定意义上有助于爱国精神,法庭仅判其监禁 7 个月零 9 天——与其说是惩罚,不如说是褒奖。最终,1914 年 1 月 4 日,《蒙娜丽莎》又回到了它在卢浮宫的位置,并至今吸引着世界各地的目光。

十、酗酒引发的原油泄漏案

2011 年夏天,"康菲漏油污染"事件让渤海湾难以平静。时至今日,相关责任人仍未给出满意的答复,其强势与顽固难免想起《老友记》中的一幕:菲比打算给肚中的孩子取名。她说道:"我想找一个强势而自信的名字,比如……比如埃克森(Exxon)。"钱德勒接腔道:"呃,这名要配个瓦尔德兹(Valdez)的姓正合适。"众人露出会心的笑——时年正是 1990 年前后,埃克森·瓦尔德兹(Exxon Valdez)号油轮泄漏污染事件震惊世界。然而《老友记》中的众人恐怕没有想到,对这起泄漏事件的诉讼索赔直至 18 年后才尘埃落定,而后续争议直至今日仍未停息。

船长贪杯,油轮撞上暗礁

1989 年,埃克森·瓦尔德兹号油轮发生原油泄漏事故,致使阿拉斯加州瓦尔德兹市沿岸几百公里长的海岸线遭到严重污染,数以千计的海鸟和水生动物丧生。万余名渔民赖以生存的渔场和相关设施被迫关闭,鲑鱼和鲱鱼资源近于灭绝,几十家企业破产或濒于倒闭。因此,污染受害者根据埃克森公司自己报告的每年平均盈利 50 亿美元的财务状况,集体向联邦法庭提出了诉讼,要求肇事者支付总值 150 亿美元的经济损失赔款和带有惩戒性质的罚款。

这起生态灾难,原本是可以避免的。1989 年 3 月,埃克森·瓦尔德兹号油轮满载约 5500 万加仑原油,从阿拉斯加瓦尔德斯石油口岸出发,向南经由威廉王子海峡,开始了它第 28 次远航。3 月 23 日夜里,船长 Joseph Hazelwood 对海岸警卫站发电。他说海面上出现一些自哥伦比亚冰川漂入威廉王子海峡的浮冰,为了避免碰撞,需要改变路线。获得许可后,埃克森·瓦尔德兹号沿北行线前进。随后,一向酗酒的 Joseph Hazelwood 船长准备离开驾驶舱，回房“小酌”几杯。他交代三副 Gregory Cousins 时刻注意雷达，如果雷达提醒船与前方一个叫 Busby 的小岛成直角，就开始“返回原航线”。

当这位贪杯船长在自己房间里醉倒呼呼大睡时，三副 Gregory Cousins 突然发现雷达功能发生了故障。这一雷达时不时地“罢工”，已经长达一年之久——这是船长和货主埃克森公司皆知的“秘密”，只是货主埃克森公司认为“去彻底整修雷达，费用太过昂贵”，一再拖沓至今。三副紧急启动夜视罗盘，发现已超过了船长指示应转向的位置。他赶忙命令舵手向右边操舵，但是船体并未足够迅速地转向。3 月 24 日上午 12 点 4 分，一声巨响。船体撞上一块名为 Bligh 的礁石。船舱侧面被划开一大道豁口，乌黑的原油倾泻而出，流入原本清澈的威廉王子湾。

事后，麻省理工学院的 Nancy G. Leveson 教授接受委托，对事故原因进行调查。她的调查报告为事故找出了以下原因：第一，过去曾经发生过几起海岸警卫队的驳船撞上 Bligh 礁石的事故，但不论船长或船员都对此毫不知情。第二，埃克森公司曾经承诺，给每艘油轮安装“自动感应礁石报警系统”，但是最终也没有给“埃克森·瓦尔德兹”号安装。第三，为了躲避所谓的“浮冰”，“埃克森·瓦尔德兹”号离开原计划航线，在常规航域以北的区域航行。第四，这艘油轮在 1977 年下水以来，船员数量从未达到过满员状态。到 1989 年，配备的船员数甚至下降到了 1977 年船员数的一半。船员们经常加班，一天工作 12 ~ 14 个小时，厌倦工作的情绪弥漫于船上。第五，海岸警卫队未定期对“埃克森·瓦尔德兹”号进行人数、装备检查。第六，发生泄漏事故时，油轮上竟然没有配置第一时间清理油污的装备和人手。因此，海岸警卫队、作为货主兼船东的埃克森公司，以及那位贪杯的船长与懈怠的船员，都对触礁和泄漏事故有着不可推脱的责任。

1989年3月24日上午12点4分，满载约5500万加仑原油的“埃克森·瓦尔德兹”号油轮，由于船长的玩忽职守，船体撞上一块名为Bligh的礁石，船舱侧面被划开一大道豁口，乌黑的原油倾泻入原本清澈的威廉王子湾。原油泄漏造成250,000只海鸟、2800只海水獭、300只斑海豹、250只秃鹰、22只虎鲸以及亿万条三文鱼和亿万个鲱鱼蛋受污致命。因为吃了被污染的海洋生物，许多海水獭和海鸟在几个月内生病死亡。岸边的动物们也因食用受污染的猎物而大量地病亡。

除污懈怠，酿成生态灾难

根据统计，大约3000万加仑原油泄漏，影响波及1900公里海岸线。24小时内，海岸警卫队和环境部门采取行动，试图尽快除污。他们先是从受创的油轮中抽出残留的原油，避免污染扩大。然而不久他们发现，从油轮中抽出的液体不少都已是海水——这意味着原油已通过其他破损口流入大海。在泄漏初期，除污人员曾经用防火索隔离出一块污染区域，进行燃烧试验，试着趁原油还未污染海岸之前将其“烧光”。然而，不利的天气状况使得这种努力无法继续下去，加上威廉王子湾处处都是礁石，油污难以集中燃烧。

埃克森公司在事故发生24小时内的迟缓反应，一定程度上耽误了除污进度。由于很难找到大型撇油机，溢出的重油以及海藻海带总是堵塞清洁设备，使原油难以从一次性使用的临时储油器转存入可反复使用的常规储油器。所以不久之后，只能以人工清洁的方式继续除污。由于油的重量和黏度使油从临时储油器转入可以长期使用的常规储油器就变得十分困难。除污人员也尝试使用了一种解析剂，然而，这种解析剂本身对环境就有破坏作用，能够以之除油也存在争议。尽管如此，在附近的瓦尔德兹市也只找到了约4000加仑的解析剂，而且也没有足够的水上飞机来喷洒。一个私立公司尝试使用直升机喷洒解析剂，但是由于海浪太弱，不能将解析剂和泄漏的原油充分混合，这个方法也最终宣告无效。

原油泄漏事件对于威廉王子海峡造成了严重的生态灾难，数以万计动物当时立即死亡。根据保守估计，共有250,000只海鸟、2800只海水獭、300只斑海豹、250只秃鹰、22只虎鲸以及亿万条三文鱼和亿万个鲱鱼蛋受污致命。即使一年之后，原油泄漏迹象不大明显的时候，间接的污染影响仍然存在。因为吃了被污染的海洋生物，许多海水獭和海鸟在几个月内生病死亡。岸边的动物们也因食用受污染的猎物而大量地病亡。瓦尔德兹市动用了11,000多名居民和工人，和 Exxon 公司一起试图恢复环境和生态，然而收效甚微。事故发生20 年后，科学家们发现，原本这里居住着的 346 种候鸟只剩下 7 种，其余的或是死亡或是离开。2009 年，一支来自北卡罗来纳大学的科研团队发现，泄漏事件的影响至少还要持续 30 年。尽管埃克森公司不肯承认这一研究成果的科学性，美国国家海洋大气管理局（NOAA，the National Oceanic and Atmospheric Administration）却出面承认，根据他们的研究，这一泄漏事件所导致的后续影响，将需要相当长的时间才能得以消解。

3 个多月后，这艘触礁破损的埃克森·瓦尔德兹号油轮被拖离了威廉王子海峡，大约 1600 吨钢材被移除和替换后，它被改名为 Sea River Mediterranean 号油轮，离港打算返回瓦尔德斯。然而，深受其害的瓦尔德兹市出台了一条新规定，禁止曾经泄漏过 100 万加仑以上的油轮进入海峡。埃克森公司马上抗议，这一规定有着明确的指向性，因为附近海域内除了这艘曾经造成过严重环境污染的油轮外，再没有其他油轮符合这一标准。然而瓦尔德兹市的市长不但不受理抗议，反而强硬地表示："我们瓦尔德兹感觉到，在这场危机中，埃克森公司背叛并伤害了我们。"埃克森公司随后提起行政诉讼的同时，因渔场和生态资源受害而利益受损的当地居民 Baker 一家和其他居民一起，向埃克森公司提起了索赔之诉。

污染者承担惩罚性赔偿

1990 年 1 月 29 日，那位贪杯的船长 Joseph Hazelwood 在阿拉斯加受到审判。1990 年 2 月 27 日，以渔民 Baker 一家为原告、埃克森公司为被告的诉讼拉开了大幕。事故发生后两年内，瓦尔德兹市海岸边"以海为生"的居民承受着重大的经济损失，特别是从事蛤蜊和青鱼生意的渔民，大多破产，甚至多名无力承担银行债务的渔业主选择了自杀——其中还包括那位承担着过重心理负担的市长。1991 年，阿拉斯加州安吉雷奇地区法院对此案作出初审判决，埃克森公司应对其造成的损失承担 2.87 亿美元的赔偿，同时，还应对其造成的长远恶劣影响承担 50 亿美元的惩罚性赔偿——这一数额的确定，并不是陪审员们脑子一热，而是根据埃克森公司的年度财务报表得出的，50 亿美元正是这家石油巨头 1 年的利润总额。

然而，埃克森公司不愧是石油巨头，它一面上诉希望减轻赔偿数额，另一面开始筹集赔偿金。它先是和 J. P. 摩根合作，签订了信用违约掉期合约（CDS），从摩根那里得到了近 48 亿美元的到期支付额度——如果法庭真的判决埃克森公司承担 50 亿美元惩罚性赔偿，至少可以从摩根那里获得这笔类似于“保险金”的救命稻草。随后，埃克森开始每年从利润收益中计提 8 亿美元，纳入与摩根的合约。这一切，实际都是由美国司法部所支持的，司法部此举堪称金融、环境和司法三面一体的妙招，既避免埃克森因巨额惩罚性赔偿而破产，又确保法庭一旦终审判决作出能够得以执行，最终更保障了泄漏事件造成的环境损失能够得到赔偿。与此同时，埃克森公司开始与当地渔业联盟 Seattle Seven 进行庭外谈判，签订了秘密的书面协议，约定不论法庭做何判决，埃克森将事先赔付他们 6375 万美元，条件则是如果法庭最终真的判决埃克森公司承担巨额惩罚性赔偿，Seattle Seven 表面上接受这笔赔偿后，要将其中至少 7.5 亿美元“返还”给埃克森公司。考虑到诉讼胜负难料、周期漫长，Seattle Seven 最终代表渔民接受了这个条件。埃克森公司也进一步控制了可能出现的巨额赔偿风险。

2002 年 6 月，二审法院宣布惩罚性赔偿的数额降至 40 亿美元——原因是埃克森公司证明，其先后花费了约 20 亿美元用于清理污染，并提前支付了 5000 万美元的实际损失赔偿金。对此，埃克森公司感到不满意，再度提起上诉。2006 年 12 月 22 日，第九巡回上诉法庭再次削减惩罚性赔偿的数额，减至 25 亿美元。然而，埃克森公司仍然不满意，在联邦最高法院再度提起上诉。2008 年 2 月 27 日，联邦最高法院受理了这起持续了 18 年的漫长诉讼。阿黎托大法官

(Justice Samuel Alito)申请自行回避,因为他正持有约值 25 万美元的埃克森股份。4 个月后,联邦最高法院作出判决,苏特(Justice David Souter)大法官宣布:“埃克森所为,在主观上介于‘疏忽’和‘恶意’之间,应重新考察惩罚性赔偿的数额。”最终,惩罚性赔偿定格在 5.07 亿美元左右。

尽管法学界有所不满,用国会司法委员会主席 Patrick J. Leahy 的话说:“这是联邦最高法院向大企业让步的表现,简直是糟透了的判决。”然而另一种声音则认为,能够让埃克森在漫长的诉讼中既出钱清理了泄漏事故,又赔偿了渔民的损失,最终如果能够达成巨额惩罚性赔偿当然锦上添花,然而即使只是给予 5 亿美元左右的惩罚性赔偿,却迫使埃克森为此付出至少 25 亿美元的清理、赔偿代价,未尝不算是“四两拨千斤”,达到了司法能够实现的最好效果。不过,据说原告方的律师最近又打算提起诉讼,切入口仍是那位贪杯的船长——埃克森公司明知他酗酒仍委其任油轮之长,实有失察之责,为此应承担过失赔偿。看来,埃克森公司为 20 年前的泄漏污染,还将付出更多的代价。

十一、和斗牛士说再见

作为西班牙的标志之一，斗牛以其惊险、残酷和壮美而闻名天下。海明威更是将其比做人生："活着与斗牛差不多。不是你战胜牛，就是牛挑死你。"一位名为克里斯·阿拉的摄影师也说："赤手空拳地与一头猛兽上演生死之战，这不仅是艺术作品的创作，也是向大自然致敬的庄严之举。"西班牙人更是称斗牛为想象、习俗、规则、勇气、知识、技巧、物质和人类生产方式的总和。然而，2012 年年初的一项法律，使得这项代表着西班牙人粗犷豪爽民族性格的运动项目，正在离西班牙远去。

斗牛并不是第一次遭遇禁令。18 世纪中叶，波旁王朝统治时期，国王菲利普五世对于这项运动深恶痛绝，认为这种容易对皇室成员造成伤害的残酷运动应该被禁止。遂下发禁令，禁止皇室成员参加这项运动，也禁止斗牛再在马德里开展。然而这一禁令反而将这项贵族运动推向了民间，具有了更为血腥凶狠和斑斓炫目的色彩。不过，即使在民间，杀戮公牛的残酷和人类是否该在这种冒险中浪费时间生命的争论就从未停息。每年斗牛期间都有人游行示威，谴责这种血腥的行为。

1991 年，加那利群岛立法禁止斗牛，成为西班牙首个明令禁止斗牛的地区。另一些地区的动物保护主义组织也掀起了反对斗牛运动，而且愈演愈烈。这些组织认为，动物也应享有生存和不受伤害的权利，斗牛剥夺了动物的生存权，让动物受虐待，应该禁止。在包括首都马德里在内的西班牙的一些城市，经常可以看到动物保护主义组织的反斗牛活动，一些动物保护主义者甚至在街头装扮成被利剑刺中心脏的公牛倒地，号召公众加入要求禁止斗牛的行列里来。与此同时，欧盟对斗牛的反对，也让西班牙政府不得不作出回应。目前，

作为西班牙的标志之一，斗牛以其惊险、残酷和壮美而闻名天下。海明威更是将其比做人生："活着与斗牛差不多。不是你战胜牛，就是牛挑死你。"一位名为克里斯·阿拉的摄影师也说："赤手空拳地与一头猛兽上演生死之战，这不仅是艺术作品的创作，也是向大自然致敬的庄严之举。"西班牙人更是称斗牛为想象、习俗、规则、勇气、知识、技巧、物质和人类生产方式的总和。然而，2012 年年初的一项法律，使得这项代表着西班牙人粗犷豪爽民族性格的运动项目，正在离西班牙远去。

西班牙国家电视台已经停止了对斗牛节目的转播,使斗牛演出的收入大大减少。

2004 年 4 月,巴塞罗那市议会通过决议谴责斗牛,成为第一个反对斗牛的西班牙城市。随后,又有 42 个城市出台了反对斗牛的禁令。西班牙政府亦出台谕令,禁止 14 岁以下公民观看斗牛表演,也禁止 14 岁以下青少年成为斗牛士。著名的动物保护组织"该停止了!"是反斗牛议案获得通过的主要推动力。2009 年,这个组织筹集了 18 万民众的签名支持,并将议案提交给加泰罗尼亚自治区议会。自治区议会于 2011 年 3 月 28 日,就这项禁止斗牛的议案进行了辩论和表决。在激烈的唇枪舌剑之后,该议案以 68 票赞成、55 票反对、9 票弃权获得通过。该议案于 2012 年 1 月 1 日生效,全自治区范围内从此禁止斗牛。加泰罗尼亚,这个斗牛历史最悠久、文化最绚烂的自治区,也从此和斗牛道别。

紧接着,曾将斗牛作为城市骄傲的巴塞罗那宣布 2012 年不再举行斗牛。2011 年 9 月 25 日,巴塞罗那万人空巷。斗牛场外也挤满了情绪复杂的市民。这里正在举行最后一场斗牛表演。台下的观众响亮地欢呼着,努力记住这场即将消逝的"绝唱"。而场上,28 岁斗牛士卡塔兰·塞拉芬·马林也在卖力地表演着。对于巴塞罗那禁止斗牛的行为,马林说:"我对此感到悲伤。他们拿走了你的过去和部分未来。"他同时也为自己未来的生计发愁。目前,全西班牙还有 700 多名斗牛士,如果没有被马德里和安达卢西亚的斗牛场雇用,大部分斗牛士都面临着转行的问题。"退休"的斗牛士的出路并不明朗,其中很大一部分人只能加入保安公司,在各家超市、银行、大公司门口当保安。"也许斗牛并不该由政府终结,当人们对它不再有热情时,它自己就终结了。"斗牛爱好者安东尼奥遗憾地说道。

十二、催人自杀的忧伤

《忧伤的星期天》被称为“匈牙利自杀曲”，并一度遭到了BBC等电台的禁播，并非没有理由的。据说，由于歌曲中流露出摄人心魄的绝望神绪，数以百计的人在听了它后结束了自己的生命。

1933年，匈牙利青年鲁兰斯·查理斯在失恋两周后一个下雨的星期天，漫步在巴黎街头。他是个个头矮小、长相平凡的犹太人。据说他在布达佩斯一个名为Akácfa的餐厅做钢琴师。据说他曾经是天才般的乐手，然而因为左手在一次斗殴中受了伤，从此只能用右手主弹，左手配合，演奏水平也从此无法和职业乐手相提并论，只能在餐厅里弹琴助兴为生。他和女友洛伊娜的关系时好时坏，两人一度谈婚论嫁，却最终在争吵中分手。女友不知所踪，有人传言她跟一个德国军官离开了匈牙利。漫步于巴黎街头的查理斯悲从中来，黯然销魂，谱下了这曲《忧伤的星期天》（Szomorú Vasárnap）。据说，这首曲子优美柔和，初听起来甚至还有些平庸。一个音乐制作人不知出于何种动机，将其收录进了年度的音乐合辑之中，予以出版。

孰知，这首曲子的问世如同掀开了潘多拉的魔盒。数以百计的人听完之后，丧失了继续活下去的勇气。有记载的第一个为之自杀的人，是一个英国军官，他在家里休息时，无意中听到唱盘里的这首《忧伤的星期天》。一曲未终，他已拔出手枪，结束了自己的生命。警方经过调查，确认他确实属于自杀，但这首曲子是“间接杀手”，并警告人们不要去听这首乐曲，因为警方在听这首乐曲的时候也差点有人自杀。然而，这也激发了人们的好奇心。不少自认心理素质过硬者，四处搜集并亲身体验。然而，自杀的消息仍然不断传来，一位美国中年男子，听完几遍后，开枪自杀并在遗言中写道：“请把这首曲子作为我葬礼的哀乐。”在匈牙利，一支乐队正在演奏这首曲子时，一名匈牙利青年突然掏出手枪自杀，“砰”的一声就倒在血泊里。一名女警察对此案进行调查，但费尽九牛二虎之力，也查不出这青年为什么要自杀。最后，她买来《忧伤的星期天》寻找一点破案的蛛丝马迹。然而，她成为了下一个“受害者”。她的遗书写道：“局长阁下：我受理的案件不用继续侦查了，其凶手就是乐曲《忧伤的星期天》。我在听这首曲子时，也忍受不了它那悲伤旋律的刺激，只好谢绝人世了。”

相似的悲剧不断出现。最小的受害者只有 14 岁。她是美国纽约一位开朗活泼的女打字员。她听说《忧伤的星期天》如何使人伤感，便好奇地借了这首乐曲回家听。第二天她没有去上班，人们在她房间发现她已自杀身亡，唱机上正放着那张《忧伤的星期天》的唱片。她在遗书中说：“我无法忍受它的旋律，这首曲子就是我的葬礼曲目。”

在华盛顿，有位刚成名的钢琴演奏家应邀参加一个聚会，并为来宾演奏。席间，一位来宾突然接到她母亲车祸身亡的长途电话，因为那天正好是星期天，便请钢琴家为其母演奏《忧伤的星期天》以示哀悼。钢琴家虽然不情愿，却不便拂来宾的情面，弹完了这首曲子。谁知，演奏完毕后便由于过度悲伤，导致心脏病发作而扑倒在钢琴上，再也没有起来。在意大利米兰，一个音乐家听说了这些奇闻之后感到困惑不解，便试着在自己客厅里用钢琴弹奏了一遍，竟也死在钢琴旁，并在乐谱旁写下这样的遗言：“这乐曲的旋律太残酷了，这不是人类所能忍受的曲子，毁掉它吧，不然会有更多的人因受刺激而丧命。”

事有蹊跷，《纽约时报》遂刊登了这样一条新闻，标题是“数百人在《忧伤的星期天》的影响下自杀”。由于自杀的人越来越多，美、英、法、西班牙等诸多国家的电台便召开了一次特别会议，号召欧美各国联合抵制这首曲子。其中以 BBC 的禁令最为严格，甚至不允许在电台里讨论和介绍此曲。然而，这仍然无法禁绝这首曲子“夺走”生命。1968 年，本曲的作者查里斯最终以跳楼结束了自己的生命。据说，他曾经因《忧伤的星期天》广为流传而感到惊喜，却在此曲造成

《忧伤的星期天》被称为“匈牙利自杀曲”，并非没有理由的。据说，由于歌曲中流露出摄人心魄的绝望神绪，数以百计的人在听了它后结束了自己的生命。由于自杀的人越来越多，美、英、法、西班牙等诸多国家的电台便召开了一次特别会议，号召欧美各国联合抵制这首曲子。其中以 BBC 的禁令最为严格，甚至不允许在电台里讨论和介绍此曲。然而，这仍然无法禁绝这首曲子“夺走”生命。

数百人自杀后,背上了沉重的心理负担,最终也走向这条不归之路。这首曲子虽然现在仍然可以听到,然而据说它已是经由黑人女歌手霍利戴改编过的版本,已经不再有那种催人断肠的绝望和忧伤了。真正的《忧伤的星期天》,或许已经在太多亡魂的遗怨中,消失不见。

第六章　人性善恶的瞬间

“人性”二字或许说得沉重了一些，然而再高超的立法技巧、再高效的执法效率、再高明的智慧法官，也有面对善恶和选择无能为力的时候。大时代的是是非非、小家庭的伦理纲常、无助弱者的悲啼血泪以及丛林规则的屡试不爽，是我们这个种族无法摆脱的属性。而法律，在复杂和多样的人性面前，又应该何去何从呢？

一、迟到了55年的沉冤昭雪

《金陵十三钗》一度被称为中国的辛德勒故事。可悲的是，这些在“二战”期间不顾个人安危、玉石俱焚的战事硝烟中掩护拯救他人的英雄，或多或少都负着来自时代或众人的不解与委屈——不论是西西里的美丽传说、金陵十三钗，抑或这里要说到的这位“瑞士辛德勒”，都难以幸免。

这位“瑞士辛德勒”名为保罗·格吕宁格尔。他出于1891年，是一名警察。1938年至1939年期间，任瑞士圣加伦州的警察局局长。当时，瑞士这个自1815年维也纳和会以来就声称“永久中立”的小国，并不是那么“中立”的。它在经济上向德国和意大利输血，向德国出售电力、精工产品和包括著名的40毫米口径高射炮在内的武器。瑞士还为纳粹德国提供黄金交易通道，甚至明知这些黄金来自集中营，也来者不拒。德意志帝国银行90%的黄金交易通过瑞士银行进行，换得大量外汇，用于购买战争物资。该行副行长索性露骨地说：“瑞士允许自由的外汇交易具有重要的政治意义，这是我们至今仍让它保持独立的一个基本原因。”正是在这种背景下，这位被誉为“瑞士辛德勒”的保罗·格吕宁格尔局长的行为才显得分外可贵。他不顾个人安危，允许大量没有签证的犹太人逃入瑞士境内。1938年，瑞士立法规定：“各州应毫不犹豫地将非法进入瑞士的外国人驱除出境……而且，犹太人不应当视为政治难民”，要求各州实行预先签证制，只对少量犹太人颁发入境许可。对那些非法逃入瑞士的犹太难民，瑞士边防部门一方面通知德国在所有犹太人的护照上打一个大大的“J”(Jewish的首字母)字；另一方面将捕获的犹太难民由军警押到边界岗哨交与德方。据统计，“二战”期间瑞士共在边境拦截了10多万犹太人入境，遣返押回德境的更是不计其数。这位保罗·格吕宁格尔局长一方面“手下留情”,放松边境,任由人们进出于他管控的圣加伦州边境。先后拯救的犹太人数目已不可考,大约有数百人,也有说数千人的。另一方面当事情暴露后,保罗·格吕宁格尔更是为这些犹太人假造证件,称他们在瑞士当局发出禁令前已进入瑞士,为他们创设了合法安全的身份。

然而,亲德的瑞士联邦并不将其视为义举,反而以种一丝不苟的态度对他进行审判。1939 年春,保罗·格吕宁格尔先被解除局长职务,随后很快被开除,并被宣布终生不得领取养老救济金。1940 年,圣加伦州法院更是认定他判有滥用职权罪和伪造证件罪,科以巨额罚款。可悲的是,战争结束时,54 岁的他生活在穷困潦倒中,始终未能从罪人、撒谎者和伪造证件者的阴影中走出。他一直没能找到工作,也领不到救济金。直到 1972 年他含冤去世时,瑞士政府仍未试着为他平反——因为这意味着承认瑞士在“二战”中有违中立、扶助纳粹的耻辱记录。直至 1995 年 4 月 3 日瑞士外交部长科蒂才首次代表政府,为瑞士在“二战”中的表现作出道歉。他说:“我们不能、也决不否认瑞士在战时与难以用语言表达的野蛮行为有牵连。”或许与政府态度的转变有关,半年后,1995 年 11 月 27 日,圣加伦州法院突然来了数十位不速之客,请求法院重审保罗·格吕宁格尔案。他们都是“二战”时的犹太难民,受恩于保罗·格吕宁格尔,得以越过德瑞边境,免受纳粹杀戮。他们请求法院重审 55 年前的这桩冤案。

3 天后,圣加伦州法院区域法庭作出了迟到的判决:55 年前因拯救犹太人获罪的瑞士警察保罗·格吕宁格尔,其滥用职权罪和伪造证件罪均不成立。联邦和州分别对保罗·格吕宁格尔进行赔偿和补偿。赔偿的是国家对他的误判,补偿的则是他担任警察局长至退休应得的薪金和死前应得的救济款。3 年后,保罗·格吕宁格尔的女儿罗丝·罗敦·格吕宁格尔(她在婚后保留了父姓)用这笔赔偿金成立了一个基金会,即以保罗·格吕宁格尔之名命名,用于救济和补偿那些在历史时代夹缝中辛苦挣扎的人们。

二、中国辛德勒用签证拯救生命

2001 年,联合国总部举办了名为"生命签证:正义与高贵的外交官"纪念展,展出了"二战"期间拯救犹太难民的各国外交官的英勇事迹。作为其中唯一的中国外交官,何凤山的照片放在展会的正中央。这既是因为他拯救的犹太人数量最多,又是因为他虽遭遇险恶危难,却弃个人安危于不顾,不但坚持发放签证,还亲自从盖世太保手中救回已经被捕的犹太人。他所保护和捍卫的,不止是数千犹太人的生命,还有"中国签证"的权威和尊严,与人性中最宝贵的同情心与正义感。

为犹太人的黑夜点燃光亮

何凤山,字久经。1901 年 9 月 10 日出生于湖南益阳市赫山区一个贫苦的农民家庭。少年时,他就对外语怀有浓厚兴趣,立志长大后成为一名外交官。他认为,在国际间折冲樽俎、扬威异域,与加入前线持枪作战的军人是殊途同归。高中毕业后,他以优异成绩考入雅礼大学。雅礼大学是由美国耶鲁大学毕业生成立的雅礼学会所创办,校址设于湖南长沙,全部用英语教学。这对何凤山来说简直是如鱼得水,几年下来,他不仅门门功课都在校内名列前茅,英语水平更是令人刮目相看。1926 年,何凤山考取德国慕尼黑大学的公费留学生,并以特优成绩获政治经济学博士学位。毕业后,他返回祖国,初在湖南大学任教,后为湖南省主席何键担任秘书,同时在湖南大学等学校兼课,教授经济学、英文与国际政治。1935 年,何凤山以额外二等秘书的官衔携带家眷前往土耳其任职,从此投身外交界。

1937 年,何凤山任中国驻奥地利公使馆一等秘书。到任后的何凤山,迅速打开了局面,成为中国驻奥地利公使馆不懂德文的临时代办童德乾倚重的对象。日本发动侵华的“卢沟桥事变”后，他不仅撰文在奥地利报刊上介绍事实真相，而且在中国侨民大会上发表演讲，鼓励侨民做政府后盾。针对奥地利民众关心中日问题的情形，他精心准备，在奥地利著名社团“民主宪政会”演讲，揭露日本侵华的种种事实，并引起轰动。随后，邀请他的人络绎不绝，他甚至到捷克的首都和南部地区进行演讲，演讲内容被书商冠名以《迎头痛击》出版，在社会上广为流传。他还组织了“中奥文化协会”，借以推进两国关系发展。1938 年奥地利被纳粹德国吞并后，中国驻奥地利大使馆被改为中国驻维也纳领事馆，何凤山升任中国驻维也纳总领事，直至 1940 年 5 月调离。在这短短 3 年间，何凤山为数千名犹太人发放了到上海的签证，拯救了这些素不相识的生命，被以色列驻华大使馆公使莫义澜先生称为“为犹太人的黑夜点燃光亮的人”。

何凤山上任时，欧洲上空已战云密布，纳粹德国肆虐横行，掀起反犹恶浪。1938 年 3 月，德国吞并了奥地利。奥地利是欧洲第三大犹太人聚居地，总数约 18.5 万人。纳粹德国欲将这里的犹太人赶尽杀绝，以驱逐为名，规定犹太人在特定时间之前离开，否则就要被关进集中营。何凤山曾经在维也纳的大街上，亲眼目睹希特勒在人群集会前，狂妄地叫嚣着要“消灭”犹太人。何凤山内心受到极大震动。他在回忆录中写道：街头每天都在上演着残杀的悲剧，甚至一些在奥地利有着很高社会地位的犹太人，也难以逃脱被迫害的命运。因此，对奥地利的犹太人来说，离开就是生存，不能离开就意味着死亡。

然而，离开又谈何容易。当时肯接纳犹太人的国家少之又少，而且签证条件极为苛刻。1938 年“水晶之夜”事件之后，纳粹德国对犹太人的迫害逐步升级，外国签证越来越难获得，成千上万的犹太人奔走于各国使馆之间申请签证。一位奥地利犹太幸存者回忆当年的绝望心情：“签证！我们每时每刻都生活在有关签证的消息中，我们醒来，就被签证问题缠绕。我们时时刻刻在谈论这个问题……我们能去哪里？白天，我们努力获得必要的证件、意见、印戳。晚上，在床上，我们

1937 年,何凤山任中国驻奥地利公使馆一等秘书。1938 年奥地利被纳粹德国吞并后,中国驻奥地利大使馆被改为中国驻维也纳领事馆,何凤山升任中国驻维也纳总领事,直至 1940 年 5 月调离。在这短短 3 年间,何凤山为数千名犹太人发放了到上海的签证,拯救了这些素不相识的生命,被以色列驻华大使馆公使莫义澜先生称为“为犹太人的黑夜点燃光亮的人”。

何凤山签发的签证。

做梦,梦里是长长的队伍,官员!签证!签证!”这些被称为“生命签证”的救命稻草,关系着数万犹太人的生命。但是,在德国法西斯的淫威之下,许多国家都不再向犹大人发放签证。1938 年 7 月 13 日在法国埃维昂举行的国际难民会议上,与会的美国、加拿大、澳大利亚、爱尔兰和新西兰等 32 国都强调各种困难,明确表示“恕难接受犹太难民。”而素有世界自由港之称的中国上海,当时是不需要签证就可以进入的,虹口地区成为当时著名的“无国籍难民区”,包括犹太人的许多难民向上海涌来。但是,假如没有中国签证,犹太难民仍然无法离开奥地利,上船驶往上海。因此,不设防的上海和一张通往上海的中国签证,便成了各国犹太人逃生的最后希望。

17 岁的犹大少年艾瑞克·高德斯陶伯把除中国以外的驻维也纳的 50 多个领事馆都跑到了,一个签证也没有拿到。绝望中的他,最后于 1938 年 7 月 20 日来到中国总领馆。出乎他意料的,是 20 份签证在很短的时间里拿到了,捧着这一大沓生死攸关的生命签证,想到全家逃离虎口美梦成真,他激动得说不出话来。给他签发这些签证的,正是何凤山。何凤山并不是妄然发放签证的。当时的中国政府一度对于犹太难民抱同情态度。行政院长孔祥熙公开表示,犹太人的遭遇是人类的不幸。中国应该表示同情,并建议开辟海南岛容纳犹太难民。何凤山赴任时,所获得的外交训令上也规定,不应仅以国籍、民族为由,拒绝授予他国国民签证。这就是何凤山向犹太人颁发签证的法律依据。

“我一个脑袋能换几千条生命,值!”

然而,这并不是在说何凤山仅仅是在奉命行事,无甚了了。同为外交官员的驻德大使陈杰,却认为“维持中德邦交兹事体大”,万不能与希特勒唱反调。作为上司,他多次指示何凤山,应大幅压缩对犹太人发放签证。而何凤山以外交部训令对犹太人请求签证入境者不予拒绝为由,拒不受命。

陈杰的态度并不是没有道理的。蒋介石是当时公认的亲德派：接受德国军事援助，聘用德国军事顾问，将蒋纬国送往德国受训，并指示其参与德国入侵奥地利的军事行动。在最高领袖的偏好影响下，南京政府对犹太人的政策开始动摇。陈杰再三通告何凤山，暗示国内已有不满意见。何凤山一方面假意允诺，言称等待国内指示，另一方面暗中加快发放速度，成批地向犹太人发放签证。据计算，何凤山签发的护照至少有2000余份。最多时每月颁发500多份。许多求助无门的犹太人在这里拿到了去上海的"生命签证"。

对此，40年后，何凤山在《我的外交生涯四十年》中写道："自从奥地利被德国兼并后，恶魔希特勒对犹太人的迫害便变本加厉，奥地利犹太人的命运非常悲惨，迫害的事每天都在发生。当时美国一些宗教和慈善组织开始紧急救助犹太人，我一直与这些组织保持着密切联系，我采用一切可能的方式，全力帮助犹太人，大量犹太人因此得以活了下来……看到犹太人的厄运，深感同情是很自然的，在人道立场上，帮助他们也是应当的。"他所解救的犹太人中，有维也纳爱乐乐团首席小提琴演奏家格林伯特——他随父母来到上海，在上海接受音乐启蒙，学习拉小提琴，多年后小提琴家感慨万千，说自己的生命与事业，全都是拜此义举所赐；美国大名鼎鼎的亿万富翁——世界犹太人大会秘书长辛格的父母；更有中国人熟悉的国际主义战士罗生特医生——他也是拿着何凤山签发的签证，于1939年来到上海，后来参加新四军，成了四野一纵的卫生部长，被称做新四军中的"白求恩"。

何凤山的义举引起了纳粹的注意。在众多外国总领事中，只有中国人何凤山公开与犹太人保持来往，还胆敢和盖世太保叫板。驻维也纳美孚石油公司经理罗森堡一家人，就是在何凤山亲自护送下，逃到国外。作为罗森堡的朋友，何凤山依约准备为罗森堡送行。不料出发当日，罗森堡被盖世太保带走。何凤山赶忙前往，面对盖世太保质问道："我是中国政府驻维也纳的总领事，请你放尊重点，我代表国家执行外交公务。罗森堡先生早两天就办理了中国签证,他的合法权益中国理当保护。我郑重声明请你们从速放人;否则影响邦交关系的后果,将由你们负责。”义正词严的交涉,让盖世太保悻悻放人。为防意外,何凤山用总领馆车辆亲自护送这一家人逃离了维也纳。

这一举动彻底激怒了纳粹。奥地利政府以总领事馆租用犹太人房子为由,强行没收房产。何凤山便将领事馆搬到城市公园里的一所公寓里,继续一刻不停地为犹太人发放着签证。有时他的车缓慢地开过市区,都有犹太人跟在车旁,向车窗内递交申请表。那所公园里的小公寓,更是直到深夜还在不断工作。外交部此时已经接到纳粹的警告,对于何凤山新租的领事官邸,分文不支付租费。何凤山不为所动,自掏腰包,仍一刻不停地签发着“生命签证”。“做好事要做到底,继续签证,能多救一个,就多一条生命。”他勉励领馆员工,“大胆签发,上面追查,责任由我负。”

更为实质性的干预最终降临。有人举报何凤山在“出售”签证。陈杰趁机派参事丁文渊前往调查,意图将何凤山撤职查办。然而,经过详细稽核,丁文渊并未发现任何可疑之处。同样正直的丁文渊不解地问道:“为何外界传言签证有弊?”何凤山答道:“这是莫须有的罪名,若签证限制甚严,贿卖之事还可以说得过去。然而现在,只要申请人提出申请,皆可以得到签证,人家何须花钱贿买?”尽管未查出实据,具体承办签证的副领事周其库,仍莫名其妙被革去职务。不久,军统特务又追上门来,抄查无所获后恼羞成怒,将手枪对准何凤山脑袋,气急败坏地大叫:“让我查出来我就崩了你!”何凤山微微一笑说:“在下胆小怕事,为官尊上,保证绝无此事!”特务刚走,他便对部下低语:“我一个脑袋能换几千条生命,值!”

何凤山仍然在一刻不停地签发着签证。上千名犹太人拿到中国签证,上船逃离欧洲。然而,何凤山自己却以莫须有的罪名,被外交部记过一次。1940 年 5 月,更是被征调回国。当时的传说是,在他离任回国的火车上，仍然一路都在签发签证，犹太人一路跟着火车奔跑，签证不断地从火车窗口扔出，一路欢呼泪水不断。在何凤山返程途中，他向随从谈道，这一段驻奥岁月，恐怕未来会成为仕途上的“污点”。果然，当其结束长达40年的外交生涯时，台湾地区竟以其驻奥期间“有200美元使用情况不明”为由，剥夺了他的养老金。对此，何凤山自己并未辩白一句，这段过往也尘封无人知晓。直至1997年9月28日，何凤山于旧金山去世时，女儿何曼礼在讣告中提到父亲在任中国驻维也纳总领事期间，曾向犹太人发过签证，才引起史家的关注。讣告在《波士顿环球报》刊出后，犹太裔历史学家艾立克·索尔即找到了许多拿到何凤山签证的犹太幸存者及其后裔，这段历史才浮出水面，并成为见证人性光辉的传奇。

2000年，以色列政府授予何凤山“国际义人”称号。次年，以色列政府在耶路撒冷举行了隆重的“国际义人——何凤山先生纪念碑”揭碑仪式，石碑上刻着“永远不能忘记的中国人”。德国前总理施罗德在碑前说道：“在他的面前，我们看到了人性的光辉，从而感到了我们自身的渺小”。以色列驻华大使安泰毅亦说：“在犹太人的传统里，人的生命是最神圣的，至高无上的。我们有一句名言说，救人一命就像拯救了一个世界。而何先生救了成百上千人，我们估计这个数字在两千人左右。”2007年9月28日，安泰毅大使向何曼礼颁发证书，授予其父以色列“荣誉公民”称号。然而这一切荣誉，并不是何凤山所追求的。当时年仅37岁的何凤山顶着巨大压力、不畏艰险，以“一己之执”救人于水火，不过是出于某种感同身受的共鸣——用女儿何曼礼的话说：“父亲与他同年代的中国同胞一样，为百年来中国曾经饱受外国帝国主义的羞辱和迫害而深感义愤，立志不让这种羞辱继续下去。所以，父亲特别同情任何受到欺凌和迫害的人们。这也就是他单纯地帮助犹太难民的理由。”仅此而已，别无他由。

三、以血祭旗的打黑先锋

1992 年 5 月 23 日，乔万尼·法尔科内（Giovanni Falcone）大法官遇刺去世，然而他的战友和爱着他的人们一刻也没有忘记他！

重达一吨的 TNT

1992 年 5 月 23 日下午 5 点 40 分，意大利西西里岛巴勒莫机场迎来一架专机，3 辆菲亚特防弹车立即上前迎接。随后，3 辆警车鸣响了警笛，警灯闪烁，呼啸地驶向巴勒莫城。这是乔万尼·法尔科内大法官从罗马归来。

乔万尼·法尔科内刚刚在罗马度过了自己 58 岁的生日，打算回到家乡巴勒莫度周末。他所乘坐的，是 CAI 航空公司专门为军事情报部门配备的小型客机。CAI 公司提供的这种专项服务，随时能够起飞，并且对飞行时间、地点和乘客身份绝对保密。乔万尼·法尔科内确实需要这样的安保措施——作为黑手党的头号敌人，他是全欧洲警卫最森严的人，连意大利总统也望尘莫及。他的办公室外安排了 4 道装甲门、2 道钢门和一间防弹室。他用餐要经过检查，而且都是直接端到室内；偶尔外出用餐，就餐的那条街，很早就必须封闭。乔万尼·法尔科内的行车路线更是成了超级机密，并随时加以更动。

尽管如此，乔万尼·法尔科内仍然有着不祥的预感。他说："虽然有这么多人支持我，保卫我，但我还是感到越来越孤立……生命对于我来说就像衣服上的纽扣。我不去多想这件事。"3 辆防弹汽车在前面开道，后面有警察局的警车压阵，他自己的座车夹在中间，此时离巴勒莫只有 20 公里，只要回到市内重兵守卫的官邸，乔万尼·法尔科内就安全了。

然而这时，惊天动地的爆炸发生了：3 辆开道的防弹车被炸飞到

乔万尼·法尔科内的死激怒了民众。黑手党肆无忌惮地使用大量炸药、精确地对反黑战士们进行袭击，难道政府就对此无所知、无法作为吗？他们举行游行，进行抗议。法尔科内的8位年轻同事，则用辞职来表达心中的愤慨。政府被迫作出了反应，斯卡尔法罗总统向全国发表电视讲话，号召全国人民动员起来，像当年抵抗墨索里尼的法西斯一样，抵抗黑手党。

100 米开外，乔万尼·法尔科内的汽车也来不及刹车，一头栽进了爆炸引起的长达 20 米、深达 8 米的大坑中，车头完全瘪塌。血肉模糊的乔万尼·法尔科内被送到了巴勒莫市立医院的急救室时，已奄奄一息。15 分钟后，伤重身死，同行的数名警卫和他的夫人也不幸遇难。

为了这次暗杀，黑手党人费尽心机。他们跑遍西西里所有的矿山和采石场，收集到整整一吨 TNT 炸药，并于头天晚上就安放到公路旁的排水管道里。执行暗杀的布鲁斯卡在自传《我杀了乔万尼·法尔科内》一书中说，自己带着炸药爬入路旁的地沟，躺在一块滑雪板上埋下了炸药。第二天，他亲手按下了起爆器的按钮，引爆了一整吨的烈性炸药。当他在 4 年后终于被捕时，抓捕的警察带着仇恨，在铐住布鲁斯卡后，故意丢掉了手铐的钥匙，让他吃尽苦头。

他也来自西西里

1939 年 5 月 18 日，乔万尼·法尔科内出生于西西里岛的巴勒莫市。据说，他出生的当天，成群的白鸽从他家的窗前飞过。童年的乔万尼·法尔科内似乎性格有些不同。他打架是把好手，从不惧怕那些大块头的人，然而他除了打翻对手外，一定要通过言语说服他人。长大后，乔万尼·法尔科内进入热那亚海军学院学习。不久，他发现只有强权，没有真正的道义，是无法说服他人放弃作恶的。于是他回到巴勒莫大学学习法律。1964 年，以优等生成绩毕业，来到伦蒂尼法院，成为伦蒂尼最年轻的法官。这意味着，他的尊严、事业和生命，都将从此与西西里岛上最强大的势力——黑手党紧密相连。1966 年，27 岁的他负责审判当地的黑手党“家长”马里亚诺。他以强硬的手腕和巧妙的司法技术，通过“卧底”掌握了大量秘报和证据，将马里亚诺送进大牢。他也因此招致了黑手党的报复，被 3 个纹身的彪形大汉绑架，后来幸亏一位老警察的及时报告，才幸免于难。

这样的经历在他 27 年的法官生涯中数不胜数。他身边多次发现汽车炸弹,他常去游泳的海滩也埋有水雷。危机重重,乔万尼·法尔科内并未退缩。1984年夏,他和杰拉奇法官一起审讯一位叫作布谢塔的"家长",出人意料地打开了黑手党的缺口——布谢塔整整讲了45天,道出了许多鲜为人知的秘密。通过布谢塔,警方掌握了黑手党的历史沿革、组织结构以及以往的罪恶活动情况。巴勒莫的首席检察官兴奋地说:"我们正处于一个转折点上,我们第一次深入到了黑手党的内部。"当年9月29日,"巴勒莫闪电行动"在乔万尼·法尔科内的指挥下开始。3000名全副武装的宪兵和警察,携带着366份逮捕令,闪电般地奔向巴勒莫市区的各个角落。半个小时后,第一批27名黑手党分子已经落网。整个行动中,共有70余名黑手党分子束手就擒。此后,警方又于1984年12月12日和1985年2月20日两次在全国进行了大规模的搜捕行动,3次行动共抓获500多名黑手党分子。对这批黑手党骨干的审判持续了两年,重创了西西里黑手党,被称为西西里世纪大审判。

这次行动是乔万尼·法尔科内法官的经典之战。即使到今天,乔万尼·法尔科内从布谢塔身上掌握的黑手党信息和他主导的闪电行动,仍然指导着反黑斗争。巴勒莫市的伊格纳齐奥·德弗朗西斯科法官说:"乔万尼·法尔科内就像开辟新大陆的哥伦布,他为我们后来的每一个人指明了新的道路,他产生的影响巨大无比。"当然,或许也正是因此,他成为黑手党人必须除之后快的头号敌人。

玛菲亚:西西里的"美丽"传说

西西里岛阳光普照,有让诗人聂鲁达心驰神往的蔚蓝海滩和朴实邮差,有芳香扑鼻的柑橘园,也有着荒凉的花岗岩山脉和古罗马时代残留下来的废墟。《西西里的美丽传说》更记载着令人心碎的美好与幻灭。然而在这里,一个好听而恐怖的名字,统治了人们的生活与心灵近千年,那就是"玛菲亚"(Mafia)。

根据考证,"玛菲亚"早在1282年,即西西里的韦斯波里时代就出现在西西里的方言中。第一次出现在正式文字中，是在 1658 年。玛菲亚曾经作为巫婆的诨名，代表“勇敢”、“性感”、“向往强权”的意思。如果说一位姑娘玛菲亚，那是赞美她漂亮；说一个男子玛菲亚，那是称其勇敢。后来，玛菲亚开始成为秘密帮会的代名词——最初是一些贫苦农民为求生存而联合起来的共济组织。据说，如果农家妇女遭到贵族摧残而官府又拒绝审判强奸犯时，玛菲亚会自作主张将罪犯处死。如果警察无端欺负贫民，玛菲亚也会帮他出头，处死那个警察。而玛菲亚到场“主持公道”之后，往往会留下一个黑手印，或者黑骷髅像，这也是为何称他们为黑手党的原因。

年复一年，玛菲亚的地位和权威日盛。在龙勃罗梭的记载里，玛菲亚的首领曾经被推选为市镇议员，人们对他们争先赞颂。1877 年，一名玛菲亚杀手在被送往监狱的途中受到群众的鼓掌致意，人们像欢送英雄一样地向他献花。黑手党首领维齐尼，其葬礼之隆重，连意大利国王也会嫉妒。“乌黑的高头大马，拉着维齐尼巨大的灵柩，在长街上缓缓行走。成千上万的村民如丧考妣，低头紧随其后，牧师竭尽自己的聪明才智，把能想到的最美好的词汇全部奉献给维齐尼。”

然而这样的“美丽”传说，同时也是恐怖残暴的代名词。他们凭借暴力，控制了西西里岛上的畜牧、屠宰、果园和港口，向私人业主收取保护费。丰收时节，如果业主不邀请黑手党成员充当保护者，那么，黑手党就会在一夜之间将庄稼全部破坏。黑手党组织贩卖海洛因、敲诈勒索、非法操纵建筑合同以及建立其他非法企业，聚敛了高达数 10 亿里拉的不义之财。谁要是敢反对，黑手党就会用汽车炸弹或一阵弹雨让他们闭嘴。黑手党也越来越组织化，据统计，西西里的黑手党共有 142 个家族，家族之间通过一个委员会联系，委员会可以在任何一个家族的势力范围内杀人。当委员会决定杀人时，它就组织一个行刑队。他们的行动，除执行者外，其他人都不知道。委员会上面还有一个由 11 人组成的元老会，地点设在巴勒莫，凌驾于所有黑手党家族之上，是黑手党的最高权力机构。

严密的组织结构与高效的行动力，使得黑手党对于任何反抗者都能大开杀戒。一旦其受到挑战或打击，不久便会掀起更血腥的报复。据统计，1980 年黑手党在巴勒莫市杀害了 63 人；而到 1981 年，增长为 120 人；在 1982 年，在西西里，每 48 小时就会有 1 人丧命于玛菲亚之手。黑手党通过威逼收买高官、扶植安插亲信渗透国家权力机构，渐渐成为意大利经济政治运作的毒瘤。玛菲亚妖艳而剧毒，成为贩毒、色情、贪腐、洗钱和一切罪恶之源。

未完的战役

在乔万尼·法尔科内死后不到两个月，一同指挥“巴勒莫闪电行动”和“西西里世纪审判”的检察官博尔塞利诺遇害。博尔塞利诺与乔万尼·法尔科内是大学同窗，毕业后也与乔万尼·法尔科内一起战斗在反黑手党斗争的第一线。因此，他的名字也被列入了黑手党的死亡名单。他也早有心理准备，特别是乔万尼·法尔科内殉职之后，他说：“我已感到自己像具活僵尸”。1992 年 7 月 19 日，博尔塞利诺乘装甲防弹车去看望他的母亲，下车没走多远，附近一辆汽车被遥控爆炸，随后爆炸声四起，巨大的爆炸声几十公里外都能清晰可闻。正巧在附近的议员阿亚拉说：“现场尸首枕藉，火焰熊熊，建筑物仿佛刚刚遭到战火洗礼。”很难想象这次黑手党使用了多少高能炸药。

民众愤怒了，在短短的两个月内，黑手党肆无忌惮地使用大量炸药、精确地对反黑战士们进行袭击，难道政府就对此无所知、无法作为吗？博尔塞利诺葬礼之后，愤怒的群众堵住了教堂大门，要求意大利警察总监辞职。他们高喊“博尔塞利诺”、“公正”等口号，围住了教堂的大门，参加葬礼的意大利总统和总理不得不从教堂后门离开。乔万尼·法尔科内和博尔塞利诺的 8 位年轻同事，则用辞职来表达心中的愤慨。一位检察官说：“黑手党获胜了。这个国家的一些重要部门，不是与黑手党同流合污，就是推三阻四；不是无精打采，就是垂头丧气。这样死去毫无意义。”这迫使政府作出反应,斯卡尔法罗总统向全国发表电视讲话,号召全国人民动员起来,像当年抵抗墨索里尼的法西斯一样,抵抗黑手党。阿马托总理也声称:“本人要正告凶手和那些专门与国家为敌的人,无辜者惨遭横祸,固然使我们充满悲伤,但更坚定了我们与黑手党作斗争的决心。”

接过乔万尼·法尔科内和博尔塞利诺反黑接力棒的,是一位女检察官。她叫伊尔达·博卡西妮。她曾协助乔万尼·法尔科内调查米兰市黑手党洗钱活动,由于配合默契,两人成了好友。在乔万尼·法尔科内的葬礼上,她满脸是泪,不顾一切地指责另一位政府官员:“你要为乔万尼·法尔科内法官的死负责,你的不信任和无端指责害死了他……你既然不信任他,为什么还要参加他的葬礼!”那一刻,她立誓要继续乔万尼·法尔科内未竟的事业。她说,这不仅仅是为了正义。

当年容易激动的伊尔达·博卡西妮,今年也已经六十多岁。她成功组织了多次逮捕和诉讼,成为意大利黑手党最为畏惧的女人。黑手党人既怕又恨地称她为“红发伊尔达”。“红发伊尔达”在4年前成为意大利首席检察官,然而镁光灯前,她静了许久,说起的仍然是她的挚友和前辈:“乔万尼·法尔科内法官遇刺已过去了15年,可至今我依然对此感到愤怒和怨恨。”这个名字,对于她和西西里来说,都是永远抹不去的痛、恨和前行的理由。

四、扭曲了的“更高更快更强”

尽管2012年伦敦奥运会已经结束,但是一些来自非洲国家的运动员并没有回到自己的祖国。25名来自喀麦隆、厄立特里亚、刚果和苏丹等国的运动员选择“叛逃”脱队。这一现象引发了热议。原本代表本国参加国际最高级别体育盛会的一国骄子,一夜之间弃国与家于不顾,宁愿成为异国他乡的一名难民。这背后,有着怎样迫不得已的苦衷,又应该如何看待这样的“自由选择”呢?

“叛逃”的理由

2012年伦敦奥运会结束后,共有15名非洲运动员“失踪”。事后得知,他们打算留在英国进行避难申请,这其中包括厄立特里亚的奥运会开幕式旗手韦恩·吉布莱斯拉斯。作为一名旗手,韦恩·吉布莱斯拉斯被该国寄予了重大期望与信任。不过他表示,他没有进入最后的决赛,这样回国他的情况将非常糟糕。3名几内亚运动员在奥运会闭幕后消失,几内亚体育记者巴格纳说:“他们告诉了朋友,不会再回几内亚了,因为国家没有好的资源与教练让他们成为一流选手。”值得一提的,是本次几内亚代表团只派出了4名运动员,其中就有3名在赛后不知所踪,可谓遭受了毁灭性的打击。与此同时,喀麦隆7名运动员在没有做任何解释的情况下神秘失踪。据喀麦隆代表团透露,这些叛逃的运动员是为了脱离本国恶劣的生活环境,到国外寻求机会。随后,又有4名来自刚果民主共和国的运动员无故消失。他们向媒体表示,选择庇护的原因大都是本国相对独裁的统治、糟糕的训练环境和生活环境所致。

其中,喀麦隆拳击运动员耶普穆接受了BBC的秘密采访,说道:“我们离开奥运村是因为我们受到了勒索和威胁。”他说,体育代表团官员曾要求分得拳手们奖金的一半,并且要求没收他们的护照。“我们对此很不高兴”,耶普穆说:“但是我们已经决定,我们几个人作为拳击手,应该努力抗争,这是形象问题。”喀麦隆的另外6名“失踪选手”,分别是拳击手埃索姆巴、唐菲克、梅沃利和阿姆波莫,以及游泳选手艾丁格和女足选手恩贾科。拳击手埃索姆巴接受采访时说:“我们留在这里不是因为我们不喜欢我们的国家,而是因为我们想继续从事我们爱的运动。我们想成为职业拳手,所以不能回国。如果我们回国,就没法从事这项运动了。”

自然,当喀麦隆代表团团长奥琼在接受BBC采访时,则有不同的说法。他表示那些拳击手没有说真话,他们从来没有被威胁过,那些说法只是他们为了留在欧洲,而用来自圆其说的。不过,不论是真是假,从这两位拳击手的说法中,至少可以看出他们希望留在欧洲的部分真实意图——他们希望作为职业拳击手,留在英国从事职业拳击,并获得更高的收入。相比喀麦隆国内职业拳击运动尚不发达的现状,英国职业拳击市场已经非常成熟。这些经过专业训练的拳击手,无论参加正规的职业联盟,抑或从事“黑市拳击”,都能够获得很好的经济收入。

相似的情况,在2006年就曾经出现过。当时在巴西里约热内卢的泛美运动会后,有两名古巴拳击运动员从代表团出走。他们随后来到德国,与一家名为Arena TV的电视公司签署了5年合同。他们将通过参加该有线电视台转播的职业拳击比赛,而获得高额收入。这两名运动员分别是最轻量级选手吉·里贡多和次轻量级选手的埃里斯兰迪·拉拉。26岁的吉·里贡多是2000年悉尼奥运会和2004年雅典奥运会的两届奥运会冠军和2005年世锦赛冠军,被认为是古巴拳击队里一颗最璀璨的明星,而24岁的埃里斯兰迪·拉拉是2005年世锦赛冠军。在古巴的“举国体制”之下,他们并不能获得与其付出相衬的收入。相比之下,他们在德国更受欢迎。拳击比赛在德国非常受欢迎,Arena TV电视公司承办了这两名拳击手的签证和居住

两名古巴拳击运动员从代表团出走后来到德国,与一家名为 Arena TV 的电视公司签署了 5 年合同。他们将通过参加该有线电视台转播的职业拳击比赛,而获得高额收入。这两名运动员分别是最轻量级选手吉·里贡多和次轻量级选手的埃里斯兰迪·拉拉。在古巴的“举国体制”之下,他们并不能获得与其付出相衬的收入。相比之下,他们在德国更受欢迎。

手续,并有信心从他们身上获得数倍的回报。

对此,古巴总统卡斯特罗表示,这两名拳击选手是"被美元支票击倒了"。在古巴 7 名足球运动员叛逃后,古巴足协主席这样评价道:"(他们是)极不负责、懦夫和混蛋!"卡斯特罗还在政府网的专栏文章中称这些运动员为"在那个充斥着唯利是图、堕落、毒品、麻醉剂和消费主义的帝国的各种恩惠中屈膝投降的叛逃者"。对于这些运动员,无论是卡斯特罗还是其他政府官员,都不愿多谈论这件事,视其为国家的耻辱与禁忌。

说不出口的苦衷

这些古巴运动员也并非没有苦衷。古巴政府 1961 年后取消体育职业化,全民免费观看各项体育比赛。卡斯特罗强调:"体育事业同所有革命事业一样,是建立在道德基础上,而不是建立在物质基础上,更不是建立在金钱基础上的。"古巴棒球运动原本水平很高,非常普及,但所有的运动员都只能是业余选手。20 世纪 60 年代禁止开展职业拳击运动后,大量古巴职业拳手开始纷纷迁离古巴落户美国、墨西哥、欧洲各国等地寻求发展。不过,古巴这样的发展模式,也非没有收获。古巴选定 6 个优势项目,制定奥运战略,长期围绕奥运金牌为中心,以举国之力进行体育"建设"。古巴领导体育的主要机构是全国体育运动文娱委员会,是部长会议下领导全国体育的政府机构。各个运动队对奥运会进行总结,从而提出更周密的训练和梯队建设计划,采取"业余体校—体工队—国家队"这样一条龙的运动员三级训练培养体系。古巴体育界还强调精神和意志的重要性。卡斯特罗说:"要告诉那些总是歧视第三世界的富国,我们的素质、品德和意志足以战胜他们。"

尽管如此,大量的运动员在举国体制的安排之下,从小接受艰苦的专业训练,既没有其他的谋生本领,也没有学到基本的知识。然而在金字塔尖的运动员毕竟是少数的。而且由于没有职业联赛,如果不能进入国家队、获得金牌，那么运动员能够获得的回报是非常有限的。因此，许多运动员都冒险借国际比赛的机会“叛逃”海外——最便捷的目的地，无疑是美国。根据冷战时期制定的特殊法令，古巴人只要踏上美国领土，就受到特殊移民法案庇护获取难民资格，并在一年后取得合法居留资格。还有许多人权组织，专门帮助古巴等国的难民在本地获得工作机会和合法居留资格。总部位于迈阿密的“古巴裔美国人全国基金会”，就经常致力于帮助古巴演员、医生和运动员叛逃。但是，随着美国和古巴之间关系的一度转暖，美国和古巴达成协议，通过一项立法，对于那些以商业利益为目的、挖古巴运动员的美国人，一旦进入古巴，古巴法院可以判处其最长 15 年的有期徒刑，而美国政府对此不加干涉。一个名叫朱安·伊格那西奥的美国体育经纪人，便成了这一法案的第一个“猎物”。他于 1989 年前往古巴，力图劝说棒球运动员逃离。事情败露后，在古巴被判了 15 年监禁。

此外，也并非所有的“叛逃”运动员都是为了更好的经济收入，或者成为更好的运动选手。有些运动员确实是希望逃离政治风气压抑的国家，如 1948 年的伦敦奥运会上，当时捷克斯洛伐克女子体操队的 57 岁的领队普罗瓦茨尼科娃就在结束奥运会比赛后，拒绝回国并转而寻求去美国避难。不过更为夸张的，是 1956 年墨尔本奥运会结束后，匈牙利代表团有一半的成员选择“滞留”。他们表示，如果回到国内，他们将可能继续生活在高压政治之下，还需要就他们在奥运会期间的一言一行进行报告和检查。另一些“叛逃”的运动员，是为了摆脱国内的战争、贫穷和不公正的社会分配制度，如仍在战火之中刚果(金)柔道运动员塞德里克·曼德姆博，在比赛时仅仅 49 秒就败下阵来。结束了自己的比赛之后，就不知所踪。同时失踪的，还有该国柔道教练马森戈、拳击教练贝克瓦和该国田径技术总监尼基塔。据称，他们不再愿意回到贫穷而动荡的刚果(金)，而宁愿留在欧洲做一名街头难民，接受救济金而“安全地”生活。

“叛逃”事件引起的反思

一边是不惜动用刑事法律和批评处分，来留住花费重金培养的运动员；另一边则是西方国家的“淡定大度”。2012 年伦敦奥运会后，虽然多名非洲运动员失踪于伦敦街头。但是奥组委表示，已将运动员失踪的情况通报给英国警方，但在他们的签证于今年 11 月到期之前，这些运动员均算不上违反移民法律。目前，伦敦方面还未就此透露更多细节。英国一名政府发言人表示，内政部对个案不做评论。事实上，假如这些运动员撕掉护照，以黑户身份滞留欧洲，再申请难民庇护，那么欧洲国家政府同样会给予他们难民待遇。所谓难民，根据联合国 1951 年的国际公约以及联合国在 1967 年修订的关于难民身份的议定书，可以理解为“基于某种理由，客观不能或出于畏惧而不愿意返回本国的人”。根据德国、英国、法国等国的难民法律，这些难民将被安排住处，可以领取救济，并得到语言培训和工作介绍的机会。其实，作为曾经的日不落帝国，英国人对此早有经历和准备。早在 2002 年的英联邦运动会上，20 多名塞拉利昂运动员用“失踪”换回英国街头的“黑户”身份。2006 年在墨尔本举行的英联邦运动会上，选手们也接连地失踪。然而“失踪案”并没有给墨尔本警方和公众带来太多的恐慌，因为失踪的球员并不会变成不安定因素，而会在不久之后出现在难民登记所里。

运动员用脚代替手投票，不惜放弃“公粮”也要以难民身份留在异国他乡，不能不让我们反思。首先，以举国体制方式追求奥运成绩，恐怕只能成为金牌奖牌大国，而不能成为真正的体育强国。假如连集中举国之力、衣食无忧的运动员，都感受不到安全感和幸福感，那么可想而知其他公民的生活质量和心理状态。网络调侃奥运会是“一群需要运动的、处于亚健康状态的人坐在电视机前，看着一群需要休息的、处于透支生命状态的人在运动”的盛会。真正提高全民的身体素质，最重要的是要提供有保障的民生和福利，使社会成员不再需要为了衣食住行、医疗教育而担心奔忙终日，使他们能够有闲心、闲暇和闲钱，常态化地去锻炼身体，从而真正做到“全民健身，建设祖国”。

其次，与其将体育作为振奋国民精神的兴奋剂，不如将其培育为能够带来经济收入的新兴产业。职业体育联赛引入了大量现代的商业元素，每年带动上下游行业迅速发展的同时，自身也在不断地创造财富，还能为公众提供真正刺激精彩的休闲享受，培养理性平和的欣赏心态。值得肯定的是近年来中国观众对于奥运和金牌的观感，已经越发理性和成熟，不过尽管如此，仍时不时出现向运动员动辄上纲上线、施加压力（如某报将不慎失误“丢”了金牌的运动员批评为耻辱）和追捧上天的情况。不过我相信，随着更多的公民教育和公共参与的训练，我们可以更多地持一颗平常心来看待公众人物，给予他们足够的宽容和有限的崇拜。推而广之，我们能够将这种关注（或者可以称为监督）的适度热情，从体育人物身上转向政府官员和商业人物，增强行使公共权力和动用公共资源的透明程度，并培育出更为积极的市民社会和公众生活。

最后，与其用严防死守、惩前毖后的心态，来留住运动员，不如认真思考为何他们孤注一掷也要逃离祖国和家人。一方面，欧洲体育运动的职业化程度更高，运动员能获得更好的收入；另一方面，相比非洲一些国家而言，欧洲国家的福利更好。以德国为例，难民每月能得到800欧元的救济金，还能得到免费住宿、受保障的医疗和工作的机会，难民的子女还可以获得免费的教育，更不用说环境、食品和治安方面的安全感了。当然，这些运动员借参加奥运的机会逃离本国，背弃了本国人民的期望，违反了奥运举办的初衷，甚至亵渎了自己的职业道德，肯定是值得谴责的。但是假如站在他们的立场想一想，既然无法用手投票来改变国内的境遇，为什么不能用脚投票，逃离这一切，选择更有保障的生活呢？对于本国政府而言，在谴责、批评甚至动用法律进行惩治的同时，或许也应该思考，应该如何更好地善待国民,更好地提升公民的生活境遇,提供真正能够参与国家治理、意见表达、利益争取的机制,提供真正能够抚平心灵创伤、保障弱者利益的救济机制——当这一切都逐步具备之后,非但不会有运动员逃离自己的祖国,甚至还会有更多的外国人,愿意自发地来到这样一个国家生活。古语说:惟德动天,无远弗届(如果国家治理得好,不论多远的人都会前来投奔),更不用担心“叛逃”之类的问题了。

五、公海上的手术台

在激进女性组织“征浪妇女”的首页上，赫然写着她们的宗旨：“我们斗争，是为了让女性享有安全且合法进行选择的权利。在许多国家，人工流产被视为犯罪。女性因此而被戴上刑具，受到残害。现实就是这样残酷，并且总可耻地侵害着人的权利。”旁边配着一项数据，“这个世界上，每8分钟就有一名女性因为非法的堕胎而无助地死去。”

以此为精神信条，这个以荷兰为总部的女权组织，自1999年以来就开始在世界各地“帮助”女性进行安全的堕胎手术。她们的方法很直接，动用一艘轮船开往那些严令禁止堕胎的国家，比如爱尔兰、葡萄牙、菲律宾和巴西。早上靠岸，将希望堕胎的妇女接上船，然后将船开到公海上，进行人工流产手术。晚上，该船再将做完人流手术的妇女送回岸上。2001年6月11日，这艘悬挂荷兰国旗、名为“海之变”的“公海上的手术台”，悄悄驶离荷兰海牙，开向禁止堕胎的爱尔兰。

据悉，这艘“海之变”船长40米，船上建有一个由集装箱改造成的手术室。每天可做20个流产手术。船上的医务人员除在海上进行手术外，也计划在岸上举办性教育展览，提高公众的避孕知识，同时举行研讨会。此外，他们还将对当地医生就怎样做安全的堕胎手术进行培训。这次行动的组织者正是“征浪妇女”的创始人丽贝卡·冈珀茨医生——这位医生曾经在一艘名为“彩虹勇士”的和平组织船只上工作过，她和伙伴们一起曾于1995年前往南太平洋，阻止法国采取核试验。丽贝卡·冈珀茨医生对媒体表达过自己的初衷：“在一些禁止堕胎的国家，不少女孩因不慎有孕（甚至被奸成孕）而被迫生下孩子。在这种压迫性的反堕胎政策下，最大受害者都是贫穷女性，她们因无力养孩子而寻求没保障的非法堕胎。全球每年5300万例堕胎手术中，有2000万例是非法的、不安全的。每年至少有7万名妇女因做‘人流’致死。考虑到世界有2/3人口居住在沿海100海里的范围内。我相信这艘船能挑战反堕胎制度，为妇女合法、安全堕胎提供服务。我们要为妇女们做一点事情。”

然而，她们的“公海手术台”也遭到了不少质疑与反对。当听说“海之变”号驶往爱尔兰时，当地保守的反堕胎团体愤怒至极，纷纷举行示威游行，抗议该船靠岸。也有人担心海上手术条件有限，孕妇要在远离岸边的公海进行手术，如果发生紧急医疗事故，将难以应对。甚至还有极端宗教分子，打算用暴力驱逐“海之变”号，声称如果她们试图靠岸，就将用子弹保卫自己的信仰。不过，丽贝卡·冈珀茨医生的决心与行动都不容动摇，她坚持称：“孕妇在船上做人流不会有任何危险，因为我们只为怀孕不到3个月的女性堕胎。”此外，为躲避抗议示威，“海之变”号的行程高度保密。丽贝卡·冈珀茨医生透露：“船上的保安措施不错，可以应付抗议活动。船上安有24小时监视系统；配有保安人员；医护人员都穿防弹背心；堕胎诊所设在船上的集装箱内，所以很容易搬迁。”

事实也正是如此，她们神不知鬼不觉地完成了首演后，安然回到荷兰。2003年，“海之变”驶向波兰的朗根诺特港，并如法炮制。波兰的一家民意调查公司特地对此进行了调查。在她们造访之前，民众对于堕胎自由的支持率为44%，而在她们离去之后则上升至56%。这对于波兰推动堕胎禁止法案的改革产生了相当有力的推动。不过，她们的行动也不总是一帆风顺的。2004年她们试图进入葡萄牙领海时，被当地政府提前发现并予以阻止。政府出动一艘葡萄牙海军军舰，很客气但毫不留情面地将她们送回了公海之上。2008年，她们在西班牙巴伦西亚泊岸，却遭遇了截然对立的两种“欢迎”。根据当地报纸的描述：“10月18日，大约有40名女权主义者在码头举行集会，迎接‘那艘船’。她们聚集了约160名民众。次日，

“征浪妇女”，这个以荷兰为总部的女权组织，自1999年以来就开始在世界各地“帮助”女性进行安全的堕胎手术。她们动用一艘轮船开往那些严令禁止堕胎的国家，比如爱尔兰、葡萄牙、菲律宾和巴西。早上靠岸，将希望堕胎的妇女接上船，然后将船开到公海上，进行人工流产手术。晚上，该船再将做完人流手术的妇女送回岸上。据悉，这艘“海之变”船长40米，船上建有一个由集装箱改造成的手术室。每天可做20个流产手术。船上的医务人员除在海上进行手术外，也计划在岸上举办性教育展览，提高公众的避孕知识。

数倍于她们的抗议者则聚集赶来，抗议'船'的行动。最后，港口警察最终派船将'那艘船'强行拖离了港口，避免出现更大的争执。"尽管如此，"征浪妇女"和她们的"海之变"，仍然在准备四处出击。据说，"海之变"已收到菲律宾的邀请，很可能驶往遥远的亚洲。

六、南非每26秒发生一起强奸案

作为强奸案发生率最高的国家，南非曾饱受世界各国的批评。一项数据显示，在南非平均每26秒就有1名妇女蒙羞受辱。25%的南非男性曾经参与过强奸案，而50%的南非女性曾经受到过强奸。更令人气愤的，是南非社会的传统观念甚至不认为强奸是一项犯罪，而仅仅是一项“陋习”。

在约翰内斯堡以北的亚历山德拉镇，贫穷、失业、艾滋病以及犯罪似乎无处可躲。小镇上的一些男人并不觉得承认自己强奸妇女有什么可羞愧的，因为他们从小就目睹着这样的场景，成年男人对待妇女的方式影响着他们：殴打妇女、强暴妇女，妇女就是二等公民，这就是他们从小学到的，并相信这些做法是正确的。一名男子说，他曾经和3个朋友在一次聚会上轮奸了一个女孩。他说，“这对我来说不成问题。但是当我来到浴室，看到了第三个男人正在干那事，而那个女孩子在哭，她并不快乐。这一幕让我觉得不太对劲。”而他的朋友则辩解说，“我总是对自己说，没有什么是我得不到的，包括漂亮的女人。但是当你跟她们接触的时候，女人们对你不屑一顾。这就是我们为什么决定要强迫她们跟我们发生性关系的原因。”

很多游客在前往南非时都提心吊胆。一位英国女游客M小姐于2002年11月16日前南非旅游时，惨遭掠虏14小时之久。在14小时内，被4个黑人青年轮奸了6次。当这一消息传回英国之后，英国社会震惊。因为这是不到一个月时间里，英国游客在南非著名旅游风景区内遭遇的第二起特大恶性案件。当年10月24日晚，英军退役少校康威携爱妻前往南非克鲁格公园度假游玩，一名持枪歹徒突然闯进他们的房间，冲着他们接连开了3枪。妻子当即死亡，55岁的康威则中弹受伤。案发后，南非警方悬赏60,000美元寻找破案线索,但没有发现任何的进展。英国驻南非总领事馆女发言人说:“考虑到我国公民最近接连遭袭,有必要修改南非旅游指南中的警告字眼,对英国公民提出醒目的警告。如果南非政府未能严惩歹徒,那么英国政府将建议英国公民不要到南非旅游。”

迫使南非政府打击强奸犯罪的事件,是于1999年发生的沙利纳·史密斯案。史密斯小姐是一位住在南非的白人女记者。她于1999年4月25日在家中被强奸。虽然强奸犯很快落网,并受到审判,然而史密斯小姐仍然很难从阴影中走出来。为了拯救自己和其他的南非女性,她写了一本《强奸受害者日记》,并通过美国媒体向世界公布。她随后接受美国媒体的访问。她写道:南非的强奸案为什么会这么严重呢?原因很多也很复杂:其一,南非是一个刚刚从暴力和种族歧视中站起来的国家。许多年轻人认为发生在身边的这些暴力事件都是正常生活的一部分。其二,南非是个男权至上的社会,男人们认为他们应该得到想要的一切,这其中包括强迫女性与他们发生性关系。其三,是陈旧的观念,在南非的许多地方,妇女被强奸是她本人和家人的耻辱。在有些地方,强奸犯如果给被害者的家庭2~10美元作为“赔偿”,他就可以逍遥法外。其四,是落后的教育。在非洲许多地方居然流传着强奸处女就能治好艾滋病的荒唐说法。

这本《强奸受害者日记》引发了西方媒体的广泛关注。南非政府不得不作出承诺,将大力打击强奸犯罪。非盟也组织专项资金,成立了“南非医学研究理事会”,对由强奸造成的社会问题和疾病状况进行彻底调研,并提出法制修改建议。南非政府甚至免费发放一种名为“强奸斧”的女式“防狼夹”。这种带有利齿的工具放置在女性体内,一旦遭受强奸,便会启动钳夹,从而震慑那些意图不轨的潜在犯罪者。希望这些举措,能够有效改善这个“彩虹之国”的治安状况和国际声誉。

七、愤怒的新娘

日前,一款模仿"愤怒的小鸟"的印度版游戏红遍网络。在这款名为"愤怒的新娘"的游戏里,一位身穿V领红衣的八臂女郎,手上分别抓着平底锅、擀面杖、扫把、西红柿和拖鞋等家用物品,不断地追打三个闪躲中的准新郎,他们分别是建筑工、医生和飞行员,每个人身上都附带一张价格牌。只要女郎击中准新郎,他身上所挂的价格牌就会缩水,同时同等数额的分值就转入玩家名下——耐人寻味的是,储存玩家分值的账户名称为"反嫁妆基金",而游戏界面下方写道:"一个女人能给你力量、关系和所有你需要的爱……而非嫁妆。"

据悉,这个游戏是由一个名为"Shaadi. com"的印度婚礼网站推出的,网站副总裁表示:"根据一项2007年的研究,印度每4个小时就会发生一起因嫁妆引发的死亡,我们对此进行谴责,并将会一直在社交网站举行活动来引发人们对此进行关注。"尽管早在1961年,秉承平等主义思想的尼赫鲁就出台了《反嫁妆法》,禁止男方强索嫁妆,并宣告强索嫁妆造成的伤害,男方亦应承担刑事责任。但在民间,无论在繁华的首都还是贫穷的乡村,嫁妆仍然是女性结婚的必需品,而且直接影响她婚后的人身安全和生活质量。

曾有媒体报道过一名叫做卡姆利什的女孩的悲惨经历:在婚礼现场,宾客齐聚一堂,新娘卡姆利什的父亲拿出一个托盘,将面值10卢比和50卢比的钞票堆在托盘里,高高的,一共5.1万卢比交给新郎。婚礼现场最显眼的地方还摆放着气派的新彩电和光鲜的沙发,以便每位来宾都能看到新娘带来的陪嫁。另外,还有5个人专门负责记录新娘的父母购置的其他物品——家具、厨具和珠宝首饰等一应俱全。然而,卡姆利什婚后却仍然非常不幸。新郎认为她的嫁妆不够多,一再提出追加陪嫁的要求。娘家无力满足,卡姆利什的丈夫不久便开始打她，甚至用木棒打她的头，无视她头破血流，把她捆绑起来关进了牲口棚，连续几天不给吃喝。直到有亲戚发现后，才把她救了出来。她的父亲无奈地说："经过这场磨难，我觉得生女孩是灾祸。"

另一起悲剧的女主角名为库苏莫。她因丈夫一家不停地向娘家追要更多陪嫁而与婆婆和小叔子争吵，随后点火自焚。她临死前对赶来的警察说，她之所以这么做，是因为男方常常打她，她实在无法承受压力。库苏莫的丈夫是名建筑工人，挣钱不多，却贪求奢华，总是不断地向她的娘家追要嫁妆。

因陪嫁无法令男方满意而引起的家庭暴力现象越来越普遍，甚至连高收入阶层也常出现这样的情况。不久前，前板球国手普拉巴卡尔也被已分居的妻子告上了法庭。妻子说，他们结婚时，娘家送了一部汽车，还有首饰、电视、冰箱、沙发、双人床和现金等作为嫁妆，但男方认为不够多，婚礼过后就开始打她，要求女方娘家给更多东西。

根据印度国家犯罪记录档案局的统计，仅仅在 2010 年，印度就发生了 8391 起与嫁妆有关的死亡案例，另外有 9 万起媳妇遭到丈夫或婆家虐待的案件。平均每 77 分钟就有一起因陪嫁问题造成的死亡事件。德里妇女保护委员会的官员们说，每天大约有 40 名遭毒打的妇女前来控告丈夫，其中大约 85% 的案件都与陪嫁有关。由于恐惧生女儿造成的嫁妆负担，非法堕胎杀死女婴或溺婴的现象非常普遍。据英国医学杂志《柳叶刀》的一篇报道，在过去的 20 年里，印度非法堕胎杀死的女婴可能多达 1000 万人。

嫁妆之风盛行，其根源仍然是印度的种姓特级制度。根据等级遗传规则，孩子的出身等级承袭父亲。而至今，种姓的优越在社会的认同和政治资源的占有方面，仍是重要因素。因而一方面，印度约有 4000 万低种姓男子娶不上妻子；另一方面，高种姓男人却可以给自己标价收取嫁妆。现在，种姓制度与职业选择密切挂钩，很少有低种姓的人从事高级工作，因而以职业作为价格标签的情况比比皆是，如大学讲师要价 20 万卢比，银行职员 70 万～100 万卢比，获得 MBA 学位可得到 150 万～200 万卢比，医生可望收取 200 万～300 万卢比，海外印度人和印度政府高官最为稀罕，要价分别达 200 万～500 万卢比和 200 万～1000 万卢比。看来，在身份制度统治一切的印度，法律似乎也终究无能为力。

八、德国三胞胎的越狱“掉包”案

1970年,古勒和他的三胞胎大哥林勒、二哥海勒出生于德国巴伐利亚一个银行家家庭。三兄弟几乎长得一模一样,而且都很聪明。老大林勒酷爱电脑,从汉堡大学毕业之后,很快成立了自己的道茨电脑网络公司;老二海勒学习金融,继承了父亲的事业;老三古勒则综合了大哥和二哥的优点,既熟悉网络技术,又进入了银行业——这却成了他走上歧途的开始。

由于自幼养成了奢侈浮华的生活习惯,古勒日常开销过大,银行职员的那点薪水基本入不敷出,但他很快找到了“生财之道”。他发现德国银行在发放贷款时,要先查阅客户相关财务指数,来决定贷款额度。凭借在银行工作的便利条件,1998年3月的一个周末,古勒偷偷潜入银行计算机系统,复制大客户的资料,以他们的名义制作了两张借贷信用卡。再操作计算机,从这几家企业在的德国国家银行的户头上转款至他所制作的借贷信用卡上。由于这几家企业每月进出款项很大,一时难以发现。不到一个月的时间里,古勒共转出了近两千万德国马克。自然,如此巨大的数额,引起了巴伐利亚几家企业的警觉。企业将银行告上法庭,警察顺藤摸瓜,逮捕了古勒,并判处他7年有期徒刑。

在监狱里,古勒反思自己荒唐的行为给家人带来的灾难和压力。1999年3月的一天,大哥林勒去探监。古勒冲着他大喊道:“知道吗,我对不起爸爸!要是给我自由,我一定不会再让他失望!”说完,兄弟二人抱头痛哭。回到家,林勒和二弟海勒说起了这一幕。两人想出了一个近乎疯狂的冒险计划。1999年5月,林勒蓄着平头,穿着一身休闲夹克衫出现在巴伐利亚第一监狱。他给二弟打了一个电话,然后打开了一个定时无线视频干扰装置,把时间设定在9点30

分。探监室设在第二道铁门里的一座平房里，林勒填好探监单走进去时正好是9点18分。他在探监室的一侧坐了下来，屋角的那架监视器上的红灯在不停地闪烁，那是它正常工作的表现。

9点21分，和哥哥一样刮净胡须、留着平头的古勒从牢房里走了出来，要不是穿着一身蓝条囚服，两人看上去几乎一模样。狱警在古勒坐定后便走开了去，在大门附近踱来踱去。林勒抬眼看了看屋里的监视器，那上面的红灯不再闪烁，那是它受到干扰的信号，林勒的嘴角露出一丝不易察觉的微笑。就在古勒眼含着热泪深情地望着哥哥的时候，监狱传来了火警的凄厉哀鸣声——那是海勒成功切入监狱计算机自动控制系统、假传火警的信号。门外的狱警腰间的对讲机响了起来，他犹豫了片刻，然后反锁了探监室急步远去。

过了一会儿，监狱的自动化控制系统恢复了正常状态。当狱警重新返回探监室时，兄弟俩仍然握着手，不紧不慢地说着家常。探监时间结束，穿着夹克的"林勒"站起身，和往常一样客气地和狱警打招呼，告辞离开。而穿着囚服的"古勒"则恋恋不舍地看着他离去的背影。谁也没有注意到，在监视器出现故障的那几分钟内，这兄弟俩已经互换了衣服。

心有余悸的古勒逃出监狱后，冒充大哥林勒继续主持着道茨电脑网络公司的工作。为了弥补自己少不知学的过错，也为了扮演好哥哥的角色，古勒痛改前非，异常刻苦地钻研网络知识。与此同时，正在"顶包"坐牢的哥哥林勒不断通过电话、信件和托话等方式，指导着他从事商业和计算机业务，二哥海勒不断给予这家公司资金方面的支持。当年年底，兄弟三人商量之后，果断地将所在公司的主营业务从经销网络软件转向到无线局域网。随着无线局域网的兴起，一年多之后，道茨电脑网络公司占领了整个德国无线局域网产品市场的近40%份额，年轻的CEO"林勒"更是成了商界传奇。

已经成为"林勒"的古勒完全变了。他彻底改掉了以前的那些恶习，变得深沉、善良而又脚踏实地。业余时间，他经常去探望孤儿院里的儿童，照顾福利院的老人，并时常捐钱给他们，到 2002 年 11 月，古勒甚至还专门成立了一个慈善基金会，在慕尼黑赢得良好的口碑。当年年底，根据兄弟三人的约定，老二海勒从银行辞职到"林勒"的公司就职。一天，海勒前往监狱探监，古勒在狱外进行"技术支持"，他们如法炮制，把真实的林勒换了出来，由海勒顶替古勒坐牢，林勒重返自己的电脑网络公司，并顶替海勒的身份。林勒、海勒、古勒三人轮流坐牢，在狱外的两人则一起打造无线网络产品公司，家业可谓蒸蒸日上。

假如不是后来发生的那件意外，整个计划都可谓天衣无缝。2003 年 3 月 2 日，以海勒的身份前往银行办理业务的古勒意外遭遇了一起抢劫案。当他走进银行大厅，他惊讶地发现人们全都蹲在一起，银行的两个保安躺在地上，身上还冒着血。营业窗口前，一个带着头套的家伙手里挥舞着装有消音器的手枪。此时的古勒也被一个劫匪用军刀顶住了下腹，动弹不得。而他当那个劫匪把他押到人质前的一刹那，身材高大的古勒猛地把手提箱向他砸来，趁劫匪还没回过神来，古勒一把抓过他的手腕将军刀夺了过来，顺势把刀架在了他的脖子上。持枪的蒙面人见同伙受到攻击，也顾不得营救，赶紧拎着钱袋拔腿就跑。还没跑出几步，就被门口的特警抓了个正着。

慕尼黑警察局准备嘉奖这个名叫海勒的英勇青年时，却接到了刑事痕迹检查中心的一番电话。刑事痕迹检查中心将军刀上的指纹输入罪犯指纹库，惊讶发现除了劫匪的指纹外，还出现了和罪犯指纹库内存档指纹相匹配的记录，这就是在 5 年前入狱的古勒。痕迹检查中心百思不得其解，这起抢劫案怎么会和正在坐牢的银行诈骗犯古勒有关？最终，嫌疑的目光落到了见义勇为的"海勒"身上。通过指纹比对和 DNA 检测，真相随之大白于天下。

当慕尼黑警察局将这起三胞胎越狱案公之于众时，舆论一片哗然。媒体迅速分裂成两派，一派指责古勒同胞三兄弟违反法律，应受惩罚；另一派则主张理解这同胞三兄弟的血浓情深，他们认为古勒早已改邪归正,刑期也快要届满,警方何不做个顺水人情,放这兄弟三人一条生路。最终,2003 年 5 月 6 日,巴伐利亚州法院对此案作出终审判决:鉴于古勒越狱后为德国社会所作的贡献及英勇表现,对其兄弟三人的非法越狱行为暂不追究。但是,维持 5 年前的判决,将古勒押回监狱服完两年刑期。在服刑期间,林勒和海勒兄弟如果想来探监,必须有数名警察在场,以免他们再玩一出瞒天过海的掉包越狱计。

九、真假难辨的“最离奇自杀案”

史上“最离奇自杀案”的主角，名叫罗纳德·奥普斯。1994年3月23日，他从一幢位于圣地亚哥的10层高楼顶部跳下，并且留下一封遗书，作为对这个不再留念的人世的交代。这一瞬间，历史跟他开了一个玩笑。

奥普斯先生仅仅下落了两层，便坠入一张施工工人架起的安全网上。如果没有意外的话，他是不可能自杀成功的。然而他还是死了，死因是一枚从9层窗户射出的子弹。当他自由落体至9层窗外时，恰好被这枚子弹射中头部。

根据圣地亚哥法律，如果某人实施有计划的自杀，并且最终身亡，即使中间出现了使自杀过程发生变化的其他事件，也不足以影响自杀的性质。然而，施工工人架起的那张安全网，使奥普斯先生这起自杀成为一次“自始不可能”的无意义事件，因而警方将他的死亡认定为他杀，并立案侦查。

射出子弹的屋里，住着一对老夫妻。他们当时正在口角，大概是比较温馨的那种口角。老先生拿着一支手枪，像过去几十年里那样开着玩笑说：“去死吧，爱丽丝。”说着扣动扳机。枪声响起，没有击中老太太，却击中了正从窗外落下的奥普斯先生。

根据当地法律，一个人如果想杀甲，却错杀了乙，那么“犯罪对象的认识错误，不影响犯罪的成立”，老先生理应承担凶杀刑责。然而，老先生和老太太的证词，使案情变得更为扑朔迷离。他们说，这支枪几年来是从来不装子弹的，因为老先生总是开玩笑似地冲老太太扣动扳机，为免发生意外，他们从不填装子弹。通过比对弹夹上的指纹，警方也确认子弹确实不是老先生或老太太填装的。

除了老先生和老太太之外，唯一有机会进入这个房间接触到这支手枪的人，就是他们的独生子。警方没能找到这位嫌疑人，却联系上了这位独生子的前女友米莉，从她那里得知了令案情急转直下的大秘密。

原来，这对老夫妻和儿子的关系并不好。米莉介绍道，儿子吃喝玩乐不求上进，老太太一怒之下决定不再给早已成年的他经济支持。儿子怀恨在心，又觊觎老夫妇的财产，遂起了歹意。他知道父亲有用枪恐吓母亲的习惯，所以就偷偷地给枪装上子弹，希望借父之手杀母，将父亲送进大牢，家产全归自己所有。

警方通过检测，发现确实是这位心如蛇蝎的不孝子，将子弹放进弹夹的，他明知填装子弹会有什么样的后果，并积极追求结果发生，那么即使他没有亲自扣动扳机，他也应该对杀人的后果负责。所以，案件的真凶就成了这对夫妇的儿子，他对那位从天而降的奥普斯先生犯下了杀人罪。

更匪夷所思的巧合还在后面。警方多方寻找这对老夫妇的儿子，最后很抱歉地通知他们一个噩耗：这位罪魁祸首、不孝儿郎不是别人，正是那位放弃余生、从10层楼顶一跃而下、本应落入网中死里逃生、却被一颗自己填装的子弹击中送命的奇男子罗纳德·奥普斯。

案倒是破了，圣地亚哥警方却陷入了迷乱之中：到底应该宣布这是一场自杀案，还是应该认定这是一起谋杀？还是由于凶犯死于非命，而宣布结案呢？警方于难解之惑中，只能草草收场，不了了之。

此案之所以名闻天下，是来自美国法律科学协会（AAFS）前任主席米尔斯（Don Harper Mills）的得力宣传。1994年，这位主席先生在一年一度的学术颁奖晚宴上，讲述了这起令台下听众惊愕不已的离奇自杀案。

后来此案被改编成多部影视剧，反响巨大。也有人对此案的真伪产生怀疑：案情中太多的巧合与意外，使这个故事显得过于"完美"，每一个细节的揭晓，却导致法律关系的巨大转折。

终于，始作俑者米尔斯主席出面招认："这个故事是我在出席晚宴时‘编’的。”他说自己的原意是为晚宴助兴，阐述一个观念：法官对事件细节的选择，将如何改变法律宣判的结果。不料，在引人入胜、大感有趣的同时，却成就了一段经典，“创造”出了史上最离奇的自杀故事。故事广受关注，不但是因为定罪寻凶之难，更是因为其间蕴含着的父子夫妻间的复杂性情，与难以言说的人性谜局。

后　记

这本书中的大部分文章，是三年来在《法治周末》、《检察日报》、《法律与生活》和《新产经》等刊上大大小小的豆腐块集合而成。其中既有诸位编辑的命题作文，也有编辑许可下的自由发挥。几乎每一个周末，都沉浸在整理资料和讲故事的辛苦与快乐之中。三年来东奔西走，多亏有这些小文的写作，让我有机会不断对法律史上这些瞬间进行回顾；否则，我想自己定会在忙碌混乱中忘了来时的路。在此对前述几家媒体的编辑朋友致以谢意。文章东一篇西一篇的，像熊瞎子采苞米，采一根扔一根，承蒙法律出版社周丽君编辑不弃，得以整理成集。成书的过程中，周编辑细心校对精心配图，更是在书名的选取上下尽工夫。最后选定《活的法律》，也是受到她的启发。在此表示真诚的感谢。

要感谢的人很多。首先是我的导师贺卫方教授。知识层面的指点就不用说了，先生在课上信手拈来的轶事，都足够写许多篇有趣的文章；而先生的《法边余墨》，也是我们上学时必读的延伸读物，不想今日也有机会仿效。而先生曾经有从商经历，也让我这个“以短搏长”混迹于证券圈的人有了些许自信。师恩难以言表。其次，要感谢我的父母林正鹏先生和张三妹女士。养育之恩自不必说。他们对于成书也有很大的帮助。18 岁离家之后，很少再有共同生活的机会。我的法律学习、法史研究，以及向经济金融的转向，都很难和他们分享。直到有了这些大小文章，我突然找到了一个机会，每周将刊出的文字发给他们，让他们于平淡的生活中有些故事可读，于遥远的家乡知道儿子在做些什么、想些什么。这几乎成了这两三年继续写文的动力。再次，还要感谢我的同事和朋友，比如在上海时认识的薛华、杨朝安、金雯倩和顾慧瑾，比如在北京时办公室的多位同事，他们都是我拙文的读者，曾为我的文字提出过许多宝贵而中肯的意见。当然，文责由我自己承担。最后，由于故事的体例与风格，许多引用之处难以标明。站在许多前辈的肩膀上，无法一一列举，在此一并躬身致谢。

林　海

2013 年 6 月于北京品唐轩

图书在版编目(CIP)数据

活的法律——那些永恒的法史瞬间／林海著．—
北京：法律出版社，2013.6
ISBN 978-7-5118-4910-6

Ⅰ．①法…　Ⅱ．①林…　Ⅲ．①法学史—世界—文集
Ⅳ．①D909.1-53

中国版本图书馆CIP数据核字(2013)第089042号

活的法律
——那些永恒的法史瞬间

林　海　著

责任编辑　周丽君
装帧设计　马　帅

开本 720毫米×960毫米　1/16
印张 19.5　**字数** 246千
版本 2013年8月第1版
印次 2013年8月第1次印刷
出版 法律出版社
编辑统筹 独立项目策划部
总发行 中国法律图书有限公司
经销 新华书店
印刷 北京嘉恒彩色印刷有限责任公司
责任印制 张建伟

法律出版社／北京市丰台区莲花池西里7号(100073)
电子邮件／info@lawpress.com.cn
销售热线／010-63939792/9779
网址／www.lawpress.com.cn
咨询电话／010-63939796

中国法律图书有限公司／北京市丰台区莲花池西里7号(100073)
全国各地中法图分、子公司电话：
第一法律书店／010-63939781/9782
西安分公司／029-85388843
重庆公司／023-65382816/2908
上海公司／021-62071010/1636
北京分公司／010-62534456
深圳公司／0755-83072995

书号:ISBN 978-7-5118-4910-6
定价:39.00元
(如有缺页或倒装,中国法律图书有限公司负责退换)